孟子論人之惡根
——當代儒學詮釋所陷之倫理學危機及其解決

陳士誠 著

臺灣學生書局 印行

孟子論人之惡根
——當代儒學詮釋所陷之倫理學危機及其解決

目　次

序　言

一、緣起
——詮釋之建立　危機之排除

　　本書由五篇論文組成，乃是直接或間接針對孟子對人之惡根及其倫理學問題之探究，並在中西哲學比較中，揭示當代儒學詮釋陷入其中的倫理學危機，這危機乃需回到對先秦孟子之詮釋才能有效解除。合此，本書取名為《孟子論人之惡根——當代儒學詮釋所陷之倫理學危機及其解決》。

　　本書對儒學之領悟乃從孟子論人之惡根開始，由這惡根之概念即揭示人決意之實踐主體，而非如當代儒學研究單邊地集中在人之本心與其性體中。本書對孟子本心概念有詳細的獨立討論（篇肆），然道德意識乃需從實踐地整全的人中才能被完整揭示，這卻必蘊涵著其惡之可能性。因而，由人之惡根所揭示的乃是那道德地整全的人，本心在其中乃是最高的道德意識而已，於此才有所謂順逆本心之抉擇。這完全因為在道德實踐上，人有善有惡，這善惡之根乃只能從人之決意來說明，而決意並非泛泛的選擇概念，而是一與本心必然統一的抉擇行動之主體。這主體必然是自主的，因為如此才能對人作出道德評價，而人之善與惡乃是這評價之表示。因而，本書乃奠基在對孟子論人之惡根所進行

之分析，然後在與本心概念統一的決意主體中說明人之善與惡。

　　本書所示對孟子學之詮釋乃可視為筆者對儒學之基本理解，因為在後續對宋明儒之詮釋乃依此進行，此表儒學一脈相承故，先秦儒與宋明儒在這理解下被詮釋在同一個系統中。因而，這決意主體，卽連同作為最高的道德意識的本心，其概念乃被統一在一整全中，人之自我不是別的，正是這善與惡之統一體。

　　說人為善與惡，乃表一道德的評價，其根據乃奠基在抉擇義之自由中，它表示蘊涵在人自我概念之可能性，因為所謂道德抉擇，乃只表示人自主於對其良知或順或逆間之選擇，由是這所謂抉擇乃總必從屬於人，如是這評價之歸屬才能被理解。因為，如若責人為惡非依於從其己意之抉擇，則人只是此惡行之工具，而非其主事者，從而這責惡也根本未成立。因而，要發掘理解人之善惡的倫理學意涵，首要是揭示人在順逆良知間的抉擇義自由及必然預設其中的自我概念。在這自由之概念中，乃表示人在面對道德情境中必有其自主性，理解人之善惡卽基於此，從而指向於那帶著良知意識之主事者自身，卽人之自我。人之善惡既基於此，所謂人之惡根卽謂一依其決意之可能性，而只在這可能性中，其決意之道德評價，不管善或惡，才能歸屬到人，因而人卽成為一善（順良知）惡（逆良知）之統一者，其中卽能揭示這人自我之概念。因而探討人之惡根首要任務卽是要揭示這抉擇義自由之概念以及證立這人自我之概念。

　　對這自由概念，或在分析孟子文本中所謂人在道德上的決意自主之概念，當代儒學之研究表現出一種極深的懷疑態度。此態度以新儒家牟宗三先生為代表，在論述康德相關問題之討論時，以為康德對這自由意念（本文所謂決意自主）之概念有精密之思

考，而儒者如孟子則「未曾道及」，謂：

> 孟子及主「生之謂性」者皆未曾道及，此見康德思理之精
> 密與緊切。[1]

鄧曉芒先生亦持同樣看法，批判儒學沒有自由意志（念）：

> 中國傳統倫理基本上不討論自由意志……。

並謂：

> 中國人則抽掉了自由意志的本源性，把對善惡的探討最終
> 歸於對人天生本性自然為善的假定……。[2]

然鄧先生所指自由意志，其概念乃表作為抉擇義之自由主體，是
本書篇壹康德所謂自由決意，在其中，善惡能被決定的實踐主
體。依鄧先生之見，儒家就是缺這自由概念，而落於性善論中；
此說有類於牟宗三先生之看法。在滙通西哲康德之努力中，牟先
生理應有責任反駁這類質疑，但實際上不只沒有，反而加強這類
觀點，否定先儒探研決意自主之努力，在其翻譯《實踐理性之批
判》一書中更直接批判這選擇義之自由概念，即主張儒者：

---

[1]　牟宗三（1985）：《圓善論》，頁 69。
[2]　見鄧著（1998）：〈康德宗教哲學與中西人格結構〉，頁 1-2。

> 他們從來未自那可好可壞的自己決定處說自由意志，因為
> 這正是隨感性的軀殼起念，焉能說為自由？[3]

故牟先生乃在貶抑涉善惡之自由，把它歸類到感性層面的經驗概
念。然如上文所說，在晚期的《圓善論》中隨康德之說卻稱許康
德對這抉擇義自由之概念有精密分析；[4] 雖只說孟子未曾道及這
涉善惡之自由概念，但這只涉對儒家之詮釋問題，與對自由概念
之理解乃不同層次者。其實牟先生一直對抉擇義自由之概念進行
批判，在《從陸象山到劉蕺山》一書中卽直接批判這概念屬他律
的，在批判中，他先把康德之自律相應到象山之心卽理：

> 康德言意志自律，象山本孟子言「本心卽理」。「本心
> 卽理」非謂本心卽於理而合理，乃「本心卽是理」之謂。
> 此蓋同於意志之自律，……決定意志的那法則不是由外
> 面來的，乃卽是意志本身之所自立，自立之以決定其自
> 己……。[5]

本心乃是道德法則之主體根源，他既是受命者亦是授命者，他自
我決定道德價值，為自己決定實踐的行動方向。然而本心雖「願
遵守其自己所立之法而受其決定」，但非謂：

3　牟宗三（2003）：《康德的道德哲學》，《牟宗三先生全集 15》，臺
　　北：臺灣學生書局，頁 361。
4　牟宗三（1985）：《圓善論》，頁 69。
5　牟宗三（1993）：《從陸象山到劉蕺山》，頁 10-11。

有兩法則於此，它自己決定選擇其一。

隨此即展開對這選擇義自由之批判，指為他律，實為不自由：

> 這種選擇自決之自由不是康德由自律所說之自由，因而亦
> 不表示其所說之「自律」義。選擇之自決正是他律者，此
> 正是不自由，雖然你可以有選擇之自由。[6]

此謂，牟宗三先生反對人在道德實踐中自由選擇有何真實的道德
意涵，非把順逆良知間之抉擇視為一自主的道德行動，反而視此
自主性之自決屬他律之概念。以他律概念理解道德上的抉擇，這
基本上是一項錯誤，因為他律作為康德之倫理學概念乃與依理性
之意志自律概念相矛盾，但道德抉擇非與自律同屬理性，非說明
自律於證立規範之可普遍性理解之正當性，因而不與這概念相矛
盾。因為這自決之概念無涉規範之證立，反而只表示在以自律證
立道德規範下所進行的抉擇，也即人對規範之可能態度。這在本
書篇壹中論康德之決意自主即可明白，在篇貳中，牟先生也被康
德迫得須承認這決意自主乃屬一蘊涵道德意義之概念，雖然這承
認還只是表面的。

　　人在道德上的抉擇並非依理性而來的決定，而是在意識到道
德法則中所進行的抉擇。因而，道德抉擇並非他律，只表示人自
主於是否違逆法則之意識。自律之概念只用以決定意志與自身之
關係，在這關係中，道德規範可取得一合法性，即是，其可普遍

6　牟宗三（1993）：《從陸象山到劉蕺山》，頁 11。

化之理解被證立，這屬立法自主之層面。而在道德抉擇之概念中
所表示的自主性乃謂人儘管在這道德規範下，仍可以故意作出違
逆之決定，從而能設想人因其決定而為此承責，這屬於人對待規
範之自由態度之表示。因而，決意自主之概念不單不與自律概念
相矛盾，反而在這概念所證立的道德法則下，才有所謂自主於違
逆規範之決定，並因此能理解承擔責任之可能性。依此，決意自
主之概念對於自律概念之證立乃必然的，因為沒有它，自律概念
只剩下一意志自身之分析的同一關係，單依此，一個道德上可歸
責之主體概念不能被說明：因為這意志自身，作為立法者，並不
抉擇，更不要說決意違逆規範。而所謂可歸責主體卻卽是那作出
違逆規範者，在康德，這主體則稱曰自由意念。

　　牟先生對道德抉擇之概念所發出的深度懷疑會引致儒學詮釋
的一個倫理學危機，只是學者對此並未有意識到而糾纏在些不相
干的問題上。因為假若儒學真如其所說般並無抉擇義自主之關
切，甚至若有此關切，乃是一他律倫理之表示，則儒學卽無能力
說明人之惡及其可歸責性，就算在其對儒學之詮釋上分析出對心
卽理或知行合一之充分說明，或甚至在這基礎上發展出一套道德
形上學，但終究在其儒學詮釋上壓抑了人在實踐上可自主地決意
於違逆良知這實踐上的必然性，於此遺失了說明人承責其決意之
可能性。所以，由於對這決意自主之必然性須是無條地承認的，
現在卻壓抑了儒學對說明人在違逆良知下歸責之可能貢獻，而轉
向到藉氣稟遮良知以明人之惡的理解中，在這詮釋中的儒學，於
應對人之善與惡中，變得蒼白無力。人可被責為惡的，乃人在實
踐上的事實。此事實已表示出人之惡總從屬於人，因而，要理解
人在實踐上的整全，必須要解明這事實，此不能單靠對良知之概

念分析，否則不只是單邊地理解人，更在無法說明人之惡中，無法說明人乃作為道德上的可歸責者，因而也無法說明人在其中活動之實踐的生活世界。

當代之儒學詮釋即陷入上述的倫理學危機。本書各篇即在揭示這危機為背景而撰寫，即從孟子文本內部所示之義理，詮釋出這抉擇義自由以及說明使其可能的主體基礎，即所謂作為一整全的人自我之概念。

本書乃由 2006-2018 年間發表於各期刊相關於決意自主的五篇論文組成，其內容經過修改並在它們之間進行連結，再集合而成書者。本書五篇論文雖有一致之研究方向，但仍可分成兩組，即前二篇作為現代理論之引導，後三篇則在這引導上相關於孟子之研究，五篇論文依時間順序編排，由遠至近，兩組論文相關資料及科技部專題計劃編號如下：

1. 2006：〈康德於《單在理性範圍內之宗教》中的自由理論〉，臺北：《國立政治大學哲學學報》，（THCI 一級期刊），第 15 期。（NSC-93-2411-H-432-001）。（NSC-93-2411-H-432-002）。本篇簡稱〈論一〉，其餘論文類推到〈論五〉。

2. 2009：〈牟宗三先生論道德惡與決意自主〉，嘉義縣：《揭諦》，（THCI Core），第 16 期。（NSC 97-2410-H-343-030）

3. 2018：〈孟子論作惡者──一個倫理學之比較研究〉，新竹：《清華學報》，（THCI 一級期刊），新 48 卷，第 4 期。（MOST 104-2410-H-343-013）。

4. 2017：〈《孟子》之本心倫理學之研究──從規範之法理根

據看〉，臺北：《東吳哲學學報》，（THCI 第一級期刊），第 35 期。（MOST 103-2410-H-343-010）

5. 2014：〈從決意、道德秩序與心、理關係論《孟子》倫理學論證之問題〉，臺北：《國立政治大學哲學學報》，（THCI 一級期刊），第 31 期。（NSC 101-2410-H-343-017）

　　第一組〈論一〉與〈論二〉兩篇論文乃筆者從德國留學回臺所撰寫的較早期之著作；第二組〈論三〉、〈論四〉及〈論五〉三篇孟子論文乃筆者近年的著作。第二組〈論三〉與〈論五〉乃是直接探討孟子論人之惡根，論題乃在孟子文本中詮釋出人在道德抉擇中之決意自主。〈論四〉乃討論孟子如何證立本心良知之概念，這對探究決意自主之概念乃必須者，因為這決意自主之概念非謂一無規範之恣意選擇，而是在道德規範下作出是否違逆良知之決定。在第一組〈論二〉中，探討牟宗三先生對決意自主之理解及其困難，進而即可說明本書所謂倫理學危機乃在於他對這自主之概念強力反對所致者。〈論一〉則探討康德對人之根本惡的哲學分析，即是對意念、其自由選擇及與作為動機的傾向關係之分析。藉此即可說明牟先生在《圓善論》中所示的決意自主概念之失誤，從而也說明了本書詮釋孟子之正確性，也證實了孟子在這問題上領先康德二千年。

　　相較於孟子作為第二組三篇論文之中國哲學研究對象，第一組兩篇論文其實偏向西方哲學中的自由意志概念，但在本書乃被視作孟子現代詮釋之哲學史引導，提供讀者理解本書詮釋相關於孟子惡根問題之倫理學奠基處。雖然如此，第二組三篇論文本身也可自行提供足夠的說明，在概念說明中乃能獨立進行，使讀者

單依孟子文本就能理解人之惡根及其相關的倫理學問題。由於
〈論一〉與〈論二〉這兩篇論文撰寫時間較早，重新載於本書
前，筆者在一些文本上進行了若干修正，這些修正有涉及章節上
的安排，有涉及修辭，當中亦有涉及對哲學概念之重新理解，安
排在本書之〈篇壹〉與〈篇貳〉。第二組三篇論文撰寫時間較
晚，又經前兩篇論文之訓練，各方面均較純熟，這三篇論文載於
本書時，修正的地方較少，但論文間之連接仍需重新處理，因為
假若只是把論文一字不改原樣裝釘在一起，出版書本的意義就只
限於免使讀者收集論文之辛勞上了。這三篇論文分別安排在本書
的〈篇叁〉〈篇肆〉與〈篇伍〉。論文既有修正，也請讀者以本
書為準。以下對本書論文間的連結、修正與增補等之說明以及本
書詮釋孟子之基本概念——人自主意於為惡。

　　本書所載五篇論皆指向於探討孟子人之惡根及相關的準備工
作，但學術期刊有匿名之要求，撰寫時未能引用本人之著作，接
受刊登後也未作太多增補，因而原論文始終並未有說明各論文間
所涉問題之連結，現為了讀者閱讀時的方便，筆者除在各論文中
有需要的部分增補上下篇論文間的關連之說明外，本書在整體上
的目的、基本義理架構以及結論將在這〈序言〉中說明。

二、西方哲學論決意自主
——〈篇壹〉之說明

　　一般而言，研究者最初關心人之惡及連結其中的自由問題，
並非由儒學開始，因畢竟儒學文本無此詞，而能準確定位一概念
的詞，對研究工作的助益極大。西方哲學在相關方面佔有優勢，

這可看到西哲奧古斯汀（St. Augustine）的《論自由意志》中藉自由一詞對諸概念之分析，使人明白易懂。它作為中世紀的一部神義論（Theodizee）著作，主要是西方基督宗教為神之正義辯解之理性反省的作品。它藉人之選擇自由以明人世間的惡，以免去作為創造者的神被指責為惡之造成者所引至的神學難題。然其道德規範乃從上帝律令來說明，而非如康德之立法意志，或儒家之本心。此說後來在西方哲學中雖亦有發展，尤其是萊布尼茲（G. W. Leibniz），但在康德批判時期的倫理學崛起後，這種由人之選擇自由以解釋惡的神學哲學，卽被轉向到純由倫理學理解之自律概念以明自由之理念以及道德法則在規範上的合法性問題，選擇義自由被擺在一旁。在其中，自由作為一理念卽先被理解為對抗自然之必然性中理性（Vernunft）於決定道德法則之設準（Postulat），然在實踐理性義中的純粹意志之概念上，自由卽表現為意志以自身為法則之特性，卽是說，自律，它只以自身作為客觀的道德法則為其唯一的主觀原則，因而是意志自身之同一性表示，而且是分析的同一性，卽是以物自身（Ding an sich）身分去理解，從而與依它者之現象有所區別的一個理性之理念。然而，在這物自身與現象之區別中，此意志自身並未作為說明人在倫理上的選擇行動，而是在理性層面上為說明人於義務概念中所蘊涵的普遍與必然的有效性如何可能之立法主體。在這立法意義而非在選擇意義下，義務之概念卽倫理地被證立，卽在物自身意義下，義務卽能被理解為人格尊嚴之絕對價值，而非可有可無的建議。因而，其概念無涉於人違反義務在其意識上如何可能的問題，卽無關於人之道德抉擇。因為，既然所謂惡乃意謂人抉擇於違反義務，則在惡之概念中乃先行預設了這立法意志，

惡，在判斷上只不過是對其違逆之價值表示。因而，討論自律意志之立法，與討論道德抉擇，是完全不同層次的問題。

人之惡，雖涉及人之決意，但決意亦有決意之動機，這卻涉及一主觀的說明。然當要對決意與義務之關係作出說明，由於涉及到作為判準的義務，這說明是客觀的，即違反義務為惡，反之為善；然當要對決意於義務之動機作出說明，由於涉及到作為驅動力的動機，這說明是主觀的。客觀說明是判斷問題，而主觀說明乃涉及對義務之接納問題。因而，要說明人之善惡，不只於客觀判準，亦需指示出與義務之關連中人如何與之產生關係。這關係之產生，康德即在這批判時期之著作中，以人之意念中的感受性來說明，此感受性康德理解為意念之本性（Natur），所謂感受性，在康德之用語言，乃是表一接受性而非主動性，也即表示人被動地接受義務在心理上的主觀特性。人接受義務，其表象即為尊敬法則而為其決意之動機；然人在其中亦接受到外於自己的傾向（Hang）而為其決意之動機，從而藉此去說明人違反義務在主體上的根據。

然而，康德此批判時期所表示的理解方式，其實仍無法說明在歸責意義下人如何違反義務之主體性。因為在違反義務之理解中，感受性之概念乃只表示一被動的接受性而已，接受之對象則是由傾向所提供之動機，即愉快或不愉快；然若人只是被動地接受此傾向之情感，則人在這接受中就算與義務之命令有所不合，在主觀上也不應承受道德上的歸責，因為這所謂不合也只人被動地接受傾向之動機而至者，而非從人自主意於選擇接受而至，故其中的歸責在概念上即亦不能用上。被動的接受性總與人之自主意的決定能力不同，要說明道德歸責之可能性乃揭示這自主意的

決定能力之概念。此謂，人之惡，其可理解性只奠基在其決意上，人決意於接納由傾向所提供的動機，而這決意之接納動機並非被動的，而是一自主之行動，也卽〈篇壹〉中所謂自由意念所表示的自主決意之行動，只有人在其道德抉擇中自主地接受傾向之動機，也卽自主地拒絕由意志影響人而來的敬畏，卽是，拒絕義務在情感上的表象而接受由傾向而來的愉快，才有因其自主決意而被歸責之可能。

康德於後批判時期對這意念之自主性概念有進一步理解，這自主於違反義務之概念在《單在理性範圍內之宗教》中書中被提出，這卽是所謂自由意念，它被康德視為人之本性（die Natur des Menschen），卽所謂人性，乃人在採納格言之第一根據，此卽，自由意念卽是人性，此自由之概念乃表示一自主的主動性，因而意念之本性不再是批判時期的被動的感受性。由是，本性之概念卽從批判時期之被動感受性進至意念自主。人在這自主性概念下卽能設想對自己之決定承責，自主地接納動機，因為依這自主之概念，其動機之接受才能被理解為屬於意念，旣屬於意念，也卽從屬於人之實踐的意識主體，因而人對此之承責卽可被理解。這人之本性乃是根本的，其餘如意欲之傾向提供自愛之動機，或道德稟賦提供之敬畏法則之動機，皆在這決意之自主性中取得倫理學意義，因為傾向與稟賦最後也只是在人性之意念中而從屬於人自身者。

三、牟宗三對決意自主之理解
——〈篇貳〉之說明

　　以上是筆者在本書〈篇壹〉中關於康德論文之主要觀點，其重要性乃在於一方面在概念上解明人之惡乃奠基在人意念之自主決意上，而不能奠基在一被動之感受性上，另方面說明西方哲學家如何看待這問題。然這說明，由於解釋了人之決意自主乃是理解人之善惡的先行條件，此即可作為詮釋儒家相關問題之準備工作，而且，這準備工作所揭示之概念，乃表示儒家若要處理人之善惡的問題，這決意自主之概念乃是必需者，任何把問題塞在一相反的方向，即試圖從被動性去理解，必使儒家陷入一倫理學危機當中——無法對人之惡作出一依倫理上的可能歸責之說明，而單面地以堅持人之良知為絕對善，以為藉人之氣稟蒙蔽其良知即可解釋人之惡。然此說只把人之惡理解為消極而被動的，此則無法說明評人為惡中所預設的可究責性。若說儒家能處理此問題，即須其文本詮釋出決意之自主性，藉此說明人之善惡如何可能，而不能繞過它。然而，當代儒學詮釋把人之善惡從被動性理解，無視人之惡乃在於一究責之道德評價，使這儒學陷落到一倫理學危機。這真實存在於當代的倫理學危機，解決它即成為一個緊要的問題。

　　在當代，學者們對這危機並未有明確意識，更難說重視它並解決它。這危機之實質內容，乃可透過分析牟宗三先生之相關觀點被揭示，這即見於本書〈篇貳〉之工作。然於這問題上，他對人之惡及相關問題之理解也有其發展性，即從其儒學研究中否定決意自主（選擇義自由，此表決意自主）有任何倫理學意涵，以

為只是神學或法學的論題，甚至在《從陸象山到劉蕺山》一書中，視這決意自主之概念屬他律（Heteronomie）。使牟先生從新考慮這概念乃緣自其《圓善論》中以翻譯康德《單在理性範圍內之宗教》一書對根本惡之說明上，他追隨康德，一反從前的主張，以為決意自主概念有其倫理學意涵，也卽是人在倫理上的可歸責性乃只能在意念自主地採納格言中才能成立。然而，他一來並未把其新理解放在其儒學詮釋中，反而指孟子之儒學並無此決意自主之概念；二來，在處理意念與傾向間之關係上未與康德同調，他視自由意念為傾向之提起，而傾向本身是經驗人類學之概念，也卽是，人之決意主體是經驗性的傾向，在提起中卻以自主於順逆義務來理解人之善惡。然而，這順逆之決意在原初的傾向中既為經驗的，則在提起中卽難解釋為一自由決意。因而，藉傾向之提起來說明自由意念乃無說明能力；非如康德般，把意念直接作為可能究責之先行條件來理解，其行動必然是先天的自由。不管牟宗三先生所言的經驗主體如何提起，根本不能在傾向中變成一決意者，在其放下說中理解為人之各種能力如藝術與數學等能力之主體，因為自由意念是道德能力，那些所謂藝術能力，根本與道德無關，此說只表示牟先生始終不理解康德所言的自由意念之概念所蘊涵的道德意義。

因而，所謂人在決意上的自主，在其論述中只是隨康德文本重複一篇的表述，但他進一步的主體說明中，決意之主體是傾向，而傾向卻乃只是一經驗人類學之概念，未能理解為獨立地藉倫理學之概念進行先驗解析之意識行動，因而未視為一獨立而自主的道德主體之概念。然在康德，意念不依附於傾向，反而是，人於決意中自主地接納傾向所提供的愉快，而使傾向依附於意

念。因而，意念是人性，乃是採納格言之第一根據，是在道德抉擇上的實踐主體，而傾向只是一被接受者。在此，傾向只提供動機，而非意念之主體，在與道德稟賦所提供的道德情感間，提供動機給意念，意念則作出抉擇。依此，康德把傾向從屬於決意自主，它只為意念之抉擇對象，雖然這對象在道德抉擇中是必需的，因為無動機意念卽無行動。而牟先生之理解卻非如此，意念從傾向提起來理解，這只把意念從屬於傾向之經驗主體，只是這主體之諸多能力之一，故只說之為傾向之「作用」，把決意實說為傾向之作用而附從其中發生，故乃一從發生之理解方式。

　　然發生之理解方式不同於倫理學之理解方式，因為在後者，為着說明人對其行動之可歸責性，乃需反過來把傾向在實踐上理解為因一自主性而倫理地相關於人之概念，使傾向作為動機之提供者而附從於決意，進而獨立地視意念為一自由地作出抉擇的實踐主體。然若傾向之主體本身理解為經驗的，則縱使從其提起而說，仍乃是經驗的而非從先天上理解的自由，以為前因所決定故，這卽可質疑何以這決意自主乃可發生於一無自主之經驗能力中？進而可再追問提起者又是誰？而這提起者本身是自由的還是經驗的？這傾向之概念，從其以經驗性來理解卽知無論如何乃無法說明人因其決意自主而來的可歸責性。由是可知，就算牟先生在晚期著作中亦未能從藉康德借來的決意自主之概念說明人之惡，以其自由意念之理解仍未能提供一獨立的倫理學地位故，以糾纏在其他經驗能力故。

　　牟先生此說雖在其詮釋儒學文本上未產生影響，但在《圓善論》中卻也斷言孟子並無處理這決意自主之概念，這卽更顯發掘孟子相關論題之緊迫性，以便解決這由質疑決意自主而來的倫理

學危機，在這危機中，孟子，甚至延伸到儒學，由於被認為缺乏決意自主之概念乃必進而被理解無能力說明人之善與惡。撰寫這篇牟先生於決意自主概念之論文，乃是在以上康德論文後探究中國儒學相關論題的另一準備工作：若須把決意自主理解為人之善惡的前提條件，則孟子學若如牟先生所言在其中沒有這決意自主之概念，則孟子學即無能力說明人之惡及其可歸責性等之相關問題，這使得孟子學在這問題上缺席，更難於使人確信藉此孟子學能建立一套完整的倫理學系統，與西方哲學並駕。設想儒家只從本心之概念說明人之本善，人之惡乃只從本心所言之客觀判準上理解，而涉及動機之選取的主觀理解則只能依於如常人般以感性的氣質遮蔽本心而為惡，即未能從人之自主為惡之決意上，未能在人自身中說明其可歸責性以及未能說明人之惡根是如何可能者。若如是，則儒學於這問題上本身即困難重重，因也根本無法以倫理學之理解方式說明一個整全的人。因為所謂整全的人，乃必表現為一善與惡於他皆可能的實踐者，這才相應於倫理的生活世界之經驗，而致使只能停在修心養性的層面上，而不能進致倫理地設想人在善惡中之可評價性的層面上。又在與西方哲學比較下，也是嚴重落後者。

　　本書第一組三篇論文完全可在儒學之詮釋，而不只在概念建構上，建立一以決意自主為核心的倫理學理解，在其中，人自我才是道德實踐之主體，良知是其最高的道德價值之意識，其惡乃在其決意中所出違逆這意識而來的評價。藉此即可排除這危機。

四、說明人之惡根之基本概念

　　儒學文本（除朱子外），無道德上的抉擇自主一詞，更無西方哲學之選擇自由一詞，當代研究者卽在缺乏適當表示這概念之詞彙下，選擇避開相關的議題，從而錯失從儒學文本詮釋出這概念之機會。在這缺失下，又如何與康德意念之自由相提並論，甚至超越他？然沒有這詞，不表示無此概念。首先，孟子乃藉人之自主方式而非被動方式以論人在本心與耳目間之取捨，這卽可揭示出這自由概念在道德抉擇中所表示的自主性一面，這是本書所作出最重要的詮釋成果之一——孟子主張人自主意於為惡，而非近人以氣質遮蔽人性這被動之方式說明人之惡。至於是否有使用自由一詞，其實也非關鍵，因為這只是表達上的用語問題，核心是這決意自主之概念是說明人之惡及其可歸責性之先行條件。若有此理解，卽在研讀儒學文本中卽以此為線索，追尋一更為深邃的哲學詮釋，這亦卽是本書與當代相關研究最大差別所在。於孟子，此自主為惡，乃卽表示人自己在道德取捨中揭示出於其本心與耳目間之抉擇。在此倫理學問題上，孟子其實領先下文的奧古斯汀與康德等西方哲學家者千年。

　　為揭示孟子論人之惡根，除了從孟子文本中詮釋出人自主為惡之概念外，亦需一個由這自主性概念所必然預設的決意主體之概念，卽是，一個人之自我概念。只能是人自我，而非他者，才能是那個負有其行為評價及可能後果之承責者，此概念乃是為了說明人在道德抉擇中的價值取捨而先行被預設者。在倫理的生活世界中，不是別的，而只是人自我才是一真實踐履於道德實踐者，因為，是他，而且只有他，才有所謂道德取捨，在其中，一

個道德價值之概念才能被理解。此表示，所謂取捨，也總是人自己之取捨，從而人才能說對其自己所作之取捨，卽所謂道德抉擇之行動，承擔價值評價。人自我之概念乃是理解其承責如何可能之先行條件。惡之概念，在倫理學理解中乃表示為負面評價某人之取捨，責其本可依順於其本心而不為，卻竟違逆之，由是價值地被貶視。說人為惡，乃一在道德上的歸責語，而非描述語。然而，人在道德上的評價，如善與惡，乃必然地相關於其取捨，若沒有這取捨之概念，人在倫理上何去何從，卽被設想為不能選擇而總只往一個方向行動，則所謂評價者也根本失去意義。因為難稱許某個只因其本性卽如此而不能不如此的人為行善者，同樣也不能歸責依其本性不得不如此的人為犯惡者。因而這道德取捨之行動，卽表示一道德抉擇之概念，乃是理解人在倫理評價上的先行條件。然而，由於在取捨之概念中卽暗示人總有可能作出違逆良知之另一選擇，故此，人之惡，其可能性總在人於其道德抉擇中植根，此卽表示本書所謂人之惡根底原初意義──人之惡根乃謂其惡植根在一個決意自主之可能性中，進而植根在一自主地決意者之中，卽是說，在人自我中。因而，所謂人者，乃卽是一被理解為總處於本心與耳目間能取捨的抉擇者。此謂，由於在道德評價中，這取捨之概念總乃先行地被設想了的，因而惡所植根其中者，不是一實體性的魔頭，而是植根在人於抉擇順逆良知中所必然蘊涵其的可能性中，人卽是蘊涵這可能性之抉擇者。因而，所謂人有其惡根，非謂其性天生為惡，而是在說明道德評價之可理解性上，其抉擇總是以或順或違逆良知之可能性為先行條件而被理解者。因此，責人為惡，總表示出其原初向善之可能性；而許人為善，則總表示出在其可能違逆良知中根源的性善。

　　在西方哲學中，這可能性以自由一詞來表示；然在這裡，道
德抉擇乃只表示人在順逆良知之決意上的可能性，它總歸屬於
人，由於總歸於人，而不能歸於他者，故即表示人是善惡之統一
者；這統一，乃在於其自主性中。因此，人之善與惡，也必表示
為人自身之善與惡，故與氣稟或環境之影響這他者無直接關係，
有的，也只在實踐動機上提供引誘，雖可稱為惡之發生因，但決
非歸責因。甚至這動機之引誘也只在人之自主接納中才能成立，
在這自主性中，這動機才能屬己地被理解。因而，所謂惡者，就
算有氣稟參與其中，也是人自主地接納了氣稟之影響，而不能跳
過這自主性，直接指此氣稟遮蔽良知為惡，否則此惡只表如浮雲
蔽日般的無意識的行為。依此，善與惡與人之關係總表示為一屬
己關係，而這關係，不是康德自律意志所表示的意志之分析的同
一關係，而是蘊涵著一可能的否定性之自我關係。此關係，也可
表示為某種同一關係，但不是分析的，而只是反思的同一關係。
此表示，人在決意違逆良知中總表示一否定自己良知之可能性，
然正因為這否定乃出自其決意自主，因而由這否定而來的惡，乃
是反思地屬己的，此即謂反思之同一關係。良知若會被遮蔽，也
只能是良知從屬其中的人，依其己意才能遮蔽之，因而以遮蔽言
人之惡，乃是在於人之自蔽，從而這惡即因人之自蔽這自我反思
而來者。也即是，若從良知遮蔽以明人之惡，此蔽乃人之自我遮
蔽，而不會是無意識的氣稟遮蔽。因而，人自我之概念乃表示一
反思性，即謂，人對其自我否定中評價出其惡；因而，惡不是被
直接產生的，而是在一評斷中表現為一感受——對自我否定者之
輕蔑與厭惡。

　　人自我之肯定或否定乃表現在對自己良知之意識中，這即可

說明人自我之所以能相關於善惡：因為人自己總面對其良知，良知雖作為最本原的價值根源，但人乃可在面對其間採取某種態度對待之，也卽是，人可或順或逆待之，順之為善，逆之為惡。因而，道德上的善與惡卽表示：面對良知，人自我處於一必然的反思關係中：良知是我的良知，然究竟決意如何對待我自己的良知，亦是我自己的態度；因而，良知那最本原的價值，不管我以肯定或否定的態度對待之，皆屬我對待良知之倫理方式。因而，善惡之問題，由於總有一個可能的否定在其中，卽總必然表示為人對自身之反思關係。人之善，乃人得己之自知，人在其決意中踏上那最本原價值所揭示之大道；人之惡，乃人自我否定其良知之自欺與自棄，沉淪到良知彼岸而為良知所批判。

然此乃表示他先行意識到其良知所必然所要者，卽是說，人與良知之反思關係，不是平面的，而總在一價值高低之自我關係上，決意於順其良知，乃謂人在可能性中往上回到其本原大道；決意於違逆其良知，乃謂人在同一個可能性中沉淪。因而，決意自主也者，非謂恣意不相干的價值中立的選擇，或一種無知如賭客的賣買，而是或上昇或沉淪的自我抉擇。人自身總處於上昇與沉淪之間，連結其間的行動卽是其決意自主。

依以上所述，本書最終以人自我作為實踐主體說明人之道德抉擇與善惡之可能性問題，其中人自我之主體、道德抉擇與善惡之可能性間之關係乃可表示為人自我這實踐主體在道德抉擇中的上昇或沉淪而已。與本書所詮釋之孟子不同，康德是從作為抉擇的道德能力之自由意念為論述核心，非從人自身為核心，因而他未能意識到把對意志之立法自主與意念之決意自主落在這反思之同一中理解，也卽，未能從意志與意念間之統一來說明人之善

惡。然而，若不在這反思同一中，決意於違反法則之意念與其立法意志間之關係即未能在一統一性中被說明，若這統一性未能解明，則道德法則於意念之有效性即無從說明，因為兩者總是一個絕對他者。這是康德整個意志——意念理論的困難所在。

五、孟子論道德取舍
——〈篇叁〉與〈篇伍〉之說明

　　〈篇叁〉與〈篇伍〉之說皆圍繞着揭示所謂人之惡根如何可能在孟子詮釋中的提問與解答，藉此，即把儒學從當代偏向於單以本心概念之傳統理解方式推進至當前的倫理學問題——人之惡根及其可歸責性如何可能，其解答即是決意自主以及其作為實踐主體的人自我之概念。然而，若欲建立中國儒學倫理學，儘管只是初步的，當中仍需透過分析近代的相關研究，以及對西方倫理學進行比較，基本上，〈篇叁〉乃負責這方面，即透過孟子文本中人自我之概念，建立起人在道德抉擇中的自主行動必然基於人自我，從而使人之可歸責性成為可理解。〈篇叁〉之比較對象凡多，有當代新儒家如唐君毅先生、牟宗三先生及徐復觀先生等人於相關問題之觀點，他們皆以一屬自然的氣稟或氣質遮蔽本心良知之無知論為基調。然而，此說只能說明人生起某種行為之引誘因，但卻也未能理解這裡其實涉及到道德評價，從而揭示一歸責因之概念，而非一個如何發生之概念。若說儒學本身沒有這作為歸責因的決意自主之概念，即承認儒學本身在倫理學理解中含有重大缺點而陷於本書一直強調的所謂倫理學危機。若說儒學沒有這概念，乃涉對儒學詮釋之問題；若謂這概念本身不合理，則涉

及哲學概念之解析問題。基本上，新儒家諸子於此問題上皆同犯詮釋與解析問題。難道儒學真的無力處理歸責因之概念，而把開創之功交給西方哲學？歸責因之概念卽相當於西方哲學家如奧古斯汀所謂自由意志，或康德所謂自由意念，其概念乃表示人在決意中之自主性。奧古斯汀在其《論自由意志》一書中已充分說明人之意志須有其獨立自主性，才能對其惡（儘管只是可能的）承責，這獨立自主性之概念卽以自由一詞表示，它非能從感性衝動之自然，也非能從習慣，而是只能從人在其中的抉擇說明。康德同樣從自由一詞表示這自主性之概念以明人之善惡，不同於批判時期的先驗自由及實踐自由，而是賦予意念在動機間作出抉擇之自主決定，也卽人之惡不從自然生起來理解，甚至所謂自然之惡，乃一矛盾的表示。惡，只謂人之惡，乃只能從對自主地採納其格言之動機來理解，此卽是對其採納動機進行評價之主觀性條件，而其中的主體卽是決意於採納動機之意念，它是自由的，並被康德視為人本性的第一根據。由是，基本上，當代新儒家對人之惡的說明乃有不及，落在西方哲學家之後，未能理解到稱人為惡，乃只是對人自主於其採納動機之主觀評價，在此評價中，若涉及其屬身體之氣稟，乃是因為這氣稟以提供動機而在人之自主採納中獲得倫理學意義，因而，也只有在人之決意自主當中，才能對之作出一倫理學理解。而當他們把人之惡視為氣稟對其良知之遮蔽，因而把理解人之惡的問題，從基於自主性的主觀的價值評價上，脫離了；因而，新儒家之說，乃把惡之問題，從歸責之可能性之倫理學理解，轉到如何生起這惡行的心理問題上。此也卽〈篇叁〉所言謂誘發因或生起因，這理解方式乃是作為基於決意自主的價值評價之歸責因，以明人在道德抉擇中之可歸責性如

何可能。揭示此決意自主概念在倫理學理解之必然性，此即可突
顯詮釋儒學倫理學建立之方向——若非如此詮釋，即使儒學陷入
一倫理學理解之困難。以下筆者對這二篇論文關於孟子部分作一
綜合說明，以一更簡潔方式揭示孟子如何說明人之惡根及其可歸
責性之倫理學理解。

　　孟子以人在取舍之自主性揭示出人於道德歸責之可能性，這
並非他突發奇想，而是在對古代經典，主要是《詩・文王》以及
《書・太甲》之詮釋而來者，在其中，人自己，而非上帝，是禍
與禍之造成者：

> 《詩》云：「永言配命，自求，多福」，〈太甲〉曰：
> 「天作孽，猶可違；自作孽，不可活。」[7]

福，乃自求，自求才有福，而且多福；福非神明所賜者，禍亦如
是，非神明所罰者。禍與福皆由人自己而來，所謂自求，自作孽
是。自，即表示人之自我，一切禍福皆歸於人自我。孟子進一步
把這源自周初經典之說，連結到善惡問題上，即謂，若要考究人
之善與惡，其根據只依於人自己，被歸責者即是人自己，非關天
災，無涉神明，所謂：

> 所以考其善與不善者，豈有他哉？於己取之而已矣。[8]

7　朱熹撰（1984）：《四書章句集註》《孟子集注・公孫丑上》。
8　朱熹撰（1984）：《四書章句集註》《孟子集注・告子上》。

　　孟子把禍福、善惡與人自我間相連結在一起,在歷史意義上乃擺脫古代以宗教為中心的理解方式,在孔子後正式把人自我之概念展示到哲學思想史舞臺上。與孔子不同的是,孟子提供大量說明,而且把這以人為中心理解世界之方式,連繫到《詩》、《書》,孟子更在這連結中提供倫理學說明。從而,此理解方式,不再只是文獻上的,而是有其人文義理上的意義。如是,人,在孟子對經典之歷史詮釋中,被揭示為人即是那倫理地因其出於自身之決意而能承擔與歸責者。這人自我之概念乃承擔人之禍福與善惡,此在倫理學上的意義乃在於人表現其自主性,禍福與善惡皆藉由人自身,非他者,而被說明。須知,在西方,奧古斯汀於這自由意志之概念也是在善與惡的問題上從神交回到人之中,使人能對其善惡承其責。孟子對《詩》、《書》亦具備有同樣意義,只是孟子不稱為自由,在此文本詮釋中亦未以意志一詞說明,而是以人之自我表示取舍於禍福與善惡間之自主而未受限於內外因素:外在地,未以神明說明此取舍;內在地,亦未以如批判時期的康德般以感受性說明對動機之接納,或如牟宗三先生般以氣質遮蔽說明惡之生起因。因而,人在其中取舍之第一根據,不是別的,正是作出取舍之人自我。這自我概念在詮釋孟子中必須被確立,藉此,人之惡根奠基處才能被揭示。人決意為惡,乃是一自我之否定:在其決意中,把施暴於自己之言行,舍棄自己本有之良能,即是自暴與自棄:

　　　　自暴者,不可與有言也;自棄者,不可與有為也。言非禮

義，謂之自暴也；吾身不能居仁由義，謂之自棄也。[9]

人之犯惡，乃依於人自己之取舍者，行善亦如此，此即是得己，人在窮困中不失義者也：

窮不失義，故士得己焉。[10]

此己，即是人之自我，亦乃人之所貴於己者，此即是所謂：

欲貴者，人之同心也。人人有貴於己者，弗思耳。[11]

意欲於貴者即是人之本心良知，而其所貴者不是別的，乃即是人之自己，由是人在不失義中即由本心之欲貴而貴於己，而得己者。因而，自暴與自棄，進而或所謂貴己而得己者，皆只是人自我。因而，自暴與貴己，其所依持者即是人之自身。然而，這即表示出人自身之自我反思，即是在其決意自主中即蘊含著一否定之可能性，在其中，人自身之同一乃在這可能性中被揭示，而與下文人愉悅良知理義所表示分析的同一有別。

　　人在道德上的取舍，並非菜市場之賣買，而是於其中能有所歸責者，也即是，因人之舍取而歸責，乃謂在其舍取中違逆一個其本有的倫理價值，沒有這價值之概念，人之所謂選擇乃恣意無規範之行為，因而無所謂基於違逆規範而來的善惡與過錯，因而

---

[9]　朱熹撰（1984）：《四書章句集註》《孟子集注・離婁上》。
[10]　朱熹撰（1984）：《四書章句集註》《孟子集注・盡心上》。
[11]　朱熹撰（1984）：《四書章句集註》《孟子集注・盡心上》。

也無所謂道德上的歸責可言。若有歸責，也只是在預設目標之未達成而來的技術上的責備，而非那傷害良知價值的無條件的歸責本身。現在，當孟子貶舍梧檟而養樲棘為賤場師者，則責之為狼疾人：

> 養其小者為小人，養其大者為大人。今有場師，舍其梧檟，養其樲棘，則為賤場師焉。養其一指而失其肩背，而不知也，則為狼疾人也。[12]

所謂惡，即是人在取舍中把大者與小者中的高低價值所表示應有之秩序顛倒之而來的評價，這顛倒乃人在這道德秩序間之取舍而成，即其惡乃謂人在取舍中破壞了這在價值所表示之高低秩序。文中責人為狼疾，乃即意謂道德價值，如杯盤狼藉，完全亂了，即是亂了道德價值之高低貴賤秩序之意。換到政治領域，孟子亦以此秩序之顛倒論惡：〈離婁上〉有云：

> 是以惟仁者宜在高位，不仁而在高位，是播其惡於眾也。

所以，此所謂取舍者，並非價值中立的選擇，亦非技術上的失誤，而是在先行的價值意識中，在人自我之決意自主而來的道德抉擇。然而，這價值意識本身又如何可能？這即是〈篇肆〉之題目，它涉及到由良知所提供的道德動機，也即對良知理義本身之愉悅，對出自良知之仁義，甘願服從，在其中，良知與理義即表

---

[12]　朱熹撰（1984）：《四書章句集註》《孟子集注‧盡心上》，頁349。

示出一分析的自我同一。

六、孟子對倫理規範之合法性證立
──〈篇肆〉之說明

康德之決意主體是自由意念（freie Willkuer），其立法主體則是自由意志（freier Wille），它作為一自律之意志，此概念可提供其實踐法則在規範上的合法性，因而，此實踐法則即是一道德法則。因為不管人在其服從之並由之而來的稱許，或在違逆之而來的歸責，皆在這法則之概念相關於人對其承認為前提，沒有人對法則之先行承認，人對其實踐規範之理解只依於強制與暴力，而不涉合法性。因而，人在自由地決意於或服從或違逆法則，乃需以作為其實踐規範之合法性為前提。因而探討人之決意自主乃需在概念上先行假定了道德法則作為其規範之合法性。然而，對儒學或孟子之相關研究，亦不能免於這合法性追問，其中之說明，即是孟子愉悅理義之道德意識──愉悅乃表示服從，由服從所揭示之道德意識，從而證立理義於規範人之合法性。

在〈篇肆〉中，先需說明孟子如何否證告子之人性相對說，並揭示一個普遍的道德規範之概念如何在本心概念中取得一個倫理學之合法性：一個如此的規範之概念，其可能性乃只在人願意服從之先行理解下，才能成立，也即是，一個規範以人之願意服從為理解它之前提，而非如康德般以人不願意服從而把道德法則之概念，從強制（Noetigung）之方式去理解為定言令式（kategorischer Imperativ），以使道德規範之概念成立。然而，一個規範在概念上的合法性不能如康德般證明，其理由不難理

解，因為當倫理規範以不願意服從之強制為理解它之先行條件，則也再無理由要求人服從，因為此不願服從若先被理解為規範之先行條件，則人不服從它也只表示完成了此規範在概念上所蘊含之內容與動機而已；因而，既然這規範在概念上並未預設人之願意服從，人即使違反了這規範，乃亦是無可歸責者。因而，一倫理規範在概念上的合法性乃在於人願意服從之先行理解上，而非在強制上，只有如此，人在違逆它時才能以違反規範在其概念上本有之動機來歸責他。在孟子，理義所表示的倫理規範並不如康德般以強制為其可理解性之先行條件，反而是以理義悅心之動機為理義於心之普遍前提，即是：

> 至於心，獨無所同然乎？心之所同然者何也？謂理也，義也，聖人先得我心之所同然耳。[13]

我心，非指孟子本人之心，而是指人自我之本心，此乃從本體上理解，在其概念中即可揭示本心與其理義間分析之同一。理義乃本心所同然者，本心所同然者，即理義；因而，理義既表示為本心所同，即非意謂某一受時地差異而差異的個別規範，而是意謂相應於最高實踐意識言，此意識乃由本心或良知來表示，對其規範即表示為普遍的。因而，此理義相關於本心，作為一普遍的規範，非一可有可無之意見。然而，這普遍性於心之根據乃在於理義為心所愉悅，故續云：

13　朱熹撰（1984）：《四書章句集註》《孟子集注·告子上》。

> 故理義之悅我心，猶芻豢之悅我口。

悅卽是愉悅，乃表示本心之動機。此謂本心愉悅於作為普遍規範之理義。然而，這作為動機之愉悅乃表示本心對規範他之甘願服從，而於此，孟子所謂愉悅，卽是服從：

> 王不待大，……以德服人者中，心悅而誠服也，如七十子之服孔子也；詩云：「自西自東，自南自北，無思不服」，此之謂也。[14]

如上文所言，一個倫理規範之合法性不能如康德般從義務對人之強制性進行證成，而是以從表示義務之規範概念中所蘊涵願意服從之動機進行證成。然而由於一範規之合法性乃在於在其概念中已蘊涵一願意服從之動機，而在本心理義中的動機，卽是孟子所謂愉悅，因為本心與其理義規範之關係，並不是強制，而是由愉悅所表示之心悅誠服。如是理解，本心之理義卽能有其合法性，因為人若違反它時，卽可藉其概念中所蘊涵服從之動機，批判他不服從。依此，由於規範概念在其合法性中早已預設了一願意服從之動機，因而所謂違反本心作為規範之理義，並非批判人持另一反對本心之規範，而是批判人在不願意遵守本心要求之動機為前提，接納了以私意為其規範。例如，某時地，本心之理義要人誠實，則若批判人為私利而撒謊，其中並不是批判他主張此

14　朱熹撰（1984）：《四書章句集註》《孟子集注・公孫丑上》。此孟子所引來自《詩文王有聲》中的「無思不服」。

私利為其規範，而是批判其動機，即他拒絕本心理義，即批判他對誠實之不願意，而卻願意把私利為其實踐原則，以反對此誠實之要求。因而，這表示，一個道德批判之可能性乃基於人不願意於服從之道德動機上，而不是基於人持有某個與本心之理義不同的規範。因為，若要對這人進行道德批判，不能批判其所持之私利原則為惡的，而是在必先假定了這人認同此原則之主觀態度，而這認同乃在於意識到本心理義中所持者，人為惡，乃意謂藉其本有的本心理義對此認同態度之批判，而批判之基礎乃在於這批判所預設其中願意誠實的動機，並以此為前提，才能理解與評價被批判者對那私利原則之認同。因而，本心理義之概念先行預設其中的動機，乃是評價人之善惡的最高條件，人在決意違反本心中即是背離了這動機，在決意依順本心即是出自這動機本身。在孟子，本心理義蘊涵其中的動機乃在於心對理義之愉悅，它作為道德情感乃表示一動機，它是評價人之善惡的最高的主觀條件。這由於它蘊涵在規範概念之中，只要人進行道德實踐，乃必在一規範概念中進行，由是，孟子所言之理義悅心之道德動機，即是理解一切道德活動之最高的主觀條件，因而這動機之概念也即是一道德存有學之奠基處。

現在，理解道德規範之概念所預設的條件被證立，這是本書〈篇肆〉之工作：它首先揭示出一個規範之合法性在於蘊涵其中的動機；其次，則是本心理義所蘊涵的動機乃是心悅誠服之愉悅，它乃作為一切規範能被價值評價之最高的主觀條件。現在，道德規範之合法性被證立了後，在本書〈篇叁〉與〈篇伍〉於孟子文本中所證立的決意自主之概念，在連結到本心之理義當中，即能被理解為一道德價值之抉擇，所謂選擇即不是價值中立的自

由，而是帶著原自良知之動機在道德上的自主抉擇。

　　人之自主抉擇，不管善或惡，乃總是屬己的，善與惡總是人之善與惡。人之為善，乃謂人抉擇順良知之動機，反之為惡。因而，良知雖善，也總是人之良知，因而總在人之抉擇中才能具體地揭示其自身。不能偏良知跳過其抉擇以解釋人之道德行動，否則良知本身雖是善的，但仍總停在良知對自身之意識當中，也即，停在其知行合一中；若要開展擴充出來而讓人能評價，則需透過同屬於人之決意而可能。人有良知，非良知有人；而良知之善也總在人之可能性中才能展現於世。於孟子，人也者乃是其良知下作出抉擇而為或善或惡者，也即是，人乃依其決意而統一善與惡者，從而即能是一道德價值地被歸屬者。

　　依以上所述，若要追問孟子如何論人之惡根，則可以這樣回應：人在其良知最根源的道德意識下自主地抉擇於順逆其理義，人是歸屬道德價值者，亦是被歸屬者。

第壹篇
康德於《單在理性範圍內之宗教》中的自由理論

摘　要

　　本文之目的乃探討康德在《單在理性範圍內之宗教》一書中的自由理論。前此，康德的自由理論乃基於物自身式的自由與作為感觸界的現象間之對立，但如是並不能說明道德歸責在犯惡者之意識中如何可能，而只能界限倫理價值與存在者之區別。在《單在理性範圍內之宗教》一書中，康德理解到自由不一定要從物自身式的理解上探討，嘗試從先驗的動機意識層面上的對立以解釋自由，這意識之主體乃作為抉擇符合或違反義務的自由意念，它是使道德歸責之概念成為可理解之先行條件。進而，傾向之倫理學理解乃只能依從這道德抉擇之決意主體，即是，自由意念乃是使人能倫理地理解傾向之主體條件，而人總依於意念自由於作為動機之道德情感與由傾向所提供作為動機之愉快間所作出的道德抉擇，因而總有惡之可能性於其中，此於不同動機間之自由乃腐敗了一切格言之道德價值，此即是康德根本惡一說之意涵。

關鍵詞：自由意念、物自身、意識、歸責、義務

一、前言[1]

　　本文之目的乃探討康德在《單在理性範圍內之宗教》一書在倫理歸責上的自由理論，此所謂自由，乃指意念之自由選擇，也卽於符合或違逆義務法則間的道德抉擇，意念乃其中作出抉擇的主體。然對其理論的歷史發展之回顧是必須的，以明其發展脈絡。又康德在本書之自由理論乃是針對基督宗教，因而本文以康德藉其自由之倫理學理解詮釋《聖經》為終。因而本文之結構乃是：先明批判時期自由理論及其得失；其次分析自由意念之概念；最後是此自由應用到《聖經》之詮釋。

　　康德在《純粹理性之批判》對自由概念早就有了一個基本的看法：自由與自然之對立是其整個倫理學的基本架構；也卽，自由，作為無條件的道德實踐者，並由此所表現的價值，乃歸於物自身式之概念，其真實性乃由自律意志說明之，而與此相反的，則歸於感觸性的現象概念，由受影響的他律意志說明之。但這個物自身與現象間之區別，首先卽造成主體的割裂，且使與自由相關的可歸責性難於被理解。康德在此只能作成道德價值性與價值中立的實然性間之劃分，但未能說明倫理上人於善惡及其可歸責性自身如何可能。在《單在理性範圍內之宗教》一書中，他卻以道德抉擇中之自由概念說明人之可歸責性，作為理解人於違逆義

―――――――――――
1　本文能得以完成，有賴國科會的研究計畫補助（NSC 93-2411-H-432-001-2），特此誌謝。另外在審查過程中，兩位匿名評審人，不論對論文的實質內容或表達上，都提供了許多寶貴且深入的意見，使筆者能據之以改善及充實修訂，一併在此表達我由衷的感謝。

務與否而來的善與惡之可能性條件。自由概念卽表示道德上的選擇總是人自己之抉擇，就算違反義務亦如是；由是，自由概念乃總表示是人之抉擇，則作出抉擇者需為此而承擔責任乃是分析地必然者，他本身卽是一可歸責者。因而，康德之論證結構卽是這自由概念乃是使可歸責性成為可理解之前提條件。此表示，自由概念不再從與在格言中被預設的對象間的衝突來理解，卽是，自由不再如批判時期般藉與自然相衝突來說明，而是從一切動機皆從屬於其抉擇者來理解。因而，自由與自然間之對立便可化解到意識之統一——符合與違逆法則之選擇總是人之自由意念中的抉擇。

這自由意念之概念，在西方傳統上是偏向宗教的、神學的，如奧古斯汀之《論自由意志》一書所說的自由意志卽是，乃是要證立人之惡與全能的上帝無關而由人在順逆上帝誠律之自由選擇而成者。康德亦不例外，自由意念乃是要在詮釋《聖經》對惡之起源問題：它不是起源自亞當在歷史上的一件事件，而是有其理性根源，從藉著一自由概念對《聖經》進行一倫理學詮釋。

然而，把這西方哲學的論文放在一本以東方哲學孟子學術著作中，主要是為了替孟子所論大體與小體間之取舍從倫理學觀點作出說明，而孟子這取舍之概念，卽是本書所謂人之惡根在決意主體上的意識行動；因而孟子之問題，其結構與康德同，也卽是從決意自主之概念上說明人在根源上的惡。這表示，人，只有在其自主地違反道德規範才能被責之為惡。因而，人在道德抉擇中的自主性乃是理解人之惡的拱心石。在孟子，這拱心石卽是對本心大體與耳目小體間之取舍，而其中大、小體卽提供實踐動機以明人所抉擇者。而這小體耳目之概念卽可相應於康德屬人類學概

念的傾向，以此說明人於道德抉擇中的動機問題，乃表示，在自身只是空洞而形式的決意自主之可能性概念中，人類學動機仍有地位，它提供了愉樂之感，並在人之抉擇中被理解為其決意之動機，從而倫理地與人相關，不再是一自然的存在者，而是倫理地從屬於人，而且人在其中必須承責於對這動機之態度。由是，孟子之小體耳目或康德的傾向，在理解人之惡根中仍從屬於決意自主這形式的可能性，因為不管其抉擇為何，只在這可能性中，人在道德上的選擇才能被歸屬到人自己，從而才能理解人之道德評價。由於西方哲學在概念分析上的說明會較東方哲學更為清楚明白或細緻，希望本書中加入這詮釋康德論文能使讀者更易於理解在本文之孟子詮釋中所謂決意自主為何。

二、《單在理性範圍內之宗教》一書前自由理論之基本形態──現象與物自物之區別

《純粹理性之批判》的自由問題是在理性的第三個二律背反中提出的；正題使用理性的觀點，認為世界可有自由，反題則認為自然法則是世上唯一的法則，並無自由。康德認為，這個衝突是由於沒有區別從現象（Escheinung）看的觀點與從物自身（Ding an sich）看的觀點之緣故；若在這區別中，則二者並無真正的矛盾。[2]若以自然法則之觀點看，任一現象均在時間之

---

[2] Kritik der reinen Vernunf, Akademieausgabe, A 538, B 566.《純粹理性之批判 Kritik der reinen Vernunft》，以下簡稱 KrV；《實踐理性之批判 Kritik der praktischen Vernunft》=KpV，《單在理性範圍內之宗教 Religion innerhalb der Grenzen der blossen Vernunft》=Religion，《道德

中，為另一更前的現象所規定，沒有例外可言。但若以物自身式的觀點看，世界不必均在時間中為另一現象所決定，因為我們可以假定一個不受時間條件與自然法則所規定的世界，此假定乃暗示理性有可以決定自己以開啟另一個不從自然法則來理解的新系列之能力。[3]這個由理性來說明的物自身式觀點來理解的世界，卽非不是現象式的；現象是在時間與空間中受自然法則所決定，從而總是有條件的，因而不能設想為不受前提條件制約，因而不能設想為無原因之自由，這可稱為先驗自由（transcendentale Freiheit）。但由物自身式觀點來理解的自由因果，是一個藉理性而可設想的智思原因，其結果是現象，這原因可被理解為獨立於前提條件，有一不依於時間的原因，以自身的方式開啟一個狀況。[4]進一步，這狀況乃是由人之意志所開啟的一個新的領域，依由純粹的實踐理性之意志所制定的道德法則中理解的領域，而非依於自然界的，在時間因果中理解的領域；依此，康德可由先驗自由轉到實踐自由（praktische Freiheit）。這實踐自由乃從倫理學來說明，在其中，自由意志不依自然法則來理解，而只服從道德法則之義務來說明，此意志之概念乃表示他本身卽無條件地而且充足地是此道德法則之立法者（Gesetzgeber）。在這種理解下，此意志是自律的，由這無條件的自律卽是說明這實踐自由之鑰匙。

　　然而，當康德區分自律（Autonomie）與他律（Heteronomie）

　　形上學奠基 Grundlegung zur Metaphysik der Sitten》=GMS，《道德形上學 Metaphysik der Sitten》=MS。

[3]　KrV, A 533, B 561.

[4]　KrV, A 533, B 561.

時，其實是把在第三個二律背反中的自然與自由的對抗性引用過去：自律是依從理性上理解之意志之自我立法原則，他律則是依待性的，是感性的，卽依所謂自然法則的感性原則，故康德以為這他律意志，其實是自然制定法則：

　　……因此，根本地就是自然（die Natur）制定法則。[5]

　　在他律意志中並無自主性或自發性可言，是自然制定法則，卽這意志被理解為自然給出其行動之原則，自然旣是其立法者，他律意志在這裡只扮演自然所借用之角色。在此理解下，他律意志其實不能對其行為作出抉擇，它是被決定者，因而也不能是一可歸責之對象。自然，在此取廣義，不是指山河大地，而是指下節三所謂異己驅力，如貪慾也可包含其中。

　　依自律原則卽是人可被理解為善的之可能性條件，屬於智思界，道德性則是其後果。[6]康德在自律的論證中，從無條件性建構了自由意志的特性——出自無條件的自律與絕對自由才是善的。然而惡呢？在批判時期的康德比較少用此詞，他常以違反義務等來表示，義務是善的，違反之當然是惡的了。自律是依理性來理解的意志無條件地制定法則之主體特質，他律則依自然法則的感性原則，[7]是：

5　　GMS, IV, S. 444.

6　　GMS, IV, S. 453.

7　　GMS, IV, S. 441-4.

對反於自律原則以及對反於意志的道德性。[8]

違反義務出於自律之對立面,基於感性的有條件的他律意志。在《實踐理性之批判》中,他就是透過排除感性之幸福原則以論證道德法則的普遍性與必然性;[9]隨後依此證成意志自律與自由:他把自律與自由兩個概念看成為相互涵蘊的分析性關係。[10]把消極自由視為是對自然的獨立性,積極自由視為自律。[11]自律是自我立法之意,意志自我給出法則,亦只服從這法則,所以康德背後的哲學基礎是一個自發性以及自我同一的概念,要對抗的是自然的機械性與被動性:道德的意志是自律的,不是個受自然所拉引的意志;他律意志就依從自然法則之被動者,是對自發之破壞,對反於理性的自我同一性。

另一個在倫理學上著名的論證是定言與假言令式的區別:一個基於其他目的之假言性的格言,例如為了名譽而誠實,是個違反義務的格言,由此指向的意志是一個違反義務的意志,他為追尋其名譽反而被此所決定,從而理解其行為總只能依於有條件的、經驗的他律性意志;定言令式對他來說是一個以先天(a priori)綜合命題:「……此定言的應該先天地表示一綜合的命

8　KpV, V, S. 33.

9　KpV, V, S. 24.

10　KpV, V, S. 28-30。康德在此提出兩個任務,總括而言,在自由的假定下可分析出自律原則,反之,在假定自律原則下,自由亦可被分析出,故知兩者是互涵的概念。

11　KpV, V, S. 33.

題……。」[12]他是以綜合方式所表達的必然命令。他律原則最多
有合法性而無道德性。自律的意志則不被名譽所引，誠實不因別
的動機而只因應然而為之。[13]

　　由格言的無條件性指向此意志的純粹性，法則之制定等等。
此無條件性才是道德的基礎，以此證成意志之自律與自由。另
外，康德在《實踐理性之批判》一書中另有一不太起眼的論證：
自由是必須的，他使歸責成為可能：

　　　　沒有這自由……就沒有依道德法則之歸責是可能的了。[14]

　　但自由的理性主體本身是不可被歸責的，被歸責的只是其經
驗的性格，康德道：

　　　　我們的歸責只能涉及到這經驗的性格。[15]

　　被歸責的是理性自由之經驗性格而不是理性與自由本身，此
理性自由乃是指由理性說明的自律意志，它是義務之立法者，其
經驗性格即是從自然來理解的意志。因而，康德在這裡仍是從物

12　GMS, IV, S. 454.

13　GMS, IV, S. 414.

14　KpV, V, S. 97.

15　KrV, A 551 B, 579. Anm. 康德批判時期所使用的倫理學詞彙中很少用到
　　惡一詞，他比較愛使用違反法則或違反義務等詞彙。假如法則或所謂自
　　律是道德性，則與之對立的他律就是違反法則而為惡的，他律的意志就
　　是惡的意志，承擔道德歸責與批評者亦是這一意志。

自身與現象間之對立來理解，自由之經驗性格也只表示換了現象觀點來看。然而，假若從現象觀點看，人之意志是依自然法則之他律意志，不俱自主性而只是依他者，則這他律意志非能從自主於對實踐格言之抉擇來理解，卽然其實踐格言非由他來決定，因而，就算這格言不合符道德法則之普遍性，也不能被評為惡的，因為此從現象觀點理解之格言也根本不從屬於這意志而從屬於自然故；此他律意志也不能道德地被歸責，因其格言也非這意志所決定選取者。依上文所引 GMS, IV, S. 444 所示，他律意志乃是違反義務之立法者，對應在《實踐理性之批判》的論證，意志自律及其自由乃是必須的，否則我們不能歸責違反法則的他律的經驗意志（性格）。然而，一個為自然所決定的意志如何能有自由作出違反義務的決定？

　　他的論證可以歸納為以下數點：

1. 與自然之對抗表示出先驗的自由，此乃由現象與物自身間之區別來說明；

2. 與感性之對抗顯示出其倫理學性格；

3. 假言令式相應於他律意志，格言在形式上的無條件性、普遍性與必然性等指向意志之純粹性，自律與自由等；

4. 自律與自由的關係是分析的；定言令式與他律的意志的關係是綜合的；

5. 自由是歸責的先驗條件，他自身不被歸責，被歸責的是他律的經驗意志。

三、批評一：
他律意志與可歸責意志並不相應

上節末已略說明了然康德之困難，以下詳言之。康德可以從現象與物自身之區別導出道德理念（義務）與非道德（實然）間之區別，這區別是邏輯地分析的，即是說，是理性的。然而，藉這區別，不能導出服從義務與違反義務間的另一之區別，因為當中涉及人於義務之看法，也即是，涉及人在其中的決意，而這不能由一邏輯之區別來說明者，因這決意不屬理性而屬實踐主體之意念的抉擇行動，因而屬於意識者。

首先我們從第三點的假言令式開始，而前兩點本身並非困難所在，因為它們若有困難，乃只是在康德未能解釋服從與違反義務中所表示之決意自主才會產生。所謂假言令式乃人的違反義務的主觀格言，對其採納當然要承擔起道德上的可能歸責，因而假言令式所指向的意志應該是那個因違反義務而必須承擔道德責任的意志，因而即是一個可歸責的意念。但批判時期的康德是透過在自然中所表示的有條件性以說明這假言令式，它對立於普遍的無條件的定言令式，進而上文所謂自然是立法者之概念。由是，這有條件的格言乃相應於他律意志，然而，如是理解的他律意志並非一個可歸責的意志，當他律意志被設想為只是個現象性的經驗意志，它是感性的：

> 意志〔案：他律的〕並不給予自己法則，而是一個異己的驅力（fremder Antrieb）借助主體接受它〔指驅力〕之本

性之感受性（Empfaenglichkeit）為意志制定法則。[16]

　　在他律之概念中，自然是立法者；此意志在其中不制定法則，立法者是這異己驅力；異己驅力會為意志所接受，此意志有接受它之本性之感受性；此即暗示他律意志不只沒有立法之自主性，亦無抉擇之自主性，因為其本性乃從感受性來理解，而無涉非任何自主性。Empfaenglichkeit 一詞在康德哲學中相對立於自發性（Spontaneitaet），基本上如感性般是被動的，表示接受性，因而他律意志之概念乃只表示一感受性的意志，它是被動地接受異己驅力，若說服從義務，也是被動地接受道德法則。由是，他律意志乃是經驗性而為依它者，以被動的感受性為其本性。因而所謂他律意志即是一個有條件的、被動性的意志，在條件下被制約的意志，所以是個現象式的、經驗的意志。但如此的一個主動性缺如之意志又如何為其行動負起道德上的責任呢？他甚至不能說決定自己的行為，不管決定服從或決定違反義務，因為其本性乃只是感受性而已。所以可見康德其中的問題所在：他未能從現象與物自身區分下的他律意志之概念來解釋可歸責性之概念，此只表示：他律意志與可歸責的意志（決意自主）間之概念是不相應者；即是說，從假言令式的有條件性所導出的他律意志，一個與感性相符，被經驗法則所決定，以自然為立法者的有條件的意志，無法表示出一個與道德上的可歸責性相關的意志，因為這意志之可歸責性乃必須設想他在順逆道德法則間自主地作決定才能有可能。例如在為名譽而誠實的意志之例中，若此意志

16　GMS, IV, S. 444.

是個因違反義務而應被歸責的意志，則在可歸責之前提下必先定假定了他必定是這樣的一個意志：是一個不為感性欲求，不為經驗法則規定的意志，他在順逆法則中自主地作出抉擇，也卽是，一個自由的決意。而康德並不從這自由之概念來理解其他律意志，因在這他律之概念中，意志之本性乃是感受性的，他旣無力於服從義務，也無力違反義務，他只是個接受自然法則者。就算在法律概念中亦如是：當某人被指控違反了某某刑法時，其實在這指控中已假定了他可以因這違反而承擔起可能的歸責，而此歸責之可能性乃在排除他為感性欲求所決定而失去自主的能力，也卽是，此指控所針對的是其自主決意於違反刑法，而不是指控一個以感受性為其本性者。違反義務的意志只能被理解為一個不為先前條件所決定，但卻可以作出違反義務的決定之意志。其決心違反義務是一個先天行動，一個非經驗的理解方式。若意志為經驗法則所規限而他律的，卽康德所言的現象層面，則此意志本身是不可被歸責的。然而，在一個可歸責的實踐主體中，其決定，甚至於違反法則之決定，乃一先天行動，也卽它不依於感性之感受而獨立自主地放棄了其義務（Pflicht），主動地接納（或作成）了為名譽而誠實之格言，因而我們才可以因着其自主決定於放棄與接納來批評他，說他隨波逐流，犧牲人格尊嚴之原則等等，因而才能要他負起道德的責任。

　　由是這可歸責主體之概念乃表示無條件的決意自主，所有服從或違反義務的存心都基於它，其自由並不獨立於違反義務之動機，相反，乃是理解這動機的先驗條件。道德性與理性自律性之

自由不能相互化約，[17]因為違反義務之立意也是表示人之道德性的一方式。自由即表示一決意，即是意念之抉擇，意念是決意之主體。[18]

四、批評二：
作為先天綜合的定言令式不能解決問題

放棄與接納本身即是一個自主性行動，但所有自主性行動均被康德化約到理性的層面，被歸屬到理性之中作為義務之立法者，他只命令而不作出任何違反義務的決定，因而不包涵任何決定違反義務的動機之概念，他以普遍性法則為唯一選取的對象，[19]違反義務只是其經驗性格。他在其經驗性格的主體外以立法者

---

[17] T. C. Williams, The Concept of the Categorical Imperative, Oxford: Clarendon Press, 1968, p. 100。亦見 p. 103. Williams 已見到自由只是道德性的必要條件，但並不等同於道德性。兩者的同一性是康德批判時期的看法。

[18] 康德未曾表示他律意志是否是自由的，但在《實踐理性之批判》一書中，康德卻曾表示過病理地被影響的意念是自由的，但他在此書中沒有貫徹與發揮這個想法。見 KpV, V, S. 32。意志（Wille）一詞，康德常用在立法、自律與他律上，這通常是理性之說明方式；當討論進行到意識層面時，意念（Willkuer）一詞即將扮演更重要的角色。

[19] GMS, IV, S. 440。康德在此雖使用「選擇」（wählen）一詞，並無選擇之實，因他選取的都是普遍性法則。我們一般所使用選擇一詞包涵了意識中的可能性概念，此概念卻完全從其中被排除掉，在此意義下，自律是在理性的智思層面而不在意識層面。在《道德形上學》中他即反對以選擇自由來理解意念之自由，見 MS, VI, S. 226. 儘管康德在《道德形上學》仍然保留著現象與物自身之區別，由此他認為意念自由不能被定

的身分命令此經驗性的主體不得如此或必須如此等等。此表示，
理性外在地以應然表達其命令，強迫其經驗性格的主體服從。由
是，理性與其經驗主體是分離的，故需綜合以連結之，而命令之
強迫是必然的，因而是先天的，康德由此而說這令式是先天綜
合。這先天綜合亦可如此表示：道德上的應然涉及智思世界的成
員且同時作為感性世界的成員。[20]因而他是理性的亦是感性的，
以智思世界的成員的身分命令但卻以感性世界的身分拒絕。康德
亦從作為命令的應然概念中分析出必然性（Notwendigkeit），這必
然性乃強制（Nöthigung）之意。[21]但強制者與不服從者乃孤離地
被理解的，然這卻表示出一個外在的結合──理性的是智思的，
不服從理性則是感性的。這種對主體的割裂並不能由定言令式的
先天綜合來解決的，因為在拒絕義務的意志本身中並不包涵任何
服從的可能性，因為這個可能性是在於理性決定的自律意志那
邊，是在他律意志之對岸，而拒絕義務的意志既早已被歸類為他
律，而且是感性地被影響者，自然是其立法者，由是這以感受性
為本性之他律意志在概念上沒有理由要他遵守異己的道德命令。
此道德命令對他律意志言，是真正的異己者，由是就其本性言，
此異己者也根本沒有要求它遵守之任何合法性可言。因而康德如
此理解理性之自律意志與感性之他律意志，只會把主體割裂到不
同兩邊，兩者各為異己，從而也根本不能說明對道德法則之服從。

　　義為智思存有，但他反對以選擇自由來定義意念之自由，意念若作為現
　　象就會落入所謂冷漠的自由（libertas indifferentiae）。

[20]　GMS, IV, S. 455.

[21]　GMS, IV, S. 434。「……依這原則的行動的必然性稱為實踐的強制性，
　　即義務。」

五、存在之介入與問題的歧出

批判時期的康德把違反義務以感性之有條件性來說明，把應然地對義務之服從，化約到理性的層面，這不但引起二元論的割裂，而且在違反義務的解釋中引導到存在領域，並且為以實然的事實性說明意志為何違反義務：感性之欲求對象在意志中發生影響，而這意志，作為他律，其本性只不過是感受性。然而這只屬於實然之事實性，乃屬於現象界中依因果發生之理解方式。在此方式前還有一個屬價值之理解方式，此方式乃依於人之決意，而非在探究事物之發生，而是探究事物在與義務相較中如何能被評價。卽是說，我們在意志中假定了什麼才能評價他與義務之關係。後面對於價值評價之方式並不屬於發生層面上的事，這些事屬於依因果性而理解的現象，屬於存在者特質，此特質只能影響人，但其影響只在人自主接納它中才能被視作為一倫理的相關者，否則它只能如細菌病毒讓人產生疾病般被理解，只能算是人在因果串中的生起因關係，而不能是價值評價之關係。如在與義務概念相關中，人乃需在自主地決意於接納因感性而來之愉快，並以此為動機違反義務，則這愉快之感，作為一存在者，乃與人之道德評價相關。因而，人自主地接納欲求對象，欲求對象卽不是從依因果而被決定的存在者，而是相關於人之道德評價者，作出這決定之意志卽不會是他律的，而是一因其自主性而為一可歸責者。由是理解的意志，卽是一自由意念，此時卽不能是一以感受性為本性的他律意志，不能是一從理性外的欲求對象來理解的意志。

然而，在批判時期，康德並無自主地接納欲求對象為自己原

則之理解，而只以上節三所云感受性（Empfaenglichkeit）之本性之理解，在他律意志感受欲求對象來說明，從而把問題化約到依因果律之存在者特質的現象式的意志，以這特質來說明違反義務的發生方式，並且在與物自身對立中被理解。如是，把整個問題的方向扭轉到形上學的層面，所謂現象與物自身的區別上。但這個區別只能有效於倫理領域與存在領域間之區別上，並未有效於由服從與違反義務之自主決定而來的善惡問題。當康德作成此區別後，本應放棄與道德不相應的存在領域的關連，隨之而來應該是追問這道德領域自身如何可能。但因為此時康德根本不承認違反義務是人之道德性的一個模式，只是把他從道德性排斥到有條件的制約性、現象性及他律性等。康德把道德領域歸屬到自我立法、自由、服從義務等，把違反義務看成為這道德領域之彼岸。因而他的自律與他律等只是物自身與現象區別的另一種表示方式而已。此時的康德沒有留意到：違反義務的格言之採用亦必須在自主而無條件的概念下才能成立，因而，違反義務之決定，不能從經驗的、感受性的，而是先天而自主的。

康德把自然現象、感性之依待性與意志之自主性與無條件性區分開來，但如是卻未能說明服從義務與違反義務間之區別。須重新考量此區別，因為就算感受，也以自主性為前提，因為人可以主動地，自主地接受；如在道德動機上，人稱為惡乃是人自主地而非被動地接受傾向之自愛感受。由是在可歸責之概念下，人為惡之意志乃從自主性來理解，只是這自主性並不是立法意志之自由，而是決意上的自由，康德稱此為自由意念。這自由意念，乃人之本性。

以上是對《單在理性範圍內之宗教》前相關於康德自由概念

之哲學史問題研究，作為對決意自主之準備性工作，應該是足夠的了。下面即是對意念在其決意自主中的概念分析。

六、對《單在理性範圍內之宗教》
自由概念分析之前說明

　　經過以上的分析可知，在康德批判時期倫理學中的意志概念可分為兩個層面，一個是理性層面的，自律與自由都在其中，道德性則歸屬於此。另一個是違反義務的層面，是經驗性的、感受性而被動的他律意志，理性之普遍的道德法則在其外以無條件的命令規範他。但這造成兩層意志的絕對分離——自由意志不涉任何違反義務，而他律意志本身並無自主性與獨立性，因而不能承擔道德上的歸責。康德在《單在理性範圍內之宗教》第一章的其中一個任務在於揭示一個自主於違反義務而可歸責之主體，他稱為自由意念（freie Willkuer）。但在討論中之對象不再是理性的理想性與自由意志之道德性，而是涉及意念於順逆義務間之自主的抉擇行動；但由於決意雖是自主，但卻不是空的，也即是須在一動機之概念上，而提供動機以違反義務者，不是別的，卻是人之傾向。[22]傾向雖為人類學的，但在倫理上之可理解性乃在於決意

22　康德的自由意念的詳細討論亦見 John R. Silber, The ethical Significance of Kant's Religion, in: translation of 《Religion within the Limits of Reason alone》, Harper & Row, Publisher, Incorporated. 1960 printed in U.S.A. 批判時期的康德的自由意志沒有自由去違反道德法則，其行動完全與道德法則相符（p. Ixxxii）。他認為康德把在《道德形上學奠基》所理解的自由轉用到《實踐理性之批判》（p. Ixxxiii）。但在《宗教》的自由卻是

自主中才能成立的，因為任何動機只有在相關於人才有取得倫理上之可理解性；而這相關性，由於須連結在人之可歸責性中，因而不在於被人所接納，而在於被人自主地接納。依此，意念由於其決意自主，乃必然被設想為能倫理地評價作為傾向中的動機之形式條件，其中即包涵其自由之應用或誤用。[23]此時，人之本性，不再是節三所言的感受性，而是只所謂人之意念之自由應用。

從另一個角度去看的：「自由必定透過如此的可歸責性被預設的。」（p. lxxxvii）可歸責性是在違反義務的可能性下被預設的，因此自由意念，不像早期的純粹意志般，是可以作出違反法則的決定，因而是可歸責的。他主張這自由概念不是理體的，而必定是在時間中去作決定的。理體之絕對概念根本不相容於可歸責概念。當然我們還是可質疑他的看法：相應於可歸責的自由雖然不是超感性的自由，但是否能就此而說此自由的時間性與感性，這是可疑的。

[23] 這自由意念既不是物自身式的自由，亦非格言的道德正當性，而是道德意識的可能性條件而已。當然他亦非一個事實上的決定，因為任何事實上的決定都在理由之假定下成立；然若任何理由乃基於另一理據，以至於無窮，所以不能確定行為之實際動機為何，由此行動者可以把動機無限後推以至不用負上道德負任。康德之自由理論並非在實際情況中的某一刻以自由決意截斷這個可能的無限後返，從而迫使人對其自己的行為負責，而只是提出一個使可歸責之概念可先天地被理解之先行條件，也即是自由決意之概念。而這自由概念本身乃不可探究的，因為他沒有一個更前的條件。Marcus Willaschek, Praktische Vernunft, Verlag J. B. Metzler Stuttgart - Weimar, 1992, S. 157-159。Willaschek 以為康德原本的理論可以引至此兩難：或是意志的決定是無根據的，或是落在無限後返之上，而康德的可歸責概念卻可解決此中的問題──有根據但卻不是無限後返的。Willaschek 批判康德的解決會再次落入這個兩難（S. 158.）。但我不認為他的批判是成功的，因為康德的努力並未引至無限後返，也不涉及一個確定意志的現實的決定，而只涉及到使一切可歸責的決定成為可理解的先驗條件而已。

七、作為決意之第一根據之人性

　　上文節三已說明，他律意志，其本性乃是感受性，既是感受性，卽是一被動者，接受者，因而不屬於自主之概念。康德在《單在理性範圍內之宗教》一書中對本性之概念另有理解，卽所謂人之本性（die Natur des Menschen）之概念，此簡稱人性。Natur 一詞在康德習慣用語上是指自然，它本是與道德上的善惡處於對立：

　　　　若本性（Natur）一詞之表示如習慣般應謂出於自由行動之根據之對立，而與道德善惡之謂詞處於矛盾中，為免使人對此詞立刻有不適之感，則可以表示〔如下〕：此所謂人之本性只意謂自由一般（在客觀的道德法則下）之應用之主觀根據，它先於所有可見的行動之根據，而不管這根據置於何處。[24]

　　這習慣所示者，卽是節三所言康德批判時期之理解；引文所謂作為「自由一般應用之主觀根據」，乃是之理解；也卽是，本性不再從感受性來理解，而是從自主性來理解，也卽是自由之應用。起初它好像只涉及自由之應用，本身是不自由的，但康德繼續指出這主觀根據：

　　　　總再是自由之活動（Actus），否則在涉及道德法則之人

---

[24] Religion, VI, S. 21.

類意念之應用或誤用都不能歸屬到他，而在他中便不能道
德地稱為善或惡。[25]

本性，若依康德批判時期之理解，乃一自然感受性之概念，作為
意志乃是感受一異己驅力之主體，它即依此被理解為他律意志。
然若從可歸責概念為準，則這依感受來理解之本性概念不能說明
人在訴人違逆義務所預設之可歸責性概念，罪責根本不能歸屬到
它，因為此本性概念從屬於感受而被動者，而未能說明一自主決
意於動機之取舍，依此，它非能明一決意主體之概念，只是為突
顯自律意志之理性道德面而依自然之立法而來的意志，自然於它
言是立法者。但在《單在理性範圍內之宗教》一書中，本性一詞
表示的，不再是這感受性，而是連結在可歸責性之概念，它被理
解為總在一自由活動中，以此顯示其自主於對動機採納之決意，
在其中，意念應用或誤用皆能歸屬到人本身，從而能評價為善或
惡。在此，康德把人之本性概念推到另一層面，乃一個依自由而
理解者；這自由之概念，並非立法意志之自由，而只表示在服從
義務與違反義務間作出選擇之自由。因而，這自由概念乃表示出
人可違反義務的主觀性概念，因而它揭示出一個因其自主違逆義
務而被理解為一可承責的主體，即是，人自己。立法意志由於不
涉格言，則根本沒有違反義務的決意問題，因而亦沒有自由（決
意）與否的問題。[26]義務之服從或違反皆涉及人之主觀動機之選

---

25 Religion, VI, S. 21.

26 MS, VI, S. 226. A. Hegler, Die Psychologie in Kants Ethik, Akademische
    Verlagsbuchhandlung von J. C. B. Mohr, Freiburg, I. B. 1891, S. 161，他以
    為意念概念很少為康德所研究。

擇，但此動機不論歸屬到何處，最後總歸責到人身上，從而才能評價或為善或為惡，而如此評價之可能性，卻必須在於人對義務選擇之決意自主上，亦只因其決意，善惡才能歸屬到他。

在《單在理性範圍內之宗教》一書所謂第一根據的自由活動中，違反義務的行動乃歸屬到藉自由被理解的人身上，其本性卽是自由，而非感受性。自由只是人採用格言之主觀根據，然客觀根據卽在於格言中，康德續道：

> 惡之根據不能基於以偏好去規定意念之對象上，亦不基於自然的驅力之中，而是基於一規則，它是由意念自身為其自由之應用而作成的，卽是說，基於一個格言。[27]

惡是由意念在其自由採納格言中被理解，自由只是這採納之形式根據，此被採納者則是格言，人在這採納格言中卽是那主體自我，卽是其行為之作者，人是這採納格言之第一根據：

> 不是自然（die Natur）承其罪責（若他是惡的），〔亦不是自然〕或承其功績（若他是善的），人自己才是其善惡性格之作者。但是由於這個自身總必是再基於自由意念之採納格言之第一根據不能是任何在經驗中被給出的事實。[28]

若本性以自然來理解，則與道德無關，因為自然在道德上乃

---

[27] Religion, VI, S. 21.
[28] Religion, VI, S. 21.

價值中性者；道德價值乃相關於自由，由是，人之本性要連繫到倫理價值，首先要把此本性之概念連結到自由之概念，也卽是連結到對道德法則之採納之可能性上。這採納格言的第一根據又稱為存心（Gesinnung）[29]，這存心不是一絕對的自由，而是意念自由地抉擇格言之第一根據；由是，所謂人性，乃是透過人之自由意念所揭示的決意自主來理解，作為第一根據，它並不是一存在之概念，而表示出一自主於順逆義務之意識，也是在道德決意上的形式概念，在其中，各動機卽能被採納到格言之中。

　　人性乃自由的，作為形式概念，它使由傾向提供的動機在倫理學理解中成立。人在道德上的決意並不是空泛地說於此於彼的選擇，因為它涉及到對人本身的行動之歸責，而這卻是依於其動機以說明採納格言之主觀根據。因而，在其決意中必須進一步說明其動機。動機，依康德，就只是作為稟賦之道德情感以及作為傾向之自愛。不論道德情感抑或傾向，皆屬人類學之概念，它們乃在人性之自由概念下成為倫理學地被理解者，因為只有在自由之應用中被採納的動機，人才能評為或善或惡。不管道德稟賦，抑或傾向，皆是人性中的稟賦與傾向，人性既是使此稟賦與傾向倫理學地被理解，因而這人性，在其自由之應用中，也不只是形式的，而同時是先驗的。以下先論道德稟賦，它是道德法影響人之結果，它以情感之方式出現，卽是：敬畏之情。

---

[29]　Religion, VI, S. 25.

八、人性作為道德稟賦之敬畏情感

　　向善稟賦（Anlage zum Guten）與趨惡傾向（Hang zum Boesen）這兩人類學的概念，康德以天生的（angeboren）與被獲得（erworben）來形容他們，[30]但這不表示他們是經驗性的概念，由此，巴柏（R. Koppers）以為這人類學概念不能相容於自由概念，他甚至以為康德對此不能有解決的方法。[31]假若這個概念是經驗的，他的看法或許是正確的，但如傾向，康德卽區分開經驗的理解與倫理的理解，而所謂經驗，若謂一總預設前因之被決定者，則傾向在倫理上的理解便不能是經驗的，因為這概念乃總涉及一不能由前因決定之自由行動。倫理的傾向如此，道德稟賦之倫理學理解亦如是。以下先討論到向善稟賦。

　　康德一開始卽不把向善稟賦視為物理的或動物的，而是道德的，他把這到善的能力從三方面看：

> 1. 作為一生物的人之動物性之稟賦；2. 對人之人性之稟賦，作為有生命且同時是理性的；3. 對人格性（Persoenlichkeit）之稟賦，作為理性的且同時是可歸責的存有的。[32]

前面兩個理解才是經驗人類學的，與道德自由無關；第三個之人

---

[30]　Religion, VI, S. 26 及 27.

[31]　R. Koppers, Zum Begriff des Bösen bei Kant, Centaurus-Verlagsgesellschaft Pfaffenweiler, 1986, S. 55-56.

[32]　Religion, VI, S. 26.

格性稟賦卻不是，它是對義務之敬畏情感，它表示對法則之感受性：

> 人格性的稟賦就是那敬畏道德法則之感受性（die
> Empfaenglichkeit der Actung fuer das moralische Gesetz），
> 作為一個對自身而言之意念之充足動機。[33]

人敬畏道德法則，即謂感受了它。康德把道德法則視為人格性之理念，既是理念，則表示超經驗的，因而人如何能認定這超經驗者，乃需說明，這說明需先從人對法則之感受來理解。對法則有感受性，即意謂意識到它，故康德即主張：

> 敬畏法則乃主觀地被表示為道德情感，此敬畏法則乃無異於對義務之意識。[34]

敬畏（Achtung）在德文本有提醒、警告，要人小心注意之意，如在車站請乘客注意來車等，人於其中是聽者。同理，人對法則有敬畏，並不是依自身而有，而只是因法則所示之警告而有，人於其中是受者，是人於其中感受法則，即感受即會有結果產生，這結果即表示因感受衍生而有的對道德法則之意識。也即表示，人對法則有敬畏之情，即表示法則為人所意識，或反過來

---

[33] Religion, VI, S. 27.

[34] MS, VI, S. 464. 李明輝教授在其論文亦主張敬畏與意識間之同一，兩者乃不可分者，見大作《Das Problem des moralischen Gefühls in der Entwicklung der kantischen Ethik》, S. 222.

說亦可，對法則有意識，卽是人對法則有敬畏之情；二者是一事。而所謂道德法則之理念，不是別的，正乃是人格性本身：

> 不能把道德法則之理念，連同與它不可分割的敬畏，確切地稱做一種人格性的稟賦，它就是人格性本身。[35]

故對其敬畏，卽表示出人格之尊嚴，此敬畏與尊嚴，亦是一事。但以上已明言，敬畏非依道德法則自身而有，而是與人相關而有，它是法則於人感受其中的意識；當康德把這法則之理念視為人格性時，這敬畏之情乃卽是人格性之稟賦；稟賦乃一能力，於此，所謂人格性之稟賦，乃表對道德法則之理念，也卽，對人格性之感受能力。敬畏，作為道德情感之稟賦卻不是這理念本身，而只是對這理念的感受能力，使人在其道德抉擇中易於接受道德法則為其主觀格言，因而，康德甚至只能稱為這理念之附加物（Zusatz）。[36]但旣是理念，人又如何能感受它？這是由於道德法則之概念蘊涵著一普遍性要求，它限制人於反對法則之自我傲慢而為人所感受者：

> 敬畏本來就是終斷我的自我愛戀之一種價值表象。[37]

這卽謂，道德法則在打擊不服從義務之意欲中施於人而有的無條件的價值表象，卽是人對法則之意識，卽人感受到了人格之尊

---

[35]　Religion, VI, S. 27-28.

[36]　Religion, VI, S. 28.

[37]　GMS, IV, S. 401. Anm.

嚴。

　　康德在尊敬的討論中乃從對法則之感受上來說明，然而，人雖感受到法則之理念所示之人格性而對之有敬畏之情，但也只是說明人與其道德法則如何在情感之感受中相關，另外在這敬畏中使人更易於接受道德法則，但此即表示，在道德法則下之敬畏情感並不必然地決定人接納道德法則，反而在其中表示仍有違反義務之可能性。[38] 因為這所謂尊敬法則乃在義務之關係中被理解的：

> ……出自對實踐法則之純粹尊敬的我的行動之必然性就是構成義務的東西……。[39]

　　而這裡的必然性就是強制之意，而違反義務被設想為可能的之時，才需要強制服從。由是在與義務之連結上即表示，敬畏雖作為對法則之感受性，但是總包涵著違反義務之可能性。故此，這裏賦之概念不意謂義務之服從，反而在敬畏義務中暗示出違反義務之可能性，因而連繫著因可能違反而來的歸責概念，這是何故康德向善稟賦中所謂稟賦乃指對於作為：

> 理性而同時可歸責的存有者（Zurechnungfaehiges Wesen）

---

[38] 此非如巴柏所想，這個根源的向善稟賦並不與道德法則衝突，見 R. Koppers, Zum Begriff des Bösen bei Kant, S. 51.

[39] GMS, IV, S. 403.

之人格性之稟賦。[40]

　　康德敬畏情感之概念旣暗示可歸責之主體，而這可歸責性乃因人違反義務之可能性而成立，而這可能性乃表示在意念之自由抉擇中，而康德在下文節十卽謂人在道德法則之意識中決意違反而被評為惡心，[41]卽表此義。然而，意念之抉擇並非一空洞的選擇，否則只表示一形式上程序，因而必同時能說明人採納格言之實質根據；康德所說對法則在意識中的感受概念，由於它能提供一由感受而來的內容，卽是，敬畏，於是卽能實質地說明了人採取義務中之根據所在。然而，人採取違反義務亦需一實質的說明，卽是說，必須從一動機去說明其採納之根據，這違反義務之實質根據卽是一趨惡傾向。藉決意之自主以明人之善惡乃只是形式的，因為這只表示格言之採納能歸屬到人，由是人能被評為善或惡。但此決意之概念不能是空洞的自由，而是對人之動機是否符合義務之抉擇，其中必須藉人之動機概念才能說明抉擇之實質根據：

　　……因為若沒有任何動機，意念就不能被決定。[42]

　　敬畏情感之概念提供人對義務意識之理解，卽是，作為動機之道德情感；而傾向之概念則提供人對其違反意識之理解，卽是，作為趨惡傾向乃是違反義務之動機。因而，道德動機可為

---

[40]　Religion, VI, S. 26.
[41]　Religion, VI, S. 32.
[42]　Religion, VI, S. 35.

二，其一是道德情感，其二是傾向：

> 無寧說，道德法則藉其道德稟賦不可抗拒地把自己強加於
> 人，且若無其它動機反抗它，則人即把作為意念之充足的
> 決定根據之道德法則採納到其最高的格言中，即是說，他
> 會是道德上善的。

然而，道德法則不是唯一的動機，而人亦有感性的動機，續
云：

> 但人同樣亦藉其無罪的自然稟賦而依於自愛之主觀原則把
> 感性動機採納到其格言中。[43]

這自愛之主觀原則即是下節九所謂傾向，這感性動機連同道
德情感即構成人之善惡在主體在決意上的主觀根據之說明。但善
惡並不是依於這動機之區分，而是在於其主從關係：

> 人是善是惡之區分不在於人把它採納到格言的動機之區分
> （不在於格言之材質），而在於這秩序（格言之形式），
> 即在於人把二者之一做成為另一之條件。[44]

道德上，人有兩種動機，其善惡不在動機本身之別，而在於

---

[43] Religion, VI, S. 36.
[44] Religion, VI, S. 36.

它們在道德上的秩序，在其中，若人採納敬畏法則到其格言，而傾向在其下，則人是善的；反之，把傾向之自愛納入到其格言而置於義務之上者，則為惡的。

　　這傾向之概念本身乃表示人自愛之偏好，在批判時期，康德並未與自由意念相結，並未從人之抉擇意識來解析傾向與道德法則之結合，它只表示為一自傲之自我意識。

九、批判時期的傾向之動機──自傲之自我意識

　　經驗與自然都與道德上的惡無關，道德（或是違反或是服從義務）只與存心有關。在《純粹理性之批判》時，康德已區分道德根據與自然因果性，他把這區分化約為自律與他律，再把依自然感性之他律意志化約到自律意志之對立面，再解析為違反義務之道德對立中。康德此說的困難已在上文節三、四中有所說明。然在《單在理性範圍內之宗教》中道德與自然因果性的區別還在，但其中物自身概念沒有被提及，道德的根據不必在於與現象自然對立的物自身式的自由之上，惡亦不在於與無條件的自律對立的有條件的他律身上。這個想法之改變可透過揭示傾向概念之發展看到──關鍵在於在批判時期康德仍未把傾向連結到自由意念中理解，這是較後期的想法。

　　德文傾向（Hang）是斜面之意，轉到人類學的概念乃可用偏好（Neigung）或癖好表示。此詞出現在《實踐理性之批判》時，乃是負面性的，它與偏好一起屬基於所謂感性層面被理解之概念，也就是感性把自己的地位提昇，是自我重視（Selbst-

schätzung），[45]侵佔理性的領導，是一種自傲（Eigenduenkel）
——把自己視為立法者，視為無條件的法則，[46]所以是道德法則
打擊的對象，[47]它不是本能性的東西，如饑餓，性慾等，而是反
思性的作為自愛（Selbstliebe）之概念，是人評估他所需或何者
對他有價值的概念。康德把這個違反道德的能力以「自我」來理
解——Selbst、Eigen 等，這表示此等概念非出於動物性的本
能，而是從自我意識層面上理解。Eigenduenkel 一詞由字根
eigen 組成，它涉及自我或指向所謂我性（Ichheit），此表示其
中的評估（其實就是判斷或要求）歸屬到自我，評估與判斷乃是
以自我為目的之評估與判斷等等。[48]

　　然而，以我性之自我所表示之傾向，雖然從自我來理解，但
卻未以自由之概念去說明此傾向於法則或違反義務間之自主性，
也即是說，康德在其批判時期仍未把決意自主之概念連結到傾向
中，未說明人自由地決意於把侵佔理性之自傲納入其格言之中以
明其善與惡之形式條件。在這批判時期，傾向之自傲總是負面性
的，為理性打擊的對象，理性則處於道德合理性的一邊。[49]

---

[45] MS, VI, S. 399. 康德在此把對法則的尊敬亦視為自我重視，在 KpV, S.
　　78-79 亦有同樣的見解。這裡的尊敬雖然受到感性的影響，但偏向對法
　　則的採納，而作為人類學的傾向則是對違反法則的採納。由此可知康德
　　把服從法則與違反法則視成不同的能力。

[46] KpV, V, S. 74.

[47] KpV, V, S. 73.

[48] 這詞的反思性意義為鮑吾嘉登所見，見其大作 Hans-Ulrich Baumgarten,
　　Schellings moralphilosophische Überlegungen im Ausgang von Kant, Kant-
　　Studien, 91 S. 453. 這詞的意義亦可表示為意志的自我關係。

[49] KpV, V, 73.

　　然若以《單在理性範圍內之宗教》時的觀點考量，打擊傾向有其倫理學預設，即是，乃人自主意欲於把這傾向之動機採納為其格言，只在這預設中，這傾向乃屬於這自主意欲者，然後這打擊才能被理解，因為只有在這傾向屬我，我才能打擊它，這屬我性乃表示我有意欲於把它取代道德法則而為決意之主觀原則。因而，不是泛泛地說它侵佔理性，因為不在意念於違反義務之決意自主中，傾向也根本不能倫理地被理解為違反義務之動機者。所以康德道：

> 因此，趨惡傾向只能依於意念之道德能力。但是現在，除了我們自己的行動外沒有任何是道德地惡的（即是，可歸責地惡的）。[50]

　　此表示，意念之抉擇即是我們自己的行動，傾向只有從這意念的道德能力才能說它是惡的，理由無它，因為當評人為惡，乃意謂其惡由自身之決意所成，從而才能把此惡歸屬到他自己，正因為歸屬到他自己，他才能被歸責——人不能為他者承責，而只為其自己作出的決意承責。因而，整個論證乃奠基在這人自我之概念中，這即是惡之傾向在人自我這主體條件中才能成立。然而，這點卻並未在批判時期有所表示。

　　在《單在理性範圍內之宗教》中康德把傾向與決意自主連結起來，傾向是人性中的傾向，人性即是上文所謂作為決意自主之第一根據。若要把傾向侵犯理性之動機能倫理地被理解，則它需

---

50 Religion, VI, S. 31.

在藉決意自主所揭示的這第一根據之人性關繫中才有可能。

十、作為人性中的趨惡傾向
──與自由概念之結合

　　在《單在理性範圍內之宗教》中，傾向（Hang, propensio）
即與自由意念結合，它是人性中的趨惡傾向，人性乃依決意自主
而來的第一根據，傾向之所以能稱為趨惡，乃是因為它以決意自
主為形式條件，它使傾向之所以能被視為道德動機，即人把此動
機採納到其格言中，而人即可道德上地被評價。

　　傾向是偏好（Neigung, Begierde, concupiscentia）之可能性之
主觀根據，[51]康德為着在人類學根源中追尋能道德地被理解的動
機，即把這傾向之概念進一步解釋為把格言偏離道德法則之可能
性的主觀根據中：

> 但是這裡只根本地談及趨惡傾向，即是說談及於道德惡之
> 傾向。這道德的惡，由於它只作為自由意念之決定
> （Bestimmung）才是可能的，必須基於其格言之偏離道
> 德法則之可能性之主觀根據，而這意念只透過其格言才能
> 被判斷為善的或惡的。[52]

　　惡之傾向所以能被評為或善或惡，乃依於意念之自由決定，

---

[51] Religion, VI, S. 28.
[52] Religion, VI, S. 29.

因為它在其決定中被採納，人才能對其採納去評價，否則只是依隨自然而發生的事件而已。現在，若在意念之決定中被採納，則道德評價即成可能。由是，說人偏好於自愛而侵犯理性從而是惡的，乃是在於人自主地決意於把這動機採納因而偏離道德法則外。沒有這決意自主，也根本不能評價人是否道德的，因而在這裡，康德乃把傾向與自由意念統一起來。在他分析人之惡心時，即說成意念之傾向：

> 人心之惡，或寧說，人心之腐敗，乃是意念於各格言之傾向（der Hang der Willkuer zu Maximen）把出於道德法則之動機置於其它動機（不道德的動機）之後。[53]

這即是康德著名的惡心之說，此惡心之概念乃在意念之傾向中成立，此概念乃就人之思考模式言，因而，康德雖說此惡乃人性中不可根除者，但乃就思考模式言。傾向作為侵害理性，在《實踐理性之批判》中，乃是一自愛之意識；在此則進一步被表示為連同決意自主而被理解者。傾向之自愛為意念納入到其格言中，也即是於道德法則之意識與這自愛間之自由抉擇，由此即可說明傾向之倫理學理解如何可能——傾向之倫理學意義乃奠基在人意識到道德法則下之決意自主中。這抉擇乃意謂人乃處於道德法則之感受與傾向之感受中，即是，人總處於其間，而不管抉擇那邊，人總還是他自己，只是在拒絕法則而接納傾向之自我當中，被評為惡的：

53　Religion, VI, S. 30.

> 依以上所述，「人是惡的」此語只想表示出：他意識到道
> 德法則，但卻已把（偶然的）偏離道德法則採納到他的格
> 言之中。[54]

「人是惡的」乃歸責語而非描述語，歸責屬價值語句，乃表
對人之評價。此謂，當指責某人違反義務之時，批判某人是惡的
之時，其實乃表示人在意識到道德法則下（對法則之敬畏）仍決
定違反義務，而其違反義務之主觀動機則是傾向之自愛，違反義
務之格言中的實質根據（動機）即在於此。只是在這裡，不只於
《實踐理性之批判》的經驗人類學所言傾向之自愛，而是在其中
意念之決意自主乃是此傾向被認定為善惡的倫理學上的主體奠基
處。因而，此時的傾向，乃屬先天人類學的領域，其人性是決意
自主，而非感受性，由是人才有權說惡不出於物理的傾向，而是
出於自由，自由的應用。[55]於此，康德即區分開從自然來理解的
傾向，與倫理來理解的傾向：

> 所有傾向，或是自然的，即屬於作為自然存有者的人之意
> 念；或是道德的，即屬於道德存有者的人之意念。[56]

傾向乃從屬於意念者，不管是自然的或道德的；然若說自然的傾

54　Religion, VI, S. 32.

55　Religion, VI, S. 31.

56　Religion, VI, S. 31. Physisch 在這裡譯為自然而非物理的，因當時的科學
　　還未分出如化學等，物理學就是自然科學，物理的即是指自然的。

向是惡的，康德以為是一矛盾。[57]在這裡所謂道德的惡，則是從
上節九末所說的人自我之概念之進一步說明而來者，人之為惡，
不只於人之自愛與自傲，在歸責之可能性為前提下，乃暗示人自
己決意於違反義務，這決意即在其自主性中被理解為一屬己之行
動，即是，決意者，不論或善或惡，乃是人之自己。[58]

　　然而，若沒有這為惡之可能性，則連為善之可能性也不復
存，人也不能因其決意於服從法則而被稱許──人之善惡總乃在
於此可能性中。因而，在這個意義下惡之可能性總被設想，然其
補償即是人在其中亦可因己意服從法則而被評價為善。在這意義
下，惡是不能被根除的，這是在根源意義下的道德的惡。

十一、不可根除的惡
──道德的惡（das moralische Boese）

　　對惡心之說明中，康德稱此傾向是概念地從根上腐敗了的：

> 此思想模式於涉及道德存心言在其根上（in ihrer
> Wurzel），腐敗了，而且人因此而視之為惡的。[59]

　　所謂思想模式即是從概念上說者，它與惡習相較是不能被根
除的（nicht ausgerottet）[60]；不可根除的道德惡，是在思想模式

---

[57] Religion, VI, S. 31.

[58] Religion, VI, S. 31.

[59] Religion, VI, S. 30.

[60] Religion, VI, S. 31.

言，但作為惡習乃以此根本惡為條件，此惡習康德是透過連結在自由意念之心理學的說明。在本節，先言這不可根除的惡。

趨惡傾向中，康德分三個層面，即脆弱（Gebrechlichkeit, fragilitas），不純正性（Unlauterkeit, impuritas, improbitas）以及惡心（Boesartigkeit, vitiositas, pravitas）。在此，本文集中處理惡心，它最為重要，因為它表示出人心敗壞之最根源處，它作為自由意念之動機言乃意謂：

> 由於它顛倒了在涉及到自由意念之動機中的道德秩序，它亦可稱為人心之倒轉。[61]

康德在此所言的動機，仍是在涉與自由意念間之概念關係言，所以他在上文說這思想模式在根上已敗壞了，也即是指這顛倒了的道德秩序上即決定了人之為惡在人之根源。在這涉自由意念的道德秩序之概念所說的動機，是「先行於所有事實（That），因此自身仍非一事實」[62]。康德之說不難解，因為此意念之動機既決定了行動在善惡上的可能性，因而乃被視為一先驗的概念，這與下文為經驗地被理解的惡習乃是不同的，所以康德即從兩個層面來說明這意念之傾向。第一個層面即是先驗地被理解的

61　Religion, VI, S. 30.

62　Religion, VI, S. 31. That 一詞在德文可意謂事實，亦可意謂行動。此謂，意念之動機不能是事實，而且先於所有事實。在節十三中康德亦借助這概念說明惡如何在亞當中先於被造物的傾向而基於作為無罪之自由。然 That 一詞亦可意謂行動，下文所謂 intelligibele That 即是指決意乃一行動，是非經驗的且是智思的。

意念之傾向，它決定了理解善惡的動機之可能性，康德說它是一：

> 智思的行動（intelligibele That），純依理性而不在時間條件而可認識的。[63]

這與下文的惡習相較，純就是傾向而不帶有任何經驗的東西，康德說它是不能被根除的：

> 一個純然的傾向，以及生而有的，因為它並不能被根除的，否則，那最高的格言就必須是善的，但它在這傾向中，自身乃被假定為惡的。[64]

對此純然傾向之概念，康德在此表示出兩個不同看法，其一是它不能根除，其二它自身在傾向中被假定為惡。不能根除，非謂其惡有多深以至不能根除，而是這傾向由於只與自由意念結合才能成為在倫理上理解的傾向，否則只是一自然的存在者，因而在這概念中，由於傾向必然處於與決意自主之連結，因而在這自主性之概念下，人雖感受到道德法則之尊嚴而對之有敬畏之情，但仍總有可能抉擇違反義務而為惡，這抉擇之可能性根本不能免除，至使這惡之可能性也不能被根除，否則的話，連抉擇於服從法則而為善的，也成為不可能。

63　Religion, VI, S. 31.
64　Religion, VI, S. 31-32.

　　另外，當康德把這與決意自主連結的傾向視為本身是惡的，乃是由於它在其中乃被理解為提供違反義務之動機，因為否則的話，這傾向也不會被理解為連結在決意自主當中，例如人儘管對財富有貪念，但並未以如欺騙他人這違反義務的行為取得，也卽是，這樣的貪念不會連結在人之道德抉擇中，因而這貪念也根本與道德上的善與惡無關。因而，人之惡乃是根本的，這只表示它總在人之自由中被理解：「道德的惡必須出於自由」[65]。因而，這自由之概念只表示為理解善、惡之必然條件，故只能說這純然的傾向，在相關於自由意念時，乃被設想為總一惡之動機。這惡乃根本的乃是在思考模式下必然與自由相關，然而人之惡亦可從習慣說，這不可根除的惡是惡習之形式條件。

十二、根源的罪卽根本惡

　　依上面所說，由思想模式所理解的傾向是先驗地作為理解人之惡如何可能之前提條件，因而，康德說它是根源的罪，它是不可根除的。然人除可從先驗層面理解人之惡，但實質上，在我們的社會中有許多日常中發生惡，此可稱為而另有派生的罪。在智思的行動一說之前，康德已表示為惡習之形式條件：

> 現在，趨惡傾向乃是第一種意義（根源的罪 peccatum originarium）中所說的行動，且同時在第二種意義（派生的罪 peccatum derivativum）所說的所有違反法則的行動

65　Religion, VI, S. 31.

之形式根據，此行動乃對材質言與法則相衝突的且被稱為惡習者（Laster）。[66]

所謂根源的罪乃指上文作為智思行動的，那不可根除的惡，即所謂趨惡傾向，它是能使人之善惡行為成為可理解之先驗概念，所以康德說它是派生的罪之所有違反法則之形式根據（der formale Grund aller gesetzwidrigen That）。此派生的罪乃惡習，此惡習康德只用舉例來說明，如新西蘭島的屠殺事件等。[67]一般言，罪，乃指違反法律或命令，在基督宗教中人違反神最原初的禁令，即是原罪。然而，一般所謂惡，乃本是形容詞，表示某種心理狀態，如表示厭惡之意；由於康德把惡這本是形容心理狀態者視為違反道德法則之義務，故由罪說惡亦可，此表示由相關於法則而來的確定性表示而已。

　　說人天生為惡，並非從人類之概念獲得，也即非從與其它生物區隔的種類概念（Gattungsbegriffe）推得，[68]而是從自由意念與人性之傾向之必然連結而得者，從而康德說這傾向是惡的，天生的，而且是根本的：

　　　　現在，由於傾向本身必被視為道德地惡的，因而基於意念之違反格言，因此並非作為自然稟賦，而是作為某些能歸責到人身上者，因而必定基於意念之違反法則的格言中；但是，這意念因其自由對自身言必定被視為偶然的，若非

66　Religion, VI, S. 31.

67　Religion, VI, S. 33.

68　Religion, VI, S. 32.

> 所有格言之主觀的最高根據與人性自身交織在一起如植根
> 其中一樣，這卻又無法與惡之普遍性和諧一致〔按：意即
> 它們是相交織在一起，因而可與惡之普遍性和諧一致〕：
> 故我們可以把這傾向稱為於惡的自然的傾向，而且這傾向
> 總是自作孽的（selbstverschuldet），可稱之為在人性中的
> 根本的且天生的惡。[69]

康德在此表示意念與傾向之結合，為的是要說明一個先天的自由
概念如何與一個可以在某方面看作為自然的、經驗的傾向之概念
間的結合，這結合乃由不同層面的概念所組成者，其一是偶然
的，另一是普遍的。是偶然的，乃謂意念之決意乃自由的，既是
自由的，故不是必然的，偶然只意謂出決定前之狀態，既非善亦
非惡；在下面康德舉亞當的例子中，即是一無罪之狀態。是普遍
的，乃謂傾向作為偏好乃被理解為意念決定提供動機之人在理上
的心理能力言，人之偏好的動機既總由其提供，故不是特殊而個
人的，若沒有它，則人只剩下敬畏情感之動機，因而它在提供違
反義務的動機言乃有其普遍性。現在，這兩者交織在一起如植根
其中。由於惡必定出於自由，而決意乃需傾向之動機才能實質地
表示出因自由而來的可能性，因而此傾向之動機即植根在決意自

69　Religion, VI, S. 32. 康德在上節十一中已說這傾向本身是惡的，在這裡
　　又重複這觀點，在 S. 37 中再次說這傾向本身是惡的：「現在當趨惡傾
　　向基於人的本性，則一個到惡的自然傾向在於人；而且這傾向自身是道
　　德地惡的，這是由於他最終必定在自由意念中被尋獲因而是可以被歸責
　　的。這惡是根本的，因為他腐敗了所有格言之根據」（Religion, VI, S.
　　37.）

主中，由此而說它是根本的且是天生的。人也根本不能根除此傾向之動機，否則即無動機以採納違反義務的格言，從而使人失去自由於犯惡，進而連行善也不可能——因在其中即無抉擇可言，無抉擇即無自由，而善惡總從人之自由而來者。由是，康德所謂趨惡傾向是根本而天生的，乃是指自由意念與傾向之交織一起，是根本的，一來重複上文所說的不能根除，說它是自作孽的，因為決意自主也只不過表示人之自我決定而已，也即是表示自由乃是違反義務之形式條件；天生的，是指傾向作為道德的動機有其人類學根源而已。

　　康德趨惡傾向有三個概念表示，前兩個是脆弱（Gebrech-lichkeit）與不純正（Unlauterkeit），康德以為是無意的罪（un-vorsaetzlich, culpa），[70]最後一個即是上文所謂人心之腐敗，這是有意的（vorsaetzliche Schuld, dolus），後來又表示為生而有的罪（die angeborene Schuld），他是有意的與決心的，因而是可歸責的。[71]決心並不表示對義務無知，反而是早已認識到他所當為（或許這意識很微弱），因此他可以依義務而行，只是他拒絕了而已，所以康德說，惡與自由之應用一樣早被表示。[72]這種有意的罪，乃是指人在意識到道德法則下故意顛倒其中的價值秩序，這種以故意言的罪，在《道德形上學》中即表示出人決心於惡者：

　　當偏好落在違反法則之中，使之孵化出來，深深地使之植

70　Religion, VI, S. 38.

71　Religion, VI, S. 38.

72　Religion, VI, S. 38.

根，而且依此把惡（作為有意地 vorsätztlich）取用到他的
格言中；然後這惡便是一個被確認的惡，一個真正的罪
惡。[73]

　　康德於《道德形上學》之表示乃無異於《單在理性範圍內之
宗教》中所謂趨惡傾向，人之惡其可能性乃奠基在其自由中，而
此自由也即暗示其違反之故意。惡，乃人之故意，如亞當在誘惑
中違背了神之禁令，但其違背乃完全其故意所為，完全在其自由
之中。康德不敢明白坦然說取代基督宗教所謂原罪之一般性理
解，但在其宗教哲學中，卻有此功能，它是普遍的、天生的，但
卻不是從人類作為一種被創造的自然物之概念中分析出來的，因
為就算人可以被解為一自然物，但其傾向已在決意自主中從倫理
學中被說明了。因而，人面對其傾向之誘惑，一如亞當面對蛇之
誘惑，乃完全是自由的。這當然不可以經驗心理學去說明，亦非
依於時間條件，而是基於理性之表象。[74]把義務秩序之顛倒不會
自動發生，它依於人之決心，也就是傾向之第三個概念，它表示
出康德所謂根本惡。這根本惡不是道德性之彼岸，而是與義務意
識統一在一起的，是把義務扭轉的決心，所以沒有對道德法則的
承認，這根本惡之決心本身是不可能的。

---

[73]　MS, VI, S. 408.

[74]　Religion, VI, S. 39.

十三、惡之理性與時間根源
——整合倫理學與《聖經》

所謂根源（Ursprung），乃指一起源（Abstammung）：「是指一個結果從其最初的，即那不再是另一個同類原因之結果的原因之起源。它可以作為或是理性根源，或作為時間根源被考察」[75]。因果關係可以從理性說，亦可從時間說；但在此，這當然並非批判時期理性之思辯應用的二律背反所言者，因為這裡所謂理性根源是指決意之自由，而批判時期指的是自律之自由。關於時間的起源，是指事件間在時間中的因果關聯，而理性的起源並不依於在時間上的先行狀態之因果關係，而只以理性表象中的規定根據作為說明，關於後者，康德道：

> 如果把與一個依自由法則連結的原因相關到這結果，就如
> 同道德惡一樣，則意念之決定於其產生之結果並不設想為
> 連結於在時間中，而只設想為連結於在理性表象中的決定
> 根據，且不能從任何一個先行狀態中導引出來。[76]

若理性表象前有另一先行狀態中導引出結果，此意謂這結果乃在時間關係中連結到其決定根據，從而這根據既落在時間當中，則又有另一根據來決定它，以至於無窮。因而在道德歸責中，若用這時間關係考量，則人作惡之行為即不能歸屬到決定作

---

[75] Religion, VI, S. 39.
[76] Religion, VI, S. 39.

出此行為的人，也卽不能歸責他。

　　自由不但是道德性的根據，而且亦是違反義務之所在之處，歸責之充份根據早已在自由行動中：

> 雖然人有權說：源出自他先前自由但卻違反法則的後果可以被歸責到人，但這話只表示：人不必然地參與借口及形成借口，不管後者（後果）可以是自由的或不是自由的，因為歸責之充份根據已在作為那後果之原因的被承認的自由行動中了。[77]

　　因而自由是人在道德上的行動根據，而不只是服從義務之根據而已，而同是違反義務法則之根據，故康德說先前自由但卻違反法則，並由此才能歸責到人。因而，所謂理性根源，並非自律之自由，而是人在道德抉擇上的自主性，它只能從理性表象中尋找，而不能在時間根源上尋找，因為後者也根本是矛盾的：

> 因此，從自由行動自身中（當作自然結果）尋找時間根源乃是矛盾者。……自由應用之根據就像一般自由意念之規定根據一樣須只在理性表象中去尋找。[78]

然若說在時間根源上尋找，在西方基督文化上有其困難，因為《聖經》上表示出人之惡乃起源自人類祖先，卽亞當身上，而且

---

[77] Religion, VI, S. 41.

[78] Religion, VI, S. 40.

因為他在誘惑中做了違逆神之禁令而有罪，如是康德即需替其理性根源說與《聖經》間有無衝突作出說明。康德以神學觀點把惡視為我們的始祖參與了一個邪惡的叛逆者的墮落，並受此叛逆者之支配。[79]這乃是從一歷史事件來說明人之惡在時間上的起源，但康德以為《聖經》與其所主張的理性根源說沒有衝突。以下藉康德對《聖經》之詮釋說明其惡之理性根源，這與《聖經》所說，康德以為「完全是一致的」。[80]他以為《聖經》所示，若從時間來說，在亞當身上並無假定天生的趨惡的傾向：

> 但傾向只意謂如欲依其在時間開端以說明惡，就於所有故意違反法則中都須到人生之前段時間追溯其原因，直至追溯到理性的使用還未發展之時，因而直至追溯到一種因此稱為天生的趨惡傾向（作為自然基礎），即追溯惡之源頭（Quelle）。然這對亞當言，〔由於〕已經表示為有充分能力應用理性，乃是既不必要也不可行，因為否則，那基礎（趨惡傾向）就必會是一被造物。故其罪（Suende）直接列為從無罪（Unschuld）中產生者。[81]

　　亞當之罪非從作為被造物之傾向所產生，而是從無罪產生者。但一般對《聖經》之相關理解，由於透過亞當之故事，而使人易於從時間根源著手，但這會使惡之源頭落在被造的存在物上，此理解方式之困難，一如上述，並不能說明由此罪而來的可

79　Religion, VI, S. 40, Anm.

80　Religion, VI, S. 41.

81　Religion, VI, S. 42-43.

能歸責。這種以時間根源表示在故事表皮的《聖經》詮釋方式自難為康德接受，康德乃以隱藏在故事底下不起眼的理性根源作為詮釋之原則，卽是，以無罪說明人之惡：

> 每一惡行，若尋找其理性根源，乃好像人直接從無罪狀態進入其中。[82]

何以是無罪？乃因人還未作出決定接納那動機為其行動之質實原則，乃在決定前的。既仍未作出決定，卽是無罪，此暗示決意自主之概念所蘊涵的未決定而待人去決定之內涵。康德隨卽以自由來說明這無罪之概念：

> 因為，無論其過去的行事是如何，且無論影響於他的自然原因為何……其行動仍是自由的且不被任何這些原因所決定，因此能夠而且必定總被判斷為其意念之根源應用。[83]

在此，無罪卽藉自由來說明，自由只是有罪或無罪之形式條件。康德藉此詮釋《聖經》：

> 依《聖經》，惡並非開始於一個奠基於趨惡傾向，因為否則惡之開端並不源自於自由；而是，惡開始於罪，所謂罪

---

[82] Religion, VI, S. 41.

[83] Religion, VI, S. 41.

意即違反了作為神的禁令之道德法則。[84]

此即上文節十一所謂道德秩序之顛倒，道德法則表示判斷善惡之客觀原則，而顛倒或不顛倒乃需要人之決意而為，其自由即是善惡之主觀原則。此決意自主乃暗示傾向之前的狀態，此即是無罪：「人在先於趨惡傾向之狀態稱為無罪」[85]，此表示傾向並不能決定人，決定是否違反法則之根據乃在人自己手裡，因而，不單只傾向不能決定人，反而是傾向總在意念之決意自主下才能成為帶倫理意義下的傾向，也即，傾向是人性中的傾向。亞當乃在這決意自主之下把感性衝動提昇越過了道德法則之動機而為有罪的：

> 亞當最後把感性衝動視為比出自道德法則之動機更為優越，採納到其格言而行動，因此而為有罪的。[86]

這採納即是意念對格言之決意自主，在動機上人把感性衝動視為比敬畏法則更為重要，依此動機在主觀上說明了人在採納格言以違反法則之根據。

結語：康德之自由理論對謝林之影響

康德在《單在理性範圍內之宗教》一書的自由理論突破了他

84　Religion, VI, S. 41-42.

85　Religion, VI, S. 42.

86　Religion, VI, S. 42.

批判時期的倫理學困難，把服從與違反義務的可能性統一而不分別歸屬到不同層次的主體，不再從他律意志之本性之感受性說明與傾向之關係，而是以意念之決意自主說明。康德作成了對自由的重新解釋後，並未重新反思他在批判時期建立的倫理學，這是其美中不足之處。康德的努力對謝林哲學的發展有著關鍵性的影響，起初他的自由理論是承繼康德，透過與自然的必然性的衝突來理解：「完全沒有絕對自由的現象（在絕對意志中），假若沒有一個純客觀的自然驅力的話。」[87]在與自然驅力的關係下，道德法則成為令式：「對立於驅力，純粹意志之法則才轉為令式。」[88]這完全是康德批判時期的想法——道德法則以令式的身分強制意志服從，他們互相對立，亦因著對立才在意識中出現而被理解。謝林以為絕對自由的意志是個理念，但與自然驅力相關下才會是一個指涉外在世界的能力。順著這個想法，謝林，如上文所提及的，很自然的把意志與格言之關係從選擇來理解：

……我們在每一個意想中意識到對立者之間的選擇。[89]

因而康德的困難亦由謝林所承擔，此時的謝林並未理解到：違反義務的格言的存心事實上是在決意自主中成為可能的，因而歸責概念才是可理解的，而不是個被選擇的對象。後來他注意到

---

[87] System des transzcendentalen Idalismus, sämmtliche Werke, III, S. 572。此版本後來被 suhrkamp 以選集方式重印收錄在其 Taschenbuch，引文出處即來自 suhrkamp。

[88] System des transzcendentalen Idalismus, S. 577.

[89] System des transzcendentalen Idalismus, S. 576.

康德在《單在理性範圍內之宗教》中的理論性的突破，一反他在先驗觀念論時期隨康德基於物自身式的自由之理解，表明對康德後期著作之尊重：

在較後期研究中的道德判斷之現象底忠實的觀察。[90]

一個道德上的惡，乃完全依於人之自由，而非出自強迫，猶達之出賣基督即是最佳的例子：

猶達之成為出賣基督之徒，既非他本身，亦非一個生物，能夠改變的，他不是被強迫而出賣基督，而是自願地且連同完全的自由而出賣之。[91]

何以如此，這無它，因為若不在自由之先行理解中，則人對猶達之歸責乃是無根據者，此歸責之可能性乃出於其自願，而指責之對象即正是其存心於出賣之行動，而這正是其決意自主所表示之處，因為這決意自主揭示一人自我之概念，因而對其動機採納之存心，不能屬於他者，即不屬他人，也不屬大自然的衝動，也不屬歷史文化之影響，而是只屬他自己，正是他自己乃是那其惡之行動者，否則一切對其歸責皆成不可解；謝林云：

但正是這內部的必然性本身就是自由；人之存有者本質地

---

[90]　Freiheitsschrift, I/7, S. 388.

[91]　Freiheitsschrift, I/7, S. 386.

　　　就是他本己的行動（seine eigene Tat）；……[92]

　　決意乃是人自己之決意，卽是其自己的行動，一切可能的歸責卽奠基其上。

---

[92]　Freiheitsschrift, I/7, S. 385.

第貳篇
牟宗三先生論道德惡與決意自主

摘　要

　　牟宗三先生在晚期著作《圓善論》中一改先前對決意自主的看法：隨康德視決意自主為道德歸責之可能性條件，前此只視為法學的或神學的，與道德無關，甚至主張選擇義的意志是他律的。《圓善論》對決意理解乃是隨康德文本之說而已，牟先生並未認真看待意念作為一獨立的實踐主體之概念，把它貶抑為由一經驗人類學的傾向主體往上提起而來的選擇作用，因而把本屬道德價值層面的決意歸屬到中性材質義的傾向主體。由是即可知牟先生並未擺脫以往對決意概念之誤解與成見，故知在早期反對決意自主之概念，才是其真實的看法。他主張以氣稟遮蔽本心以明人之惡，本心之概念即足以說明道德歸責與後悔之可能性。然本心非作出犯惡之決定者，只是行善去惡之最高主體性，乃是判斷人選擇違逆本心的認知與批判之先行條件，因而未能說明作惡者及對其歸責之概念。這是牟先生對自由決意在理解上的失誤，當能在儒學文本中詮釋出這作惡者之概念時，即進而可揭示其詮釋儒學之失誤，指出其詮釋所導致的倫理學危機。

關鍵詞：人之惡、決意自主、傾向、道德載體、可歸責性

一、前言

　　從道德的惡（das moralische Boese）以及決意自主（sich frei zu entscheiden）問題來切入倫理學，在華文世界中並不多見，大多以一種輕忽態度對待。[1]牟宗三先生早在其翻譯《實踐理性之批判》中質疑人在道德上的選擇有何倫理學意義，甚至在詮釋陸象山之心即理時主張選擇義的意志乃是他律的，卽是這態度之代表。雖然其理由有些轉折，因為他在《圓善論》譯註《單在理性範圍內之宗教》中有隨順康德之決意自主，由於這只是文字上的，所以不表示他對決意自主之看法有何根本的改變。他既然承康德對意念自主之分析，但卻未把由這分析而來的理解結合到其先前的儒學詮釋中，這暗示他其實未認真看待這概念。

　　在《圓善論》中，他把意念之自主選擇理解為傾向之作用（傾向 Hang，牟先生譯成性向，除所引牟先生的文本外，本文一律以傾向一詞翻譯），由是，卽把作出選擇行動之道德主體從中性材質義的傾向來理解，而未理解到人之決意自主乃表示於順逆良知間的一個獨立的抉擇行動，並進而需在本心與傾向以外證立一實踐地作出此抉擇行動之主體，卽是說，證立康德所言的自

---

[1]　德文 entscheiden 一詞頗有意思，作動詞時可以反身表示之，ent 乃消除、取消之意，scheiden 是分離之意，entscheiden 在此是終結分離，因而便卽表決斷之意。在法律上的用法就是裁判，當用到倫理學時，可譯作決意。當以反身表示時，這個決斷連繫到決意者本身，因而它表示為對自己的決斷，終結自我分離，使自由從不確定，成為確定。決意是選擇，但選擇不一定是決意。

由意念。自由意念於康德，作為一決意主體，其概念乃表示：立法意志雖提供道德規範之合法性，但人仍可自由地決意違逆之。然而，其決定並不依於感性或他者之引誘，而在於其本身之自主性；因而，其決定乃獨立於傾向而在相關於意志之道德規範中所作出者。此謂，意念，自身即自主於其抉擇，自主抉擇乃表示他自身即是一作出抉擇者，因而可被理解為一可被歸責者。此即表示出一個對倫理學之歸責因概念進行先驗證成，甚至，傾向這經驗人類學概念乃透過這自主的意念才能倫理地被理解——傾向，由於它在人之中提供違逆本心之動機，而所謂違逆，乃在意念之自主接納中才成立。此謂，傾向能有倫理學意義乃奠基在這意念之自主性中，也即是，傾向之倫理學理解只因意念之自主性而可能。

然而，牟宗三先生雖在《圓善論》中花了五分之一的篇幅對康德所言決意自主之概念進行說明，但其實把決意視作傾向之作用，而未能獨立地如康德般從倫理學上理解它，以至於他未能說明人之惡以至相關的可歸責性之概念如何可能一問題。牟先生對決意自主以至於對人之惡根所進行之說明，仍是有層次與轉折者，而本文即一方面就他如何貶抑決意自主之概念，另方面就他如何限制為傾向之作用，以揭示出他對人之惡在理解上所蘊涵的困難——也即，其說根本不能說明人之惡及其中的可歸責性。在《圓善論》中隨順康德自由意念之分析，也只是文字上的而已，這也即表示出所謂當代新儒學之倫理學危機。

中國儒學是否能提出人在道德上的決意自主之概念，並解決人之惡及其可歸責性之問題，乃極為緊迫者。袁保新教授有意識到，嘗試在本心概念下與決意自主概念相關連。

二、當代之質疑與提問

　　袁保新教授以自由選擇之概念論及儒家孟子有關惡之問題，指出孟子的性善論不能以下列的方式來解釋惡問題：「不保證現實上每個人都已經是善的、不會為惡，予以一筆帶過」；又謂：「如果⋯⋯不能同時說明人為什麼會淪為不善⋯⋯儒家在人性論有過度簡化的嫌疑」。[2]

　　第一個主張似與哲學史發展並不相符，見本書第叁、伍篇所載關於孟子決意自主之論文；第二個主張若是針對當代新儒學對人之惡的重視不夠，亦似乎與哲學史有所不合，見本篇討論牟宗三先生之看法即知——牟先生是以氣稟遮蔽本心良知以明人之惡。或若謂他不滿意當今詮釋孟子學中，未曾以自由（選擇義）之概念說明人之惡，這基本上是正確的，雖然牟宗三先生在《圓善論》中對此相關問題有所努力。一般談論到孟子學時，都很容易把注意力放在他的性善論之上，惡只是消極的被處理（被克服或所謂化除）。袁先生對性善論的解釋本來承繼牟先生的即心言性，[3]未以常識的態度，經驗的層面，來審視屬於人的根源本性。[4]反之，他以為孟子學以普遍的先天能力來論述人本性之善，從能實現之能力上來說人性。[5]這能力就是自覺自主的仁義

2　袁保新（1992）：《孟子三辨之學的歷史省察與現代詮釋》，頁 180。
3　袁保新（1992）：《孟子三辨之學的歷史省察與現代詮釋》，頁 46-47。
4　袁保新（1992）：《孟子三辨之學的歷史省察與現代詮釋》，頁 50。
5　袁保新（1992）：《孟子三辨之學的歷史省察與現代詮釋》，頁 53。

本心，道德心等。[6]然而，袁先生進一步追問惡之根源，由是進入他所謂心與身之關係。他以為日常生活中的心是順軀殼起念，是載沉載浮的決意機能，並批評唐君毅先生的「孟子言心只有一心」之過於簡化。[7]他稱這日常心為實存心。[8]不同於道德心，這實存心「擁有選擇之自由的價值意識」。[9]它可以順內在的先天理則而動，此時它就是道德心，亦可順形軀及外在世界誘動，此時它就是實存心，[10]他視道德心是實存心不受形軀及世界牽動情況下的本真狀態。[11]道德本心既是實存心不受外力影響時的本來面目，是先天而真實的，同一個心，若不順符天理，則為念。換句話說，順天與逆天之心，均為同一個心，當順之時，為道德心；反之，則為實存心之念。袁先生的用意是在儒家本心良知之絕對的道德主體外尋找出善惡的根源，一方面它出自於人，但另一方面不能傷害到良知的絕對善。

　　然而，袁先生之說有不少困難，尤其是借用海德格所作的說明，這在本書第叁與伍篇中即有較詳細說明，筆者只是藉其所說把問題帶到牟宗三先生之觀點。首先，牟先生不以為孟子，甚至不以為言「生之謂性」者有決意自主的想法，此決意謂人傾向之善惡乃取決於決意之善，他說「此層意思」：

6　袁保新（1992）：《孟子三辨之學的歷史省察與現代詮釋》，頁80。
7　袁保新（1992）：《孟子三辨之學的歷史省察與現代詮釋》，頁80。
8　袁保新（1992）：《孟子三辨之學的歷史省察與現代詮釋》，頁83。
9　袁保新（1992）：《孟子三辨之學的歷史省察與現代詮釋》，頁83。
10　袁保新（1992）：《孟子三辨之學的歷史省察與現代詮釋》，頁83。
11　袁保新（1992）：《孟子三辨之學的歷史省察與現代詮釋》，頁82。

> 孟子及主「生之謂性」者皆未曾道及，此見康德思理之精
> 密與緊切。[12]

甚至更認為，道德心本身，由於自律與自由（超越的），是不會
去選擇的，[13]他說儒家們：

> ……從來未自那可好可壞的自己決定處說自由意志……[14]

故牟先生其實主張儒學不從決意自主於選擇格言以明人之善
惡：儒家之學根本沒有這自由選擇之概念。然而，本心是不抉擇
的，不是因為它選擇順符天理而為道德心，道德心之所以為道德
心，是由於其立法與行動為一。[15]道德心是自我呈現而為天理，
並不抉擇天理，因為在抉擇之概念中總包含了拒絕天理而有犯惡
的可能性，而純善的道德本心則只是說明道德規範之正當如何可

12　牟宗三（1985）：《圓善論》，頁 69。
13　牟宗三（1985）：《圓善論》，頁 67。
14　牟宗三譯註（1982）：《康德的道德哲學》，頁 317。中國儒學的道德
　　心與康德之根本惡概念之精闢分析與比較，見李明輝（1994）：《康德
　　倫理學與孟子道德思考之重建》，頁 138-139。李文把康德由根本惡概
　　念所引申的相關概念，如傾向等，歸屬於實踐人類學，而孟子之本心歸
　　於超越層面之道德形上學。
15　彭文本（2004）：〈論牟先生與費希特的智的直覺之理論〉。彭文在此
　　比較了牟先生與費希特對智性直覺的不同理解，把牟先生對智的直覺概
　　念的證成分三組來討論，第三組就是自由與法則的關係。（彭文本
　　（2004）：〈論牟先生與費希特的智的直覺之理論〉，頁 155-156）彭
　　教授指出牟先生的理解：在自由意志中不容許格言與法則的衝突，否則
　　永遠有藉口不理會道德命令，意志便成為意念。

能乃規範與動機間的同一關係。道德本心並不抉擇，只是人最高的道德意識之主體；若它抉擇，則沾有惡之可能性，從而無從判斷是非，亦無從說明人改過之先天可能性。所以在說明象山心卽理中，乃明確把這抉擇主體視為他律的。

以上是牟先生主張儒學中沒有這決意自主之概念，這是儒學詮釋之問題，但事實上他亦根本不認同這概念有何倫理學意義，這屬其倫理學理解之問題。他反對決意自主有倫理學意義，可見諸其《從陸象山到劉蕺山》以及在《康德的道德哲學》中的註釋。但在《圓善論》中，他表現出好像支持決意自主，以為這概念有其倫理學意涵，在對康德有關根本惡的論文之註釋中，有跟隨康德論述，承認這概念有其倫理學意涵。因而，這好像是，他在《圓善論》對決意自主之理解有所轉向，因而在前此之著作中只表示對儒學之詮釋問題，而非倫理學理解之問題。然由於其說一方面只是隨順康德之說，另方面在表示自己對決意自主概念之理解時，卻把這概念視為經驗人類學的傾向在往上提起之作用，並未獨立地從決意之意識行動推衍出一道德實踐的主體概念，未把決意從屬於一實踐主體，未視決意之自主抉擇為這主體之先天行動，因而未如康德般建立一先天地自主決意而為可歸責之實踐主體，此卽是所謂自由意念。

三、一般地說明牟宗三先生
六年間理解決意自主之轉變脈絡

由於牟宗三先生大部分著作都是透過詮釋、分析與批判他人的哲學概念所作成者，故若追問對原著作之理解與詮釋正確與

否,卽成比較哲學,會變得複雜,非本文之目的,故盡量避免於此,主要處理在其詮釋中所表示之哲學概念,檢視其概念是否能解決當中的問題。決意自主之概念基本上處於牟先生哲學系統之外,一個本身重要,但卻處於被排拒的位置。

在註譯《單在理性範圍內之宗教》中的〈論惡原則與同善原則之皆內處或論人性中之根本惡〉中,牟先生極力稱許康德。[16] 然在這稱許中卻貶抑孟子所能達至的倫理學理解,以為孟子根本未道及道德抉擇:

> 惟于氣性或才性之善或惡以為人之採用格言之主觀根據並亦正由于人之採用善或惡之格言故遂使那氣性或才性成善的或惡的,此層意思,孟子及主生之謂性者皆未曾道及,此見康德思理之精密與緊切。[17]

如此稱許康德,卻指孟子未言及此,證據又何在?還是墮於一刻板印象?其實孟子有以決意自主以明人之善惡,只是未為牟先生所注意,他旣然在概念上不承認決意自主之概念有何倫理學價值,就算孟子文本出現相關討論,也不見得能解讀出,甚或連動機都沒有而專注於以心解性來詮釋孟子。孟子非如牟宗三般以氣稟,而以人自我言人之善惡,這才是對決意概念之倫理學理解,

---

16 I. Kant, Von der Einwohnung des boesen Princips neben dem guten: oder ueber das radicale Boese in der menschlichen Natur,收錄在 Religion innerhalb der Grenzen der blossen Vernunft, a. A., VI. 以下皆用此學院版。簡稱 Religion。

17 牟宗三(1985):《圓善論》,頁 69。

人決意違逆良知，評責之為惡，必須直指向人自己，而不能指向其附屬其中的傾向或稟賦，因為只有人才能作為決意者，並依此對之進行評責，道德歸責才有著力處，否則若因氣稟遮蔽良知為惡，則便失去指責之對象。這點在本書第叁與伍篇有詳細論詳，以下只說明牟先生把決意限制在傾向之作用，乃犯了把價值奠基存在之謬誤。決意自主不能作為傾向之作用來理解，反而是：決意自主是人能倫理地理解傾向之先行條件。《圓善論》前也根本不承認這概念有倫理學意義，這使得他在研究的過程中，就算在儒學文本上遇到相關於這概念的可能詮釋，也無意也無力去發揮。所以就算在《圓善論》依附在康德的說明中對這決意概念持較正面的看法，但也輕輕的否定了在《孟子》文本中發掘這概念之可能性，把這決意概念所蘊之自主性虛化成傾向之「作用」義。在《圓善論》〈第一章基本義理〉中牟先生加入了對〈論惡原則與同善原則之皆內處或論人性中之根本惡〉之翻譯作為一附錄，在這〈附錄〉中提出不少與其系統頗為不同的想法，因為這是他第一次，雖然是依附在康德之說明中，以決意自主概念去說明惡之問題。不同於《圓善論》，牟先生在較早期的《康德的道德哲學》中不只未以決意自主說明人之惡，反而是貶抑它，以氣稟遮蔽良知以明惡之生起因。他不承認決意自主之概念有何倫理學意義，只從神學與法學去理解這概念。在更早期的《從陸象山到劉蕺山》中所論及惡之問題，亦是從氣稟、感性影響以遮蔽良知來說明，甚至未曾提及這決意自主之相關概念。甚至在最早期著作《認識心之批判》中在論及自由選擇時，也是從神學去理解，即是針對萊布尼茲之神義論（Theodizee），只連結於絕對

神意，並未從倫理學領域來說明之。[18]

---

[18] 這是牟先生最早論及自由選擇的著作，見氏著《認識心之批判》，下，頁 269：「神意自意是如如地意，……如如地意即本體之體性之不容己地放射其光輝，其放射其光輝乃從其體性中必然而定然地如此如此放，並無可以如此放亦可以不如此放之交替性與可能性」。牟先生乃反對萊布尼茲所謂神在諸可能世界中選擇創造最好的世界。牟先生所持的理由是，假若神意有有選擇之交替可能，這表示「則神意中豈不亦有不善耶？」（頁 270）神意並無交替性與可能性，否則神意即有不善之意，這當然不能為牟先生所接受，這種想法一直為他援用至其道德哲學及道德形上學中的思想。這種神意與自由選擇之間的斷裂，一直不為牟先生所注意，就算在《圓善論》透過翻譯康德的〈論惡原則〉，牟先生也只是散列地放在書中，並無系統地與書中之各個概念作連結。牟先生並無區分開決意（sich zu entscheiden, decision）與選擇（zu waehlen, to choose）兩概念，筆者先在這裡作出區分：決意乃選擇——於順逆良知之抉擇，順良知者為善，逆之為惡，因而，善與惡只是人之決意的結果。當在順逆良知間作出抉擇時，必須對自己的決意負起道德責任，而此責任之可能性條件，除了決意之自主性外，還預設了作為判準之無條件性，由於這無條件性，人之決意不從技術來理解，而是就人決意之動機本身來理解。但一般而言的選擇，卻不預設這無條件性，例如買豬肉買牛肉之選擇中，對錯的判準不會是無條件的，而只是一些實用性的規範等，如個人喜好，或營養價值等。謝林在 Stuttgarter Privatvorlesungen, VII, S. 429 中反對決意是選擇，把選擇歸為不清明的自由行動，首先，他把自由與必然性結合：「現在，當然，所有真正的，即絕對的自由再次就是一個絕對必然性」。謝林區分開這種連同必然性的自由與一般而言的選擇（Wahl），習慣性所言的選擇其實出自不清明的意志：「但是，誰知其所要者，便無選擇而採取行動。那個不知道他所要而選擇者因此並不要。所有選擇都是不被照明的意志之後果」。謝林的意思不難解：當人有所選擇時，表示他有不確定性，因而他並不真確地知道他自己所要者為何，其所做的並無必然性。當人清楚他自己所要者，即決意，並無所謂選擇問題。所以，有選擇之處，就沒有必然性藏身之地。因此，當自由的決意與必然性一起時，這決意並不是選擇。隨後他即以

　　從三書成書年份相差不過六年，卽民 68 年之《從陸象山到劉蕺山》，中間的《康德的道德哲學》到民 74 年之《圓善論》，牟先生對決意自主概念之理解似有所轉向；然而，就算有所謂轉向，這轉向也未反映在其系統中。卽是說，《圓善論》未曾論及決意自主之概念如何與他前此之中國哲學之詮釋相連結，或甚至未論及無關道德抉擇之良知與作出抉擇的自由意念（康德語）間之統一，這個〈附錄〉只是孤伶伶放在該書的一個章節中，與其它章節在概念上並無何關係可言。

四、決意自主在《圓善論》中角色的質疑

　　這《圓善論》〈附錄〉中所言決意自主之概念乃完全孤離於牟宗三先生其它著作者。關於惡之問題，如在《現象與物自身》或《智的直覺與中國哲學》等涉及圓教之概念中的惡法門，但卻未從人之主觀意欲來討論人之惡及其決意自主之問題，何故在《圓善論》中又必須以如此的篇幅論述這問題？一則附錄，但卻佔全書 1/5 強，《圓善論》共 340 頁，此〈附錄〉從第 61 頁至 130 頁，共 70 頁，而第一章以 60 頁論述孟子心學的〈基本義理〉相比，或與此書最核心的最後一章卽第六章〈圓教與圓善〉相比，它從第 243 頁到 335 頁，也只不過 92 頁而已。何以在這

此批判萊布尼茲之思想，卽神在無限多的可能世界中作出選擇是自由之最低程度（der geringsten Grad der Freiheit），假如神 ex ratione bone 而行動，其自由是次要的（untergeordnete）。而本文持自由決意是選擇，選擇不一定是自由決意，其理由是基於自由決意所涵蘊的交替之可能性上──或選擇善，或選擇惡，而非在意念之清明與否之上。

以圓教概念說明康德最高善之著作中，而不在其它著作中討論人
之惡及這決意自主之概念？在《佛性與般若》一書中或許可尋得
可能解答，因為圓教是一個容納一切，包括消極概念如惡淨之法
門等之圓滿之教，故惡法門亦需納入其中，因此在他以法華圓教
之立場批判真心系統為「斷斷」，色與染淨惡法間是被排斥在真
心外，為他所批評道：「真心不卽妄歸真，乃離妄歸真故」。[19]
妄惡等消極的法門不在真心之內，要除掉一切惡法門、無明等，
才能見真心。就此而言，真心之概念乃獨缺屬此等消極的惡法
門，因而不能成就真正圓教。依此，或許可說在《圓善論》中為
成就圓教，而增加這涉人之惡的決意自主之概念？然而，這顯然
不是這回事，因為在《佛性與般若》中所謂惡，是指客觀的惡法
門，而不是主觀上的迷執，他說道：「主觀的迷悟染淨與客觀的
淨善穢惡法門有異」。[20]

　　在圓教中，主觀性的迷執，或者轉換到《圓善論》中，主觀
的惡行，還是要除去，因而若謂在圓教中要包含客觀的惡法門，
便推論在《圓善論》中需要加入康德的根本惡以及決意自主之概
念，乃是難於成立之說。康德所言人之惡，乃屬意念之主觀的抉
擇而來的評價，在《圓善論》中乃必須為道德本心所除去除者，
所謂行善去惡。所以在哲學系統上，為何牟先生在《圓善論》必
須加入此一〈附錄〉，筆者並無解答，而只視之為牟先生本人在
讀康德著作時偶得的靈感，有此靈感，在撰寫時加上去，在其系
統之理解上並無必要性。在其系統中，牟先生非以人自主地決意

---

[19] 牟宗三（1984）：《佛性與般若上》，頁 478。
[20] 牟宗三（1984）：《佛性與般若上》，頁 479。

於違逆其良知以明其惡，而是如在《從陸象山到劉蕺山》中所言，乃是以氣稟之感受性影響與遮蔽其本心來說明者。

五、自由概念之轉向
——立法自主到與選擇自主之轉向

《圓善論》與《從陸象山到劉蕺山》中牟宗三對兩種自由概念進行區別，卽是強調立法自由（本書又稱作立法自主）與選擇自由（本書又稱作決意自主），以下說明之。

在《道德形上學》中康德本身對意志（Wille）與意念（Willkuer）間作出區別，前者表示對行動格律之立法（Gesetzgebung），它本身不涉行動，所以無所謂自由不自由，而意念則表示對格律的抉擇，他是自由的。[21]在論及陸象山之心卽理時，牟先生亦進行這區別：

> 康德言意志自律，象山本孟子言「本心卽理」。「本心卽理」非謂本心卽於理而合理，乃「本心卽是理」之謂。此蓋同於意志之自律，……決定意志的那法則不是由外面來的，乃卽是意志本身之所自立，自立之以決定其自己……。[22]

此謂，道德規範之根源在本心，本心並非只受命者，亦同時是授

21　MS, VI, S. 226.
22　牟宗三（1979）：《從陸象山到劉蕺山》，頁 10-11。

命者，受命與授命是同一，此即表象山心卽理之概念。依此概念，本心卽可得一立法者之名。而然，它雖「甘願遵守其自己所立之法而受其決定」，但不是說「有兩法則於此，它自己決定選擇其一」，他進而把這選擇之自決視為他律，為不自由：

> 這種選擇自決之自由不是康德由自律所說之自由，因而亦不表示其所說之「自律」義。選擇之自決正是他律者，此正是不自由，雖然你可以有選擇之自由。[23]

　　牟先生在此卽區分開自律與選擇義自由，其說不難解釋：選擇義自由之概念並非自律之概念，這自由並非象山之心卽理，其心卽理之自律義乃表示本心之授命與受命者間之同一。由是，若謂人在命令中之選擇，此選擇就算是自己作出的自我決定（自由），仍表他律義，因為在選擇中總有可能違逆這命令，因而授命者與受命者間只表示一可能性，而不是同一性，而在這可能性中，作出選擇之動機不會是由本心所提供，而是由本心外之某物，如氣稟、氣質等所提供。離開本心，卽是他律；由是，選擇義自由乃蘊涵他律之概念。然而，本心之自由，與決意之自主，乃屬兩個不同的概念，故牟先生之區別，基本上是有需要，但這仍不表示選擇義自由乃表他律義，因為人可自主於接納氣稟之動機；甚至，只有在這自主接納中，氣稟才能倫理學地被理解。此選擇義自由，作為決意自主，雖不能以他律來理解，但牟先生總以為選擇義自由卽是他律的。一般言，由於被選擇者總先在選擇

23　牟宗三（1979）：《從陸象山到劉蕺山》，頁11。

之行動前即已被預設，也即是，選擇之可能性總在一目的之預設中成立，而這在牟先生之本心倫理學中並不能成立，因而他不接受選擇在其系統中有其地位，也算合理者。目的之預設，在倫理學中會引起問題，因為在這預設中，人雖可選擇，但由於被選擇者之價值（目的）總先於作出選擇的人，因而這選擇者總依他者之價值來決定自己，此即他律義。依此，所謂選擇，雖有自由之名，但實質上不能決定價值，反而為一先行價值所決定，因而總只是在自由之表皮上進行選擇，而實質上其價值本身乃一順他者而行的被決定者；由是，牟先生乃視決意自主為他律。

但這裡卻隱含一個問題，即是若選擇是本心所制訂之法則，是否亦是他律？這問題暗示本心與決意間之連結統一，但在牟先生對本心之理解中，本心乃直貫而下，人可順之，而非選擇；順之，即表人一心為善，別無他意；而選擇，即表人在順本心中蘊涵違逆之可能，以供他選擇。此說非牟宗三所能接受，因為他以本心為核心，意志是其作用，所以他以為自由的意志「……此則不可有善有惡，只能是純善。」[24]在《圓善論》中，牟先生亦曾比較自律與選擇之概念，卻未如《從陸象山到劉蕺山》般把選擇之概念看成他律：

> 作為一設準的那「自由」由意志之自律入，單明意志之立法性，即絕對自發性，而此處所謂「自由決意」〔按：即本書之決意自主〕之自由則只表示人的行為或格言之採用

24　牟宗三（1985）：《圓善論》，頁 67。

之好或壞皆由自決，故人須對之負責。[25]

在這比較中，牟先生不再視選擇的決意自主為他律的，這當然是
對決意之概念在理解上的某種轉向。在決意自主中的選擇乃不可
或缺者，因為它是人能設想自身乃可歸責之條件：

> 若無此自決處自由之使用，人便不可歸責。因此，人之決
> 意之採用此格言或彼格言就是善惡性格（傾向）之原因
> ──造成者。[26]

　　觀本書第壹篇之康德論文可知，牟先生對這自由之理解，乃
只是隨順康德之理解而來者，附從在康德之說明中，到他自己作
進一步的解釋這概念時，他乃把這自決處自由落在傾向上理解，
由作為經驗人類學概念的傾向往上提起以說明這自決之自由，它
本身乃表示人類學傾向之作用。然而，這卻表示其說明未從這決
意概念演繹出一能獨立地說明人在良知下自主地作出抉擇的實踐
主體。

六、決意自主乃只稟賦之作用

　　決意自主之概念乃被視為表示「人的現實意志之作用」[27]，
牟先生以為此決意，它是一「作用字」，它只表示「『意志之受

25　牟宗三（1985）：《圓善論》，頁67。
26　牟宗三（1985）：《圓善論》，頁67。
27　牟宗三（1985）：《圓善論》，頁67。

感性影響的現實作用』的字」，表示：

> 那作為一設準的自由之現實的投映，受感性影響下的投
> 映。[28]

這投映說未見康德文本中，此應是牟宗三自己之發明；自己發明，可，但卻也不合理，因為卽然說自由，則又何以用感性影響來說？更何況使用一意義不清的「投映」？怎投映法？因為，本心之自由，乃自律義，其概念也根本無惡之可能性，亦與感性無關，感性不能影響它，因為這自由乃物自身式的，屬超越的實體，然則由於它是超越的實體，怎受感性影響，怎影響法？怎投映法？完全沒有說明，此只表示一隨意之說。然對此決意自主在概念上的說明，他表示出某種由追問概念之前提條件之方式，卽是說，一先驗的（transzendental）方式，以表示決意自主與歸責間的概念關係：沒有決意自主之先行預設，則歸責（Zurechnung）乃不可能者：

> 此處所謂「自由決意」之自由則只表示人的行為或格言之
> 採用之或好或壞皆由自決，故人須對之負責。……好的自
> 決固是自己負責，壞的自決亦是自己負責。[29]

　　然這只表示牟先生追隨康德之表示，而非其本人對這概念之

---

[28]　牟宗三（1985）：《圓善論》，頁67。
[29]　牟宗三（1985）：《圓善論》，頁67。

看法，亦非從其系統上推衍而生的說明，因為他本人亦未以之作
為一原則貫徹於人之善惡的說明上，此說其實已見康德〈論惡原
則與同善原則之皆內處或論人性中之根本惡〉中：

> 因為歸責之充份根據已在作為那後果之原因的被承認的自
> 由行動中了。[30]

　　由是可知，上引文所示也只是牟先生以自己的話重複而已，
依後文之說，牟先生亦未使之引申到其它相關的詮釋與理解上。
後來謝林 Schelling 亦跟隨康德之論證，以決意自主作為行動之
可歸責性為前提為其論證之邏輯。[31]康德與謝林皆把這論證視為
一原則透視人之善惡，然牟先生在康德文本中習得這自由與可歸
責間之關係，進而把意念之自由行動視為理解歸責概念之條件。
這論證模式乃屬康德，見本書〈第壹篇〉所載的康德論文。
　　然由康德而來的先驗說明在牟先生之整體理解中佔何位置，
乃需進一步說明，因為其所謂意念，只是個作用字，未視其決意
為意念作為實踐主體之行動，也卽，未獨立地理解意念為一實踐
主體，它根本非屬任何先天的主體概念。牟先生本無先天的決意
主體之概念，在《圓善論》之詮釋中亦沒有。於他，意念並非主
體，其決意乃帶現實性的傾向之作用，傾向才表示一主體之概
念，決意只是這經驗主體之眾多活動之一，如下文節九所言藝

---

[30]　I. Kant: Religion, VI, S. 41.

[31]　見 Ueber das Wesen der menschlichen Freiheit, I, 7, S. 386-8. 此為謝林之
　　子 K. F. A. Schelling 所篇全集 F. W. J. *Schellings Saemmtliche Werke*，羅
　　馬數字為全集之部，阿拉伯數字為冊數，S 為頁數。

術、知性或理性皆是，是經驗人類學理解下的才能義。然傾向被
牟先生理解為經驗人類學的，決意自主乃依於這經驗的傾向主體
所擁有的諸多表現作用之一而已。

　　對這傾向主體之說明，牟宗三先生從其哲學背景中挑出兩個
概念，卽是告子「生之謂性」說，並把這生而有的概念視為佛家
「無始以來法爾本有」。這些概念是經驗的，價值中性的，但他
卻仍藉此解釋康德在決意自主與傾向相關時所說的「一」。揭示
牟先生於「一」之理解卽可說明其傾向及其決意自主之關係，此
理解其實只表示由生而有的傾向概念所蘊涵的經驗性與事實性之
必然肯斷，決意之道德價值之表現乃依於此屬存在義的傾向。當
中的說明可先從這概念之兩邊說，卽從傾向之提起與放下。

七、決意自主乃只依附在
價值中性義的傾向主體上之作用

　　所謂提起說卽是：

> 說人是它〔按：傾向〕的造成者是把它提起來說，繫之于
> 自由的決意中。[32]

為何要提起來繫於決意自主中？是因為如此才能與道德價值相
關，否則這只是：

---

[32] 牟宗三（1985）：《圓善論》，頁 78。李明輝教授對傾向概念之分析
　　有進於牟宗三先生者，見氏著（1994）：《康德倫理學與孟子道德思考
　　之重建》，頁 125-8。

一潛伏的傾向，說不上道德地善及惡，就此而言，它是中
性的。[33]

　　藉與決意自主相關而能說傾向之為善或為惡，是其善惡之造
成者，而傾向本身是價值中性的。若不與決意相關，這潛伏而中
性的傾向則更可推到歷史中。所謂放下說即是：「說它是生而有
是把它放下說，推之于長串歷史中」。[34]不只歷史的，後來更說
它是生物的，遺傳的，這皆屬於價值中性的存在者概念，而這概
念是經驗的，本身非一價值意識之主體概念。此放下說乃把告子
生謂性之概念施於康德文本，使本屬意識之決意概念混進到中性
的存在者之上。

　　在提起說中固從決意自主說是傾向之作用，但在這作用在善
惡之造成者中，被牟先生理解為一，此傾向之一，乃表生而有的
傾向之經驗性與事實性，這與放下說中的生物遺傳之理解是一樣
的；也即是，提起說與放下說皆依於生而有所揭示之經驗性與事
實性，藉此統一起來說傾向之自己——決意總是傾向之決意，傾
向不能分拆為多，它只能為一。然而，牟先生是如何詮釋出這理
解呢？這要由他對康德文本之詮釋開始。

　　康德把善惡之性格視為「內在而固有」，但大自然對其善惡
性格並無責任，人自身「就是此性格之造成者」，也即，所有決
意皆歸屬於人，其主張所依持的理由即是人對於善惡格言之採納
是在自由選擇作用的意念，它不依於純然的物理自然，因而不能

33　牟宗三（1985）：《圓善論》，頁78。
34　牟宗三（1985）：《圓善論》，頁78。

是「一經驗之事實，是故人之生命中的善性格或惡性格……是內在而固有的」[35]。然所謂內在而固有，康德乃把這自由意念與人之生結合在一起，康德即表示為：

> 「自由之任何使用被經驗」以前就表現有力量或被置定為根據（在最早的兒童期就有力量或已為根據，再往後返，返到生時，如同生而如此），這樣，它被思議為是在人之生〔按：出生〕時即現存于人者，可是其生時之「生」卻並不是它的原因。[36]

牟宗三先生對傾向之提起說即原自詮釋這康德文本。此文本表示人在其決意自主之使用與其生存於世必須被設想為一樣早，需設想為在人出生時即有。此即表示這自由之概念並非由習得而來，也即是它乃是一先天的概念。必需如是設想，否則不能藉之以判斷人之善惡的自由，進而不能設想人對其行為之可歸責性，因為若是習得而有，則人在為惡中被歸責時總可藉還未習得作藉口以為脫罪。因而，康德此說只表示這自由之先驗性，這先驗性只意謂：為理解人之可歸責性而必須的先行設想，因為若自由只落在某一段時間上，則前此時間的行為即成不可歸責者。因而，若從人之存在上說，必須從其出生時即被假設有這自由。因而，自由與人之存在關係，並不能實看，否則必須檢證人出生時是否即有自由；然而，自由乃只是理解人之可歸責性的先行條件，故

35　牟宗三（1985）：《圓善論》，頁66。
36　牟宗三（1985）：《圓善論》，頁66。

也根本不能檢證，它只是一在法理上的一個必然設想而已，因而，人之自由與其可歸責之關係只表示一倫理上的法理關係而已。然牟先生在詮釋上文時卻實看決意與傾向之關係，以為：作為此根據之決意自主早已在人生而有的傾向時存在于人之中：

> 人之生命中的那作為採用格言之基本根源或終極根據的善性格（傾向）或惡性格（傾向）早已在人之生時即現存于人，但這並不表示說這生時之生是這善性格或惡性格之原因。善或惡的性格（傾向）之所以為善或惡，即使其成善或成惡的原因或理由，是源于人之採用此格言或彼格言……。[37]

自由於傾向言，康德是用「思議」——自由需被思議於與傾向之結合，因而這只表示兩概念之結合在倫理上有其法理的必然關係，而未表示把此決意自主實視為附屬於人之存在，即未把自由視作傾向之諸作用之一，反而是自由意念乃是人之本性，它被理解為人在順逆道德法則間的抉擇能力，而傾向則乃是提供在決意中違逆法則之動機。然而，牟先生卻直接說這傾向「早已在人

---

[37] 牟宗三（1985）：《圓善論》，頁 66-67。這是牟先生根據自由決意之概念而來的推論，向惡之傾向，若是自由的，必然能夠作出善之決定。這個推論，自然也適合康德，但是，康德在文中把向善的能力說為稟賦（Anlage zum Guten），也就是所謂道德情感（das moralische Gefuehl），康德本人是沒有出現過 Hang zum Guten 一詞。Hang 與 Anlage 在康德之區別見李明輝（1994）：《康德倫理學與孟子道德思考之重建》，頁125。

之生時即現存于人」，因而，牟先生乃實說二者之關係，自由意念乃發生於傾向中，傾向作為經驗人類學的能力乃承載著自由意念，如藝術能力般，乃人類之傾向所有的諸種能力之一，是其諸作用之一。然而，牟先生對者關係之理解，除不合康德文本外，亦會產生這項困難：這原是經驗而中性的傾向如何能在提起中有這自由選擇之作用？此提起者是自主的還是經驗而為前因所決定？提起之概念是透過概念分析而得的嗎？但若是概念分析，則必是同質的分析，而傾向與決意在概念上乃異質者。是先驗地綜合兩者嗎？但仍要說明兩異質者之綜合的第三方是何者？其實牟先生這種提起說只因未能正視道德現象而來的含糊說法：當視傾向乃於順逆良知之決意主體，它原初就不能是中性，不是說決意時即把這原初是中性者提起而為倫理的；反而是，若視作為決意之主體，原初即已是價值的。在本書中，這原初即為價值的傾向是如何可能之解答乃在於決意自主地對傾向就有一在價值上的理解，即是，決意乃視傾向為動機之提供者中被理解。因而，傾向在這倫理學理解中不是可有可無的偶然存在物，如藝術亦是人類傾向所有之能力之一，然而，某人其實可以沒有這能力，然若決意自主亦如藝術能力般屬於傾向，則人既可以沒有藝術能力，自當亦可沒有這決意自主之能力。於牟先生的理解，決意自主乃一天生的傾向中的能力，這能力是偶然且可以從缺者。這概念當然不能如此實說，而只能視決意自主與可歸責性間在倫理學理解上所表現的一種必然的法理關係而已。然而，在牟先生之實說中，所謂提起乃涉及到傾向乃生而有的，此即是發生決意自主之作用場所，所謂「一」，即乃表示「全部自由之使用」皆在其中：

性向（傾向），即格言採用之基本的主觀根源（終極的主觀根據），只能是一，而且普遍地應用于全部的自由之使用。[38]

牟先生視康德此所謂傾向「只能是一」，視這傾向為生而有，「『生之謂性』之傾向下」，其中康德所謂「只能是一」，乃解釋為：由於不論傾向或善或惡，這採用之主觀根據只能看作終極的看，不是系列的某一步之採用之根看，因為「若如此看，則此步採用之根據還當有一個東西作其根據」。[39]在這提起說中所言「只能是一」即謂：決意乃總是由傾向作出的行動，決意乃謂傾向之作用，因而決意總屬於人之傾向，並主張這即是佛家「無始以來法爾本有」之意：

這接納之主觀根據或原因不能再進一步為吾人所知，因為還是它自己。此實等于佛家所謂「無始以來法爾本有」。[40]

它即是全部自由使用之根據，而非別物，因為，此採用之根據即是傾向之自己：

……那所追問至的另一步採用之根據還是此生而有的傾向之自己。[41]

38　牟宗三（1985）：《圓善論》，頁76。
39　牟宗三（1985）：《圓善論》，頁76。
40　牟宗三（1985）：《圓善論》，頁77。
41　牟宗三（1985）：《圓善論》，頁76。

　　決意乃從生而有來理解的傾向之作用，不管如何作用，總乃是傾向之作用，卽是上文所謂「一」，是指傾向自己，這「一」，卽是傾向自我，在頁 77 又云「這主觀根據或原因不能再進一步為吾人所知，因為還是它自己」。此傾向為一，不能分拆：

> 分拆之而為一系列由一系列以推尋那最後者，因此，它本身就是終極的。[42]

　　傾向乃不能分拆之一者，然這只表示一經驗事實之承認，因為傾向作為生而有，乃中性之材質義。傾向，作為一經驗之概念，乃為一，此表示決意之作用總在這材質義的傾向中表現出來，而不能是別的。這傾向之中性材質義可以從其放下說同樣藉這「無始以來法爾本有」作說明卽知，以生物學遺傳以及使之落入到歷史長河中。「生而有」與「生之謂性」之說乃表示人類學之中性材質者，所以藉「一」以明傾向與決意之關係，卻：「並不足以表示人之生而有的本性並無告子所謂中性義卽材料義」。[43]牟先生堅持傾向作為生而有的，乃是告子生之謂性者，非理性之定然善惡的傾向：「決意有善惡，格言有善惡，相應的傾向當然亦有善惡，但此善惡卻非是理性上之定然的善惡……」。[44]而此善惡傾向，旣是中性材質義，非「定然的善惡」，進而說它乃由教導與學而得者，這卽是牟先生對傾向放下說之基本理解；人

---

[42]　牟宗三（1985）：《圓善論》，頁 76。

[43]　牟宗三（1985）：《圓善論》，頁 77。

[44]　牟宗三（1985）：《圓善論》，頁 77。

對此負責乃謂對此習得之養成而說。由是此傾向雖在相關於人之決意時有所謂善與惡，但它「原只是一潛伏的傾向」，甚至聖人亦不能「於此說定然的善傾向」，進而牟先生推論說：

> 因此，人之傾向相應于決意之善惡而成為善的傾向或惡的傾向必須是經由引導而為人所習成的。因此，人對之須負責。因此，康德說人就是善惡傾向之造成者，人之得有之是習得而有之……。[45]

牟先生這傾向習得善惡之說，在康德文本中由所謂「人所造成」一說，經自己本有之理解所推衍而來的詮釋；又說所謂「內在而固有」乃只「生物學的先天」，而非超越義的先天；而這習得也不能說在某時間中習得。在此理解下，所謂一，其實只是指這傾向之善惡總是人作為一生物的人自己所做成，只是不在確定的某一時間中。牟先生不斷強調由此來理解的「生而有」、「無始以來法爾本有」：

> ……只是不在時間中之某時得有之，因此儼若無以來法爾本有，即生而有……無限定的時間長串中被習得，因此，儼若生而有，無始以來法爾本有，其實父母、祖先、種族之長串歷史俱在內，故「生而有」亦可說即是遺傳……。[46]

---

[45]　牟宗三（1985）：《圓善論》，頁77。

[46]　牟宗三（1985）：《圓善論》，頁77-78。

　　以上之放下說，乃牟先生把康德之傾向與告子生之謂性連結在一起，下放卽是材質義的生而有的才能，而這能力不是別的，仍是提起說中之傾向：同一傾向，它作為經驗人類學之概念，決意自主乃依於其上的作用，但同時也表示出它的生物、遺傳的特性。然何以必須如此，其理由乃因為道德表現在具體的生活世界中，乃須依於材質義的氣性：「……義理之性之定然的善亦有需于生而有的氣性或才性，否則義理之性不能有具體而現實的表現」。[47]

---

[47] 牟宗三（1985）：《圓善論》，頁 69。有關於儒學的氣之傳統問題，林安梧強烈批判牟先生，見林安梧（2006）：《儒學轉向——從「新儒學」到「後新儒學」的過渡》，頁 49-52。林氏批判牟先生忽略了中國傳統的氣，把氣歸為經驗問題，做成一個理氣二分的架構，因而是當代最大的別子為宗，而其「牟先生所謂卽存有卽活動，根本只有形式意義，而無實存意義」。從詮釋上而言，牟先生在《心體與性體一》〈綜論部〉已表明他不是完全依文獻根據，而是從義理之應然來看問題的。從義理而言，牟先生所理解的氣性，依本文之研究，從早期（《從陸象山到劉蕺山》）忽略與自由決意之連結，到晚期（《圓善論》），透過對康德的研究，從新正視自由決意與生之謂性的傾向之關係，這是一個頗大程度的轉變，氣性不只是等待被轉化的經驗主體，亦同時是表現自由決意的現實性條件。這在某個程度可解答林教授之疑。另外，牟先生亦有從心體直貫通至性體而言的氣，所以牟先生在《心體與性體一》中說：「性體心體在個人的道德實踐方面的起作用……其次便是積極的生色踐形，睟面盎背，四肢百體全為性體所潤，自然生命底光彩收歛而為聖賢底氣象……」（頁 179）；在《圓善論》，頁 34 順孟子言夜氣來發揮，更在第三章一開始分析孟子之仁心與身體的關係，他說仁心「必然要在形體生命處而為具體的著見——著見于啟口容聲，著見于揚眉瞬目」，（頁 162）他同頁稱之為「德潤身」。林教授批判牟先生沒有意識發揮中國哲學的氣學傳統，（頁 50）雖或許不是沒有道理，然而對於一個哲學性的批判，讀者更會要求進一步的詳細分析與及提供批判的

　　道德之理義需在實然載體中才能表現，這載體即是生而有的
氣性或才性，此即可從傾向乃載體來說，這人類學概念乃被視為
決意自主表現於世界之承載者。

八、道德載體說之困難
——傾向提供實踐動機之分析

　　此說只為解明道德表現乃在一實然載體中發生，然這載體乃
一實現的存在者，其在心理上的才質乃是價值中性的、經驗性的
氣稟，或康德所謂人類學之傾向等。然而，道德表現之發生地固
是一實然的存在者，如若把我們的身體視為實然的，則至少有個
身體，我們才能對父母之孝心這道德表現才能發生，若人都死
了，孝心所發動之行動即無所謂發生。因而，牟先生之說乃謂一
個實然的存在者是一應然表現發生之載體，在其中，人之道德性
才有具體的表現與發生。載體之概念本身自可成立，但此所謂載
體並非從實然來看，即非從自然因果來看，其中需處理兩個問
題；其一是詮釋問題，因此說與康德之說不合，並非從康德文本
而來的詮釋。另一是理解問題，表現之發生地如身體，俗說中把
身體視為自然存在者的生物，但決意自主之及發生處卻不能從自

堅強理由，可能在這方面林教授還有努力的空間。相關於道德與氣性的
關係，可參看李明輝，〈孟子知言養氣章的義理結構〉，刊於氏著
（2001）：《孟子重探》，在頁 35：「……以心自定的法則逐步滲透
於氣，使氣日趨於理性化，這便是『浩然之氣』」。或許李教授之言可
作這問題的澄清。至於牟先生之氣論亦早見於《才性與玄理》與《心體
與性體》，第二冊，頁308：「論性不論氣不備，論氣不論性不明」。

然存在者來理解，而必須此存在者進行一倫理學的先行說明，這載體之概念才是可能的。以下先說明詮釋問題。

當康德追問決意自主與道德善惡間之關係所涉及的傾向，非從所謂載體來理解，而是從動機提供者之概念來理解，它誘惑人背離道德法則，只要人在其決意中接納它，傾向，這屬經驗人類學概念，才可被理解為提供動機者，亦由此而與人之決意連結，成為相關於人之倫理者。如傾向所提供之愉快感，說其為倫理的，乃表示人在決意中自主地接納它，此接納表示愉快感成為其違逆道德法則之動機。因而，傾向在此，並非一載體之概念，而是提供可能動機之概念，它能倫理地與人相關，乃先從人自主地接納而說。因而，決意自主之概念乃是人能倫理地理解傾向之前提條件，因而在概念上乃先於傾向之概念。康德是如是理解，而牟先生在文本中並未能詮釋出來。然而，這還涉到第二個問題，即是理解問題。

在一倫理學理解當中，道德理義之表現，乃發生在存在者之載體中，但所謂存在者，並不從實然或自然來理解，反而是從倫理學地理解。這載體作為載體本身，並非能以一自然存在者特質來說明，因為道德理義之發生地不能從完全異質於道德理義以及其決意之存在者特質——道德理義屬應然之價值領域，其表現之發生地是存在者特質，如氣性與傾向等。二者在概念上本具差異性，就算以道德價值發生在存在者特質中來考量，乃是預設自然之概念，但人在其決意自主中就是要擺脫自然決定，因而說明這問題乃須避免一可能的價值與存在者混淆之謬。因為若說以身體之存在乃是人對父母應然價值之發生場所，此場所或載體必先有一倫理學理解在其中，即以人決意於順逆良知為前提，並把這決

意視為這帶著身體作為承擔者之主體，即是說，視這帶身體的承擔者從其決意而被理解。因而，在整體上，這帶身體的承擔者即被視為決意者，也即是，視為人，而當人決意於不孝時，這帶身體之承擔者即視為不孝者，即可連同決意與身體一起歸責他，而不是單向歸責一不可見的決意之意識，也非單向歸責那可見的身體，而是在歸責統一兩者的人，即是那個帶著身體作出決意而被理解為承擔者的人。若說人作為承擔者乃是一載體，則決意雖發生在這載體中，但載體非從實然或自然說，而是在人之決意理解下帶著身體的存有者，即是那個作出道德抉擇的人；而所謂發生，即無涉實然的因果性，而是道德上的歸責因。在這歸責因中，一個承擔者之載體概念即獲得一倫理學解析，不再是從自然因果來理解之實然的存在者，而是帶道德意識而能在其良知前作出順逆抉擇的人。因而，若如是理解的所謂載體之概念，因為人之道德決意必然地歸屬到人，即從俗說的實然存在者概念，轉到在一相關於應然價值的決意者概念中理解。當人在違逆其良知中接納了愉快，並在其身體藉語言之說出中表達了不孝之意思，即可被歸責，因而在這意義下，不只其身體，甚至整個人，即能被理解為表示道德義理之載體──一個對道德評價之承擔者。依此，一個倫理學之承擔者，即人，乃在人之決意自主之道德意識中被建立，而不能倒過來，從個體理解為決意之發生。

　　牟先生之說是把這傾向之存在者概念視為決意自主之發生地，決意自主是其作用。而然，決意自主乃一帶價值義之自由行動，自當藉由一原初即價值地被理解的主體來說明，而不是反過來，藉由一原初是價值中性的傾向主體提起，然後在連結到決意自主上來說明。也即是，決意之主體原初即不會是價值中立地被

理解者，它不會是個經驗的主體，然後再向上提起；而是，自主決意之主體，卽是自由意念，在其抉擇中已先行預設了對傾向之倫理學理解，在其中，經驗人類學之傾向，作為提供動機者而被納入到意念之考量當中，依此，意念與傾向間乃連結而統一，而成為一生活於世的具體的承擔者。

　　然而，此卽表示出牟先生此說之困難，它乃在於把決意只視作為依於作為經驗主體的傾向之作用，未獨立地為人之道德抉擇提供一自主的實踐主體之概念。其說並無決意自主之主體概念本身，卽未把康德作為決意主體之自由意念放在其倫理學理解中。然從傾向之概念本身也根本不能說明決定自己行為之意向，只是以一不明確的上提說連結到決意中，若是，則必須分析出這作為決意之傾向在概念上如何可能——決意行動之主體必如其行動一樣，原初地必須理解為自由的，從而不能先是一經驗的，然後往上提起而為決意自主的主體。現在，決意主體自主地把傾向提供之愉快感視為其動機，才能把人類學的傾向連結起來，意念為其自主決定納入這愉快感，從而為其決定承責，因而意念與傾向乃在一自主的決意中統一在一起，從而整體上被理解為一承擔者，卽倫理地被理解的人。

　　然而，現依牟先生之說，傾向乃一幾乎無所不包的人類學概念，把一切除本心外的所有能力都包下了，決意自主只是其諸多功能的其中之一。以下說明此。

九、傾向在其它方面的角色
——作為表現其它方面的經驗主體

　　傾向於牟宗三先生言乃一價值中性的經驗概念，一生而有的材質性，也根本不限於人對格言之自由採用，也就是不限於善傾向或惡傾向，亦包括藝術的傾向，數學的傾向等：

> 尚有些不在道德方面表現，此如好不好藝術，好不好數學等之性向，內在而固有的種種性向，善惡性向亦在內，若依中國傳統而言，便是所謂氣性或才性。[48]

　　此內在當然不是指仁義內在之內在，不是仁義禮智我固有之之固有，此「生而有」是：「我的自然生命本有這些氣性或才性即氣質，此是依『生之謂性』之原則說」。[49]而牟先生在疏解孟子與告子的論辯時，把生之謂性解為自然之質：

> 自然生就的實然……即使其中不只是軀殼感性之作用，知性與理性都可以包括在內……諸心理學的作用亦可俱含在內。[50]

　　總括而言，對牟先生而言，生之謂性，所謂傾向，乃表人類諸種能力之集合體，人類乃根本是一經驗性的、自然的與生物學

---

[48]　牟宗三（1985）：《圓善論》，頁68。

[49]　牟宗三（1985）：《圓善論》，頁68。

[50]　牟宗三（1985）：《圓善論》，頁9-10。

上的存在者。只是在譯註康德時，把一倫理學意義帶上，它在一經驗能力上作出選擇作用之能力者，當涉及先天的能力如邏輯推理時，則是一種在經驗上展現邏輯推理之能力者，沒有它，就算超越的道德本心，先驗邏輯的理性或其使用的數學運算，卽沒有一載體以表現它們在這現實的世界中之發生。

同一個傾向，可作出邏輯推理，亦可是一藝術的能力，依上文提起說，它亦可作出對道德格言之決意作用。這中性義的傾向是屬於經驗性的實然，是個偶然的概念，對人而言，或對其它的有限的理性存有而言，並非必然的：

> 因為生而有的自然之質是偶然的，很可能有現實的個體性生下來不具這種性能……。[51]

也卽是說，人可以生下來沒有選擇之能力，例如智障卽如是。因而，於牟先生言，所謂決意自主，乃只是人天生下來因生物特徵或遺傳而有的人類學能力，某人是否擁有它，多少靠機遇，而不是如良知般在倫理上定然而固有的，如孟子所言我所固有，非外鑠者。若以孟子為標準，牟宗三先生所言的決意自主，乃外鑠者，非固有之，因而上文節五中卽表示選擇義自由乃他律

---

[51] 牟宗三（1985）：《圓善論》，頁 69。馮耀明教授批判牟先生會犯有氣質命定論困難，假若人與物之性體是同一的，而人物之別只在於能推不能推以及氣質是否清明。見馮耀明（1994）：〈當代新儒家的"超越內在"說〉，頁 84-7。事實上氣質是否清明屬於根器問題，牟先生把它與作為超越根據的道德本心分開，氣質並不能決定道德性，而只關於其顯現於現實世界，例如必須有軀體才能顯現。

的。以下列表牟宗三先生所理解的決意自主與傾向之各種分際：

	概念屬性	表現	功能	性質
決意	倫理學的	表現格言之選擇	作用性而非實踐主體	帶倫理學意義而附從在傾向中
傾向	經驗人類學	提起為即為決意，下放即為人之長串歷史所表現的無始本有之自我	作為實踐之載體，決意只是其諸多作用之一，乃人類不同能力之總集，如邏輯數學，甚至藝術等	中性、材質性與經驗性，乃決意之經驗主體

　　然而，決意自主之概念又如何能落在一個包涵一切人類學特殊能力以為其作用？如是的想法，乃是牟先生延續其《康德的道德哲學》時期之思想，只不過當時他不承認決意自主有其倫理價值。現在隨康德之說在某些文字上隨康德之說作出了些表面的修正，但卻仍把決意自主之主體奠基在一屬經驗概念的傾向之上。

十、《實踐理性之批判》中的決意自主 ——氣魄承當

　　決意自主之概念，在〈論惡原則與同善原則之皆內處或論人性中之根本惡〉中有其關鍵地位，但在《實踐理性之批判》的論證結構中，其實並無扮演重要角色，只是偶而被提及，如在一副句（Nebensatz）中：

......自願採用的而又是不可更變的惡原則之後果......。[52]

　　此文本卻在翻譯的過程中被牟先生所注意到，並據此以這「自願採用」與自由意志結合起來，批判康德此說，以為這表示一可好可壞的自由意志，其實不是意志，但只是意念，劉蕺山之所謂念。[53]雖然此說亦在〈論惡原則與同善原則之皆內處或論人性中之根本惡〉中的註釋有所表示，但其內涵並不相同，因在《實踐理性之批判》中，他還未能理解到決意自主在道德歸責中所能扮演的角色。在文中他加入了基督教的自由意志的說法：神讓人有自由意志決定是否信神，既然有自由，則便必須負責，而不能把道德上的歸責推給神。然而，牟先生以為這樣的自由概念不真與道德有關，他認為這

　　　　很可能是好漢作事好漢當，......此是氣魄承當的自由意志，而不是真正的自由意志。[54]

---

[52] 牟宗三（1982）：《康德的道德哲學》，頁315。

[53] 牟宗三（1982）：《康德的道德哲學》，頁 316。在翻譯康德《純粹理性之批判》，A 552 一個註腳時，牟先生沒有作出任註解，這註腳卻正是康德在批判時期對自由與歸責間之關係的重要見解，完全不同於〈論惡原則〉中所述：康德在現象—物自身（Erscheinung – Ding an sich）之理解方式下，道德性是自由之因果性，屬智思的思想模式，而道德之過錯則歸責到其感性模式之現象，也就是主體之經驗性格，其智思性格並不負其責。反之，在〈論惡原則〉中被歸責的主體並無經驗性格之說。

[54] 牟宗三（1982）：《康德的道德哲學》，頁316-317。

甚至與法律概念相關涉：

> ……因為這是你自己決定的，這只是從法律底觀點尊重你
> 是一個人，這是很籠統的說法……。[55]

所以牟先生在翻譯《實踐理性之批判》時期，雖有論及決意
自主，但他對決意自主之概念的理解，與晚期翻譯〈論惡原則與
同善原則之皆內處或論人性中之根本惡〉中的分析有所不同，因
為在其晚期在文字上並未否定決意自主有一定的倫理學意義，只
是一來拒絕儒學能有這概念，二來在理解上把這決意之主體概念
從經驗人類學來理解而已。

在這較為早期的著作中，所謂道德上的歸責與後悔，牟先生
並不認為是基於決意之自主性，反而認為是基於他的本心概念：

> 不是真正的自由意志。只有因着本心明覺，始可說負責，
> 悔改。……在此，始真見你的真正的自由意志，即道德的
> 自由意志。儒家自始即從這裡說自由意志（雖無此名）。[56]

在此，道德歸責並不是藉決意自主來說明的，而是依據他的
本心概念，也是上文中所提及的立法意志，它才是真正的自由，
而意念非自由，只是依軀殼而起的念。依其理解，儒家只從本心
說自由，而非從道德抉擇上說，此本心概念乃視為表示一人能克

55　牟宗三（1982）：《康德的道德哲學》，頁316。
56　牟宗三（1982）：《康德的道德哲學》，頁317。

服惡行的能力，也只有在這本心之前提下，人才能說對此負責與後悔；假若人沒有這能力，又如何能在道德上被批評呢？因為任何道德批評都必假定了克服道德惡的能力，例如狗並無推理數學能力，則不能責牠算錯數式。而然，這立法意志之能力卻不能說明一作出違反良知之決意主體，這意志不能理解為犯惡者，反而對任何犯惡者之批判都在預設立法意志，即是說，預設儒學之本心之道德能力。這正如錯誤推理之批判是假定數學能力之前提中成立者，是就他們能完成數式或推理而說，若算錯，也不能歸責到這能力，只能歸責人不能更好利用這能力。立法意志，若作為一道德能力，即是說本心，是人之可歸責性的超越條件。但這本心概念根本與犯惡者之說明無關，因為犯惡者乃謂作出違逆本心之決意者，而其決意自主於違反本心乃是為說明人在其中能被歸責之因。然而，這自主性仍只是歸責因之形式，從而必須再進一步揭示其中的實質性的動機，以說明人何以作出這違逆本心之決定，這即涉及到其自主接納本心以外之動機，而這動機能相關於人也因其自主於決意採納而成為他的，但這必須歸屬給他動機雖因此即是倫理的，但卻不是形式的，而是有內容的，也即是傾向所提供的愉快。因而，決意，決非是牟先生所說的傾向之作用，而是人於面對其本心良知之實踐行動中表示接納動機之形式條件，它乃在順逆本心間自主地作出抉擇之主體，一個不能從影響來理解而只從其己意作出決定之實踐者來理解，善惡皆從屬於他，作為一善惡之統一者，即是一倫理地被理解的人，也即是，人乃一在面對其良知中因其自主地作出抉擇而承受道德評價者。

　　然牟先生所理解的意念，是可好可壞的意志，之所以可好可壞，其原因在於受感性影響，他說儒家從來不以這種可好可壞的

意志為自由的，因為這只是隨軀殼起念者：

> 他們從來未自那可好可壞的自己決定處說自由意志，因為
> 這正是隨感性的軀殼起念，焉能說為自由？[57]

　　他以隨感性影響由軀殼所起的意念取代決意自主之概念，意
念之所以可好可壞乃因受感性影響，因而即是被動的，也是上文
所說的他律，此非牟先生心中的自由，自由乃象山之心即理。由
此便可知牟先生是從經驗人類學之被動性以明人之善與惡，這與
他在《圓善論》在隨康德之說也在文字上承認決意在自由抉擇中
的倫理學意義，即是：可歸責，有所不同。關於後者，由這決意
自主在傾向之作用上表現，這當然與感性相關，因而也是受感性
影響者，一個它本身並不是先天的，而是包羅萬象的傾向主體。
決意只是這傾向的眾多作用之一，其說並未為決意提出一個實踐
的主體概念，以明這決意之行動如何在其自主中成為可理解。
　　在《康德的道德哲學》中由受感性影響而隨軀殼所起之意
念，乃一種可好可壞之意志，在《從陸象山到劉蕺山》一書中雖
亦有詳細的討論，但卻無一語提及決意自主與歸責概念。

十一、《從陸象山到劉蕺山》中與
感性相關之意念——三者交會之虛幻物

　　相較於《康德的道德哲學》來說，牟先生在更早期的《從陸

57　牟宗三（1982）：《康德的道德哲學》，頁317。

象山到劉蕺山》中雖已論及人之惡，但未以決意自主以明此人之惡如何可能，其論證方式是透過詮釋劉蕺山文本而成者，在追問惡從何來一問題之解答乃在於屬感性層的存在者氣質對屬超越層的本心之遮蔽，兩層有其差異，由差異而明人之惡的來源：「意為意念，屬感性層者；知為良知，屬超越層者」。[58]然良知本心是純善無惡，但非謂感性層的感性本身就是惡的：

> 其實氣質之偏本身無所謂過惡……順其特殊各別之偏，通過感性之影響，使心體不能清明作主，以致行為乖妄，心術不正，始成過惡。[59]

惡不是單從感性概念來理解，例如動物本身亦有感性，而動物無所謂道德上的過惡。所以牟先生沒有一律把感性及動物性視為過惡：「是則感性、動物性其本身無所謂過惡」。[60]因此可說化除惡，體現善，但不能說化除感性或動物性，而只能說轉化。[61]所以不是說感性是惡的，而是感性之影響，使心體不能清明作主，偏離真體之天，才是過惡之因：

> 是則過惡是吾人之行為離其真體之天而不真依順於真體之理者，是感性、氣質、真體三者相交會所成之虛幻物。[62]

---

[58]　牟宗三（1979）：《從陸象山到劉蕺山》，頁465。
[59]　牟宗三（1979）：《從陸象山到劉蕺山》，頁536。
[60]　牟宗三（1979）：《從陸象山到劉蕺山》，頁536。
[61]　牟宗三（1979）：《從陸象山到劉蕺山》，頁537。
[62]　牟宗三（1979）：《從陸象山到劉蕺山》，頁536。

氣質、感性等是由生之謂性的原則所說明的，此點相同於上面從
〈論惡原則與同善原則之皆內處或論人性中之根本惡〉所論及的
生而有的傾向，只是於此，感性等乃是由被動性來理解，未能如
〈論惡原則與同善原則之皆內處或論人性中之根本惡〉中有稍為
留意決意自主之概念，雖然這自主性最後還是落入經驗性的傾向
而失去解釋人之惡的能力，從而缺乏倫理學意涵。在這裡對蕺山
之說明中，牟先生以為需從氣性或才性體現天理而說：

> 依「生之謂性」之原則說氣性之性是無善無不善（中性
> 說），或有善有不善，或可善可不善，或直說是惡，此是
> 善惡應用於氣性或才性一論題上說。氣性才性本身亦無所
> 謂過惡。說其或好或壞者亦是就其是否能體現真體之天而
> 言；即使能體現，亦有難不難之異……。[63]

這裡所謂氣質其實就是一般人所謂才氣，牟先生亦在翻譯〈論惡
原則與同善原則之皆內處或論人性中之根本惡〉中論及此才氣，
以為聖人亦有聖人之資，數學家有數學家之資：「聖人亦須有
才，此時才即是其根器」。[64]這聖人之資使人更易於成聖成賢，
但這屬於材質義的才氣，當然不同於超越義的本心：本心人皆有
之，不能以才氣論。他說才氣無所謂善惡，真正規定善惡的不是
這材質義的才氣，而是道德法則，格言合於法則者為善，反於法
則者為惡。[65]綜合上文之所言，道德的才氣只是用於表現道德的

63　牟宗三（1979）：《從陸象山到劉蕺山》，頁 536-537。

64　牟宗三（1985）：《圓善論》，頁 68。

65　牟宗三（1985）：《圓善論》，頁 68。

中性義的存在者，也就是說，道德必須透過這中性義的存有者，道德之表現才能發生，這屬道德表現於世界之存在性條件。

但在《從陸象山到劉蕺山》一書中，牟先生雖然談論到過惡乃三者交會者，但未意識到就算三者交會，也需人自主接受感性影響於氣質，從而偏離真體之天，才能說明人之惡。這種自主乃表現在自願與故意之上，人之行徑才是一可歸責之對象，也只因其故意為之而被評為惡的。這卽是牟先生三者交會說之困難，因為它缺乏了批判人於偏離真體之天所必須的決意自主之概念，因為在此，並不是在描述一件事，而是在進行評價，然偏離之批判若要成立，乃預設了人自主意於此偏離，而不是被動地偏離，前者是歸責問題，後者是發生問題。然在牟先生之表示中，此作偏離之相關概念也只有感性之才質，因而另一相關者，卽所謂真體之天不會去偏離，從而牟先生所謂偏離真體，乃是人受感性或才性影響而有。然而，這被動之理解方式，對於說明人之惡如何可能一問題，乃完全不適合者，因為感性也只能影響而不能決定人要偏離或不偏離，它也根本不能替代人去作何選擇。感性只能提供人偏離真體之天的引誘因，現在，人之惡如何可能一問題乃是探究對其惡之歸責如何可能，也卽是說，在探究一歸責因，而只有在人自主為惡下，對人之道德歸責才有可能，這卻涉及人之決意自主。這決意自主卽是說明歸責因之實踐主體。

人之要偏離真體之天，乃完全由於其自主地決意要偏離，感性之所以能影響人之決定乃以人有偏離的動機意欲為前提，此動機意欲必須表示為人自主如此，感性之影響能有一倫理學理解也只能基於人對感性之看法，不管拒絕或接受，若能帶有倫理價值，乃在於人自主於接受其影響，因這自主之決意乃人儘管被理

解為受感性之影響仍可成為道德上可歸責之主體，歸責之主體，即是那作惡者，不會是其感性或生之謂性之傾向，而是那作出決意的人自己，而當人自主意決定接納那感性對其影響，這感性之影響因其自主接納而為他的，從而才可以一拼地歸責之。當牟先生吸納了康德決意自主之概念，成為其《圓善論》重要一章時，其實他未能把這決意自主落實在一實踐主體上說明，以自主之主體，而不是以經驗性的存在者之傾向，來說明其可歸責性如何可能，因而這主體即是為了說明人之可歸責性而必須被設想之實踐主體，也即是，人之自己。只有人自己，而不是傾向之概念，才能承擔說明人之道德性，也即是，人之道德性必然表現在其抉擇之中，人只在抉擇中成為其自己。

十二、結語

　　本文揭示了牟宗三先生對決意自主，以及由之而來對人之惡的理解之發展，即是從貶抑、拒絕到表面接受間之發展，並指出其困難：他把決意自主視為中性材質義的傾向之作用，但這傾向未能負擔起說明決意自主之主體概念，亦未藉此修正他在其儒學詮釋中把自由選擇看成他律的看法，因而否定了儒學對決意自主一概念能作出的可能貢獻。康德乃把自由意念看成是一決意主體，非如牟先生般從屬於傾向，反而是人若能對傾向作成倫理學理解，乃需使傾向從屬於自由意念。康德對此問題之相關分析見下篇。

第叁篇　孟子論作惡者
──一個倫理學之比較研究*

*　本文之完成有賴科技部專題計畫之支持，主要是：〈從《詩經》三篇揭示《孟子》本心概念之發展線索及其論證之結構──本心之道德能力及其意向性之研究〉（MOST 104-2410-H-343-013），特此致謝。另外，本文得三位評審人提供富學術性的批評與指正，使能在更完整的論述中出刊，特此致上最衷心的感謝。
本文之論題，其實在筆者同一系列多次科技部專題計劃都有涉及到；原先用了許多力氣寫成的計劃書，增修後以論文方式發表。本文某些內涵，也在研討會論文（2013）：〈孟子對不善之惡之主體性論述〉以及期刊論文（2014）：〈從決意、道德秩序與心、理關係論《孟子》倫理學論證之問題〉有所論及，讀者可以參考比較。撰寫本文之動機，其實源自科技部計劃評審中有提及到，假若筆者所理解的孟子決意之概念能被證成，乃表示此概念領先了西方數百年；然而，要證立這主張，仍必需透過對西方哲學之說明，才有可能，因而以比較研究角度撰寫本文，也即在其中著意於進行一個詳細（佔本文一半）的比較哲學研究，較之前主要以詮釋孟子學為目標，進一步在與西哲之對比下定位孟子學。以上是主觀動機，本文仍有一客觀目的，也即科技部計劃評審曾告誡筆者有可能把儒學康德化之危險，故撰寫本文時，乃專注於避開孟子學康德化之陷阱，而是要證立孟子在世界哲學中的超越地位，在加入了對馬丁海德格（Martin Heidegger, 1889-1976）那種價值中立之良知概念之批判，揭示人因自主取舍所揭示之可歸責性之人性尊嚴，本文之比較哲學之目的，就更明顯了。另外，本文節 3 以下討論誘發因與歸責因之區別，以及節 10 中所討論心兩義之區別，筆者以前只有模糊想法，在本文則有清楚的說明，這對理解孟子決意之概念，有著重要意義。當然，心之兩義，如計劃評審所指出的，可能會引起此兩義間之統一問題；關於這質疑，筆者認為是十分重要的觀點，但因篇幅關係，本文暫時保留，待日後再作專文討論。

摘　要

本文探討孟子如何從本心、耳目間之取舍論人自己即為惡之作者，此即表示決意自主之主體概念。然而，這概念卻一直被視為屬西方的，但依本文之詮釋，孟子早已領先對這概念進行說明。依奧古斯丁（St. Augustine, 354-430）與康德（I. Kant, 1724-1804）之分析，是要在概念上確立人自主為惡之自主性。同樣，孟子在其舍取概念中即表示這自主性，人在取舍中即對其本心與耳目間、在持志與暴氣間作出抉擇；若把道德秩序顛倒者即是一作惡者。人在其決意中自主地抉擇，或順良知而貴己或逆良知而為自暴，順與逆皆在一可能性中屬己，只在這屬己性中，揭示出人對自身之反思同一，人才能被設想為一道德上的可歸責者，此非藉氣質影響所能說明者。

關鍵詞：作惡者（蹶者）、道德秩序、取舍、誘發因、歸責因

一、前言

　　本篇〈論一〉與另篇〈論三〉在展示孟子之道德抉擇，倫理學觀點上並無差異，但〈論一〉發表晚了數年，並且把近代對相關問題之討論進行比較，因而看起在表達上會更成熟些。然而，在〈論三〉中已把筆者對儒學詮釋之構想作出一整體性的表示，除決意自主之概念外，關於孟子倫理學中的精細分析以及最廣為人知的心即理，甚至決意與本心間之連結，皆表示在一系統邏輯中。所以，〈論三〉是筆者儒學研究之邏輯奠基所在處。在本篇〈論一〉中，筆者卻專注於在中西方哲學比較中揭示《孟子》文本中決意自主之概念，因為不進行比較實難說明孟子在此問題上的貢獻所在。另外，本文指出發生因與歸責因間的根源性差異，藉此批判當代學者以發生因說明人之惡的根源誤解：發生因之概念只能說明人之惡在心理上的生起處，但無法說明人之可歸責性；然而，說人為惡，乃是要歸責其上，因而，人之惡的倫理學理解必須從歸責因來說明，此歸責因之概念乃是要說明人在道德上之可歸責性如何可能之問題。這可歸責性乃在於人之道德自我在其決意自主中所展示的可能善惡中的統一性，它是理解人作為一道德實踐者之本源規定。

　　以下卽是本篇論文對孟子道德取捨之詮釋，在基本說明後，卽是中西方對相關問題之分析比較。

　　我之所以能被責為惡的，已先表示了這惡是我的，此歸責才有可能；此也卽表示，此惡亦只有屬於我的，我才應被歸責；或反過來說，我被歸責已暗示此惡從屬於我而為我的。因而，一個

作惡者之自我概念——乃是理解人之惡之先行條件。是故，這自我之概念，以及附屬其上的自主行動，卽所謂自由與自願之決意，而非其心理狀態，乃證成責人為惡所預設其中的先行理解。這是本文論證之邏輯基礎。

從儒學角度看，假若本心良知可以被視為證成人在倫理價值的最高的實踐主體，則倫理上的惡便涉及人對這主體在價值上之否定（negation）或拒絕；然若要說明這否定或拒絕究竟如何可能，儒家則需藉一個作惡者之主體概念，一如他以本心良知說明人在倫理上根源的善，而不能泛泛地推到人類學的經驗概念所表示者，如氣質、氣稟等心理狀態或心理能力對良知之影響。就算人於這些經驗概念而相關於其惡，必先因人在道德取舍中否定了本心價值——把如氣質之誘惑，如在順從它而來的愉快，視為比本心價值更重要者，誘惑才成為誘惑，氣質才有可乘之機。如是，人在取舍中才相關於惡，也卽，這些經驗概所指涉的如愉快，在人之惡之理解上，不能先於人之道德取舍。因而，人之惡所基於其上的主體性基礎，卽在於人自主地決意把道德秩序顛倒，這卽表示一決意自主之主體，卽是人自己，作為一自我概念，其決意之取舍卽從屬於他，惡是他的，從而卽可對之進行倫理的價值性評價。以上所說，在《孟子》文本有其支持，也卽人在大、小體間之取舍，在持志與暴氣間之取舍，人顛倒了其間的秩序而為作惡者，卽孟子所評之為蹶者而為狠疾人。

孟子旣發展出本心概念，在儒學現代化詮釋的進程中，對人之惡以及其相關概念之進一步說明，自有其必要。在近代學界，此論述卽先落入西方哲學用語的自由意志之討論上，因而儒家卽遇上所謂自由意志之有無問題；然其實義被詳細顯露前，已有正

反兩派之意見。以下先論反派，以牟宗三先生（1909-1995）為代表，此延伸到大陸學者鄧曉芒先生。

二、儒學現代詮釋的一個進路
——善惡自由選擇之有無

在西方，自由意志之概念（選擇義）是對人之善惡作一主體性起源之說明，鄧曉芒先生即以此為立足點，批判儒家因缺乏這決意自主之自我意識，而未能說明人之惡的問題，有云：

> 中國人則抽掉了自由意志的本源性，把對善惡的探討最終歸於對人天生本性自然為善的假定……。[1]

進而更批判說：

> 中國傳統倫理基本上不討論自由意志……。[2]

奇怪的是，中國哲學界對其批判，選擇了沉默，卻在鄧先生其它非核心部分中所批判中國儒學，反而引起許多討論。對儒學無有自由意志之批判，由於其說法過簡，一來，在儒學文本上缺

---

[1] 鄧曉芒（1998）：〈康德宗教哲學與中西人格結構〉，頁 1。然若以一哲學提問的方式追尋儒學究有無自由決意，或甚至是否有超越西方哲學，這卻是一有意義的質疑。因為，儒學若不能說明自由決意，則任何道德批判皆成為不可能者。

[2] 鄧曉芒（1998）：〈康德宗教哲學與中西人格結構〉，頁 2。

乏精確的討論，二來亦未在概念上作出合乎學術要求的分析與討論，卽未以嚴謹態度確實探討儒學文本之可能詮釋，以支持其批判，亦未對此問題作出作不同層次之說明，故其說實只屬印象式的泛論。這種偏頗的泛論頗充斥中國哲學界，對意於嚴謹地證立儒學根基言，雖無傷害，但對儒學之推廣言，由於其基於無根的偏見易引誘學界以同樣方式代替嚴格的學術討論，由是就結果言，具有極大的殺傷力。由於這等缺失，其說自難於證成他所謂儒學缺乏自由意志而有對人之惡無所說明的困難。[3]在他之前，牟宗三先生也一直反對此自由意志之概念，以及反對這概念在儒家曾有地位，前者是對這概念之理解問題，後者是對儒學文本之詮釋問題。在理解方面，牟先生把它視為他律的：

> 這種選擇自決之自由不是康德由自律所說之自由，因而亦
> 不表示其所說之「自律」義。選擇之自決正是他律者，此
> 正是不自由，雖然你可以有選擇之自由。[4]

牟先生視儒學為自律道德學，選擇義自由既是他律，自當在儒學中無何角色可言，因而在詮釋上排斥這概念存在於儒學之可能性：

3　中國哲學界對此之沉默，反映在對鄧曉芒上文之批判無反響，然卻在他
　　批判孔子父為子隱直在其中的那種傾向於文化的批判中，在中國大陸反
　　而引起很大的討論，見郭齊勇編（2011）：《《儒家倫理新批判》之批
　　判》。

4　牟宗三（1979）：《從陸象山到劉蕺山》，頁11。

他們從來未自那可好可壞的自己決定處說自由意志，因為這正是隨感性的軀殼起念，焉能說為自由？[5]

「他們」，乃泛指儒家，而「可好可壞的自己決定處」，乃即是人在道德善惡上的決意自主，它自由地，不強迫地選擇於或善或惡，善與惡皆由之決定而來。甚至到《圓善論》雖一面隨康德（1724-1804）語承認自由選擇在倫理學中的價值，但另方面還是以為傳統儒家不涉於此：

……此層意思，孟子及主「生之謂性」者皆未曾道及，此見康德思理之精密與緊切……。[6]

此所謂孟子（372 B. C.-289 B. C.）未曾道及者，乃是指人在道德情境中的對道德動機之自由選擇，也即一種或於此，或於彼的抉擇。牟先生之說，詳細討論見本書〈第貳篇〉。

在當代之儒學詮釋中，對這選擇義自由之討論很少，以為此概念在儒學中有地位者，就更少。相近的說法或在焦循（1763-1820）註釋《孟子‧告子上》：「操存舍亡」時見到，他以心之或操持或舍棄，而有或存或亡之可能性，此頗似後人所謂自由地在相反對象（善惡）中選擇，因為或存或亡（如善惡之相反）皆在人心之操與舍（選擇）中所決定：

5　康德（I. Kant）著，牟宗三譯註（1982）：《康德的道德哲學》，頁317。

6　牟宗三（1985）：《圓善論》，頁69。

> 孔子曰，持之則在，縱之則亡，……鄉，猶里，以喻居
> 也。獨心為若是也。

進而，他視操存舍亡之心為：

> 分明指心言，蓋存亡即出入也。惟心是一可存可亡、可出
> 可入之物，故操舍惟命，若無出入，則無事操存矣。[7]

　　然焦循所云操存舍亡之心，與孟子、陽明之良知本心概念，
其實完全不同，因為良知概念中並無或存或亡之可能性，而是純
善無惡，在本體之知善惡中已行善去惡了，也即在良知中知與行
是分析的同一。存亡既在心之操舍中可能，因而此心之概念即帶
有善惡之可能性，而非一良知概念。黃俊傑先生未能注意兩者之
區別，故把此處操存舍亡之心，與本心概念混淆在一起。[8]然作
為一傳統的注釋家，焦循其訓練自無法勝任在「操存舍亡」句中
把孟子取舍於大體、小體間之自主意識，在概念上邏輯地詳細分
析出來之工作，因而其說明也只不過是順文本語句泛泛地描述心
之存亡出入而已。
　　把人之決意自主提到儒學之問題架構，在近代有梁啟超
（1873-1929）。他在論儒學時注意到人在決意中的自由義，注

7　焦循（1987）：《孟子正義下》，頁 778。
8　此焦循「出入存亡」之說，黃俊傑視為本心之自由，以為此心非空洞
　　物，而係道德心，故「神明不測，必須時求其放心，始能常存此心，
　　無適而非仁義」，甚至連結到陽明與唐君毅之心學義；此見黃俊傑
　　（1997）：《孟學思想史論2》，頁 434。

意到戴東原（1724-1777），有超出性之命定中決意自主之想法。[9]黃俊傑先生更指出，梁啟超在解說孟子時，亦有使用決意自主之概念，其晚年遺作〈孟子之教育主義遺稿〉，有所謂自由意志，卽善惡惟由人所自擇，然後善惡之責任始有所歸。最後以自由為善，人甘於不善而為惡。[10]若依黃文，梁啟超仍未能在儒學本文上確證這概念。

　　在同一的問題意識上，袁保新亦看到了惡與自由選擇間相關連之重要性，反對研究儒學時把問題簡化，[11]他在對孟子之性善論之詮釋中，依德國哲學家海德格提出日常心之說，[12]作為實存心，雖順軀殼起念，而載沉載浮地決意，故乃是一「擁有選擇之自由的價值意識」。[13]此實存心乃謂身體及外在世界所引誘而說，[14]然若順內在的先天理則而動，不受形軀與外在世界牽動情況下的本真狀態，卽是道德心。[15]

　　然此詮釋之困難不只在於援引反對道德主體的海德格生存論存有論，而與以本心為主的孟子學有違逆，亦無意識到有調和他們間的可能衝突之需要，而更在於：一、在其對《孟子》文本之

---

[9]　見梁啟超（2012）：《梁啟超論儒家哲學》，頁 270-272。

[10]　轉引自黃俊傑（1997）：《孟學思想史論 2》，頁 13-14。梁啟超之論文，依黃氏，刊於氏著（1983）：〈孟子之教育主義遺稿〉，廣州：《學術研究 5》，頁 77-102。梁氏此文，筆者無法獲得，內容轉引自黃俊傑論文。

[11]　袁保新（1992）：《孟子三辨之學的歷史省察與現代詮釋》，頁 180。

[12]　同前引，頁 83。

[13]　同前引。

[14]　同前引。

[15]　同前引，頁 82。

詮釋中，未見能確實證其所說者，因而也只能如梁啟超般，是一個缺乏論證的隨意說法而已。其二、未能確實說明自由選擇之概念為何，以至於未能說明何故需要這概念以揭示基於價值取捨之倫理學思想，即是說，未能揭示這自由之概念與道德歸責間的關係。其三、以海德格之自由說明孟子，乃一吃力不討好之事，因依海德格之觀點言，其生存論存有論本非討論倫理價值者，而是討論倫理價值之生存論預設（見下文節三），甚至其良知與罪責，也只是可說明倫理價值之生存論條件，至於倫理價值本身如何，卻無任何說明：海德格之良知與罪責，非從歸責沉淪者而說，沉淪者非從被歸責的作惡者來理解，但孟子則從歸責違仁的惡者如紂王以明其倫理學中的規範。因而孟子乃涉規範性與歸責性的倫理價值本身，海德格之生存論則無關於此，而只是一種價中立的生存論分析，非從倫理值價上立論者。就算兩者皆使用到近似的哲學詞彙，如良知，也無法撫平其中的差異。下節以簡短方式說明此點。

三、海德格論良知

　　海德格之《存有與時間》（*Sein und Zeit*）最能相關到孟子倫理學的章節，要算涉及對良知與罪責的第 54-60 節等，雖然袁保新先生對此並未有提及，但其實這才是重點所在。需知，海德格所論良知與罪責，並非倫理學的（ethical），故他要從「應然與法則」（Sollen und Gesetz）中抽離以論良知與罪責；[16]罪責存

---

[16] Martin Heidegger, *Sein und Zeit*, Gesamtausgabe 2 (Frankurt am Main:

在（Schuldigsein）亦不因與道德規範相違而被規定（這是筆者，以及筆者從儒學詮釋出來的觀點），反而道德預設了它。[17] 因而，可說是海德格為倫理學進行一場存有學奠基。然當海德格提出從非本己之沉淪到本己之開顯，則必須說明這如何可能，其說明乃在於「非之性格」（Charakter des Nichts）之罪責（Schuld），它乃良知之一種承擔，因而，海德格之說乃不屬如康德所理解的，由可能違反義務來理解的定言令式，因為這定言令式背後已預設了其所謂非之性格，其令式之概念乃以非之性格先為先行條件，才得以成立。良知（Gewissen）乃是對在沉淪（Verfallen）中的常人（das Man）之呼喚（Ruf），呼喚常人從沉淪之非本己（Uneigentlichkeit）到其本己（Eigentlichkeit，他譯作本真）之開顯（Erschliessen）。袁保新先生所說的自由，在《存有與時間》之文本中，應卽表示此義的選擇，只是他借助海德格之自由概念時並未從其良知與沉淪中解讀而已。這選擇不是無關於己，可有可無的如市場購物的恣意挑選，而是一種基於良知「能在」（Seinkoennen，其實卽是人的選擇能力，海德格好用存在 Sein，故能力 Koennen 與 Sein 連結）之罪責，「此在」（Dasein，海德格在此乃指人）之「能在」卽表能選擇開顯為本己或不選擇彼而沉淪為非本己，也卽是自由。這不是泛泛的自由與能力，而是此在從非本己沉淪，開顯到本己之存有論上的承擔：

Vittorio Klostermann, 1927), p. 283.

17　Ibid., p. 286.

但自由乃只在於其中之一的選擇，即在於不曾選擇與不能
選擇中之承擔（im Tragen）。[18]

「不曾選擇」即指非本己沉淪，海德格未視非本己沉淪是此
在之選擇而來理解者，在其生存論上，沉淪非因此在選擇而至，
反而是不曾選擇，因而，沉淪乃不屬己的，此在沉淪到常人中，
依常人之見為己見，此在即為依他見者之常人。「不能選擇」乃
指良知之不可著力（nie maechtig），即良知總呼喚著此在，良
知不是此在要之則在，不要則不在，而是總在此。此謂良知呼
喚，乃由不得此在之要或不要（這好比宋明儒所云天理流行，不
著人分），這乃此在最本己的存在，[19]此在之良知於此不能不呼
喚，然海德格於此未作說明。以下試依良知總呼喚之不著力之概
念說明。在沉淪之說中已蘊涵此良知呼喚，因為若不然，則連沉
淪都不能說。此即是說，所謂沉淪依他見之常人，乃謂在良知呼
喚中之自由而來的生存論理解。故海德格之自由乃藉非本己沉淪
與本己開顯間之承擔而來的說明。這生存論乃揭示此在從非本己
沉淪到本己開顯間之可能性，因而對前者言，乃一「非」之否
定，因為，此在之「能在」乃使非本己沉淪有另一可能性；此
謂，此在乃在良知呼喚中有其可能性，因良知之呼喚乃不可著力
而總呼喚著，不為此在所能刻意停止者。故此，帶「非之性格」
的罪責，乃表其中之必然。海德格以「非性」（Nichtigkeit）表
示罪責，即所謂罪責乃不得不如此，不可控，即所謂承擔，乃即

---

[18] Ibid., p. 285.

[19] Ibid., p. 284.

此在必在良知呼喚中所理解的非本己沉淪與本己開顯之間者。故可知，海德格良知罪責之說，非謂對非本己之道德究責，非對沉淪之指控，只是在生存地描述人之良知呼喚下此在於生存論中沉淪與開顯間之可能性而已。海德格以為這可能性本身，並不表示一倫理價值，反而是倫理價值本身預設了這可能性，此卽可理解為對倫理學之存有學奠基。然而，實情顯非如此。

　　在孟子倫理學中，人沒有非本己沉淪之可能，理由無他，因為就算沉淪，也是本己的，也是人之選擇。沒有海德格所謂「不曾選擇」，反而是，只有在人之選擇中才能說這是人之沉淪，沉淪必定是本己的，而且是最本己的；甚至，只在沉淪屬己中才有所謂本己開顯，否則若沉淪不屬己，非從人之自主選擇而至，則沉淪既不屬己，此在之良知呼喚那不屬此在之淪沉，乃一可笑之事。沉淪之屬己性乃基於人之自主抉擇，只在其中，本己開顯才有可能。因而，沉淪，乃卽是人本己地開顯為沉淪者，因而，沉淪，乃不是別的，正乃是本己開顯之可能性。若在孟子，人之惡乃必然屬己，正因為屬己，人才要除去。因而，於孟子倫理學惡屬己之必然性言，海德格在《時間與存有》所言良知呼喚，只能是一被批判之對象，因為他把本己開顯視為沉淪之彼岸。此於孟子言，乃根本不可能，沉淪之為沉淪，早已揭示其本己開顯。

　　明此，卽明海德格之生存論存有論與孟子倫理學間巨大差異之所在。孟子學乃在一價值學中成立，而且其理據更強。孟子所謂取舍，乃是價值上的問題，乃涉在本心與耳目間之決意，是倫理應然中之抉擇，若抉擇於違仁背義者，卽是應然之歸責對象，人因違仁義之可歸責性乃是孟子之規範倫理學之核心處，試看孟子對紂王責之為賊仁賊義而曰可殺卽知：

> 賊仁者謂之賊，賊義者謂之殘，殘賊之人，謂之一夫。聞
> 誅一夫紂矣，未聞弒君也。[20]

　　若依本文對孟子倫理學之理解，紂之惡，乃是為人者雖有其
本心，但卻舍棄本心隨順耳目之誘，賊仁違義，而即曰可殺。故
其所謂取舍，乃在基於本心價值之規範性與可歸責性中被理解。
也即本心不許違仁，人需為其違仁之取舍而承擔責任。此規範性
與可歸責性乃在一倫理價值高低的層階中成立，從而表示為一有
高低價值的倫理學意識。而海德格之非本己沉淪與本己開顯並未
非如此，兩者非價值高低之關係，人就算選擇非本己沉淪，仍沒
有任何歸責可言，即不因人之選擇沉淪而如孟子般貶責之為殘賊
之人，況且海德格乃把此在之沉淪理解為其不選擇之不屬己；而
孟子，道德沉淪乃因人在順逆良知間之抉擇而來，因而是最屬己
的，也由於是屬己的，才能接受價值性批判。因而，孟子之取舍
乃自由於順逆良知間，而且在其中乃表示一高與低的價值規範
——歸責關係中可能，真實地責之或評價之。而海德格之自由，
乃是無道德究責、無價值高低的由非本己到本己之開顯之平面描
述，這只表他在生存論中描述其所見，把其中的價值性排除掉，
以為能即於其中揭示此在之存在。故孟子與海德格二者之自由不
可互相化約。袁保新先生既未有意識到孟子倫理學中之決意自主
即足以說明人之惡，雖亦知海德格之生存論哲學所持的價值中立
義，卻完全忽略這觀點，只把其中的自由選擇，偷換到對孟子之

---

[20] 朱熹撰（1983）：《四書章句集註》《孟子集注·梁惠王下》，頁
221。傳統文獻之斷句與標點會依筆者之理解略有更動。

詮釋中，以為可以幫助說明孟子儒學在說明人之惡不足處，然這在理解上與詮釋上均不能成立，這對儒學之再出發，自當無助益處可言。

要成功論證以決意自主理解儒家倫理思想之可能性，不只需在儒家經典中詮釋出這概念，更要展開這概念之確實意涵，以證這概念本身在倫理學之必然性，因而儒家若有倫理學思想，這概念即在詮釋上有其必要性。這首先要在對作為心理特質之氣質概念在倫理學中之角色有充分理解——它只能引誘人作惡，而不能替人下決定，因而這概念本身若不能與決意自主相連結，就不能說明人作為惡者，儘管氣質概念在傳統的說明中佔有重職。

四、氣質論之地位及其困難——誘發因與作惡者

贊成決意自主者失之於在孟子文本上缺乏根據，亦未能在倫理學論證上展示其實義以證其理之必然；然反對者在詮釋文本上卻也找不到多少反對自由意志的根據，他們只能在文本上整理出一套心理學的說明方式，以為心理層面上的氣質扭曲本心人性之偏，即可說明人作惡之根源，取代決意自主以證儒家本無此概念。此說以牟宗三先生為代表：

> 其實氣質之偏本身無所謂過惡。……順其特殊各別之偏，通過感性之影響，使心體不能清明作主，以致行為乖妄，心術不正，始成為過惡。[21]

---

[21]　牟宗三（1979）：《從陸象山到劉蕺山》，頁 536。

　　氣質本身無關過惡，過惡是人在其特有的氣質之偏中因感性之影響，以至於人之本心不能作主而來，因而過惡是氣質、感性與本心三者之合流而成之虛幻物：

　　　　是則過惡是吾人之行為離其真體之天而不真依順於真體之理者，是感性、氣質、真體三者相交會所成之虛幻物。[22]

　　牟先生之說基本上乃依附在詮釋劉宗周（1578-1645）論人之惡的文本所順帶提出者，因為劉宗周有對人之惡作詳細分析與說明，牟先生對此之詮釋，即可視為他對儒家論惡之基本理解。其實這以氣質之偏論人之惡，有其長久的思想發展，最早大既可見荀子（316 B. C.-237 B. C.）生而有的人性特質之偏而致使禮義喪亡：「今人之性，生而有好利焉，順是，故爭奪生而辭讓亡焉。」[23]性，在荀子是生而自能之之意，如人之好利，即如耳好聽目好色一樣，它是自有的心理特質，誘使人爭奪，破壞、傾覆禮之善者，此誘使破壞即是人惡之根源，而非說這好利之性本身即是惡的，而是就誘發對禮之偏離而言。這種觀點，亦見諸時近論者如陳來等人對儒家相關論題之理解。[24]一般理解，也把王陽

22　牟宗三（1979）：《從陸象山到劉蕺山》，頁536。

23　見李滌生（1984）：《荀子集解・性惡篇》，頁538。

24　陳來以為意欲、意念等與心之本體之純善相較，乃有善惡，乃現象性經驗性者。見陳來（2013）：《有無之境：王陽明哲學的精神》，頁45。而惡是善的偏差，是其扭曲，是心之本體之失常；這是私慾引至者，但私慾自然而有？又何故此私慾使人著些意思而致惡？於此，陳來以為陽明無解！同前引，頁75。陳立勝（2005）：《王陽明「萬物一體」論：從「身一體」的立場看》中首先把惡歸到因私慾而來對良知之

明（1472-1529）等亦視之為由氣質論惡，他本人即有氣質對內在的本心本性之遮蔽之說：「惡安從生？其生於蔽！氣質者，性之寓也，亦性之所由蔽也。」[25]又云：「性一而已……私慾客氣，性之蔽也。」[26]，此似在大原則仍是牟宗三所言虛幻物之理解方式。[27]然陽明之論惡並非如此，而是有近在本篇所詮釋的孟子，也即是以決意自主明之。[28]

　　氣質之概念，作為心理特質，在倫理學理解人之善惡上有其必要性，因為它扮演了促使人易偏離本心良知之誘發因之角色，即是說，它提供動機，使人易於在抉擇中偏向違逆良知。就它屬人之存在領域，因而也提供了人之善惡於存在領域上之誘發生起

過與不及，而這私慾乃應物起念處之意。因而，本心良知無善惡而至善，但因意應物起念處出問題。陳立勝（2005）：《王陽明「萬物一體」論：從「身一體」的立場看》，頁 95-96。氣質之偏扭曲本心本心而為惡，此屬以主觀心理特質之說明，與此說有別的，近年有陳志強，他把人之惡從內在的心理推到外在的客觀事實，即習俗，見陳志強（2015）：〈陽明與蕺山過惡思想的理論關聯——兼論「一滾說」的理論意涵〉，頁 149-192。此文以為，蕺山之過惡乃源自陽明，而陽明之惡，卻從外在客觀的習俗對人之影響而至。

25　王守仁撰，吳光等編校：《王陽明全集》中冊（上海：上海古籍出版社，2012），卷 25，〈太傅王文恪公傳〉，頁 1042。本文有關陽明之著作皆出自此版本。

26　同前引，上冊，卷 2，《傳習錄中》，頁 77。

27　李明輝在此有其見解，把蕺山論人之惡推述到一心理意識之層面，見李明輝（2009）：〈劉蕺山論惡之根源〉，收入鍾彩鈞編，《劉蕺山學術思想論集》（臺北：中央研究院中國文哲研究所籌備處，1998），頁 118-126。

28　見陳士誠（2018）：〈以陽明自蔽其心之自我概念論人之惡〉（臺北市：《中國文哲研究集刊》，第 52 期。

之原因。但這乃從道德修養言，此修養之事，其實離不開此少欲，孟子在〈盡心下〉亦所謂：

> 養心莫善於寡欲。其為人也寡欲，雖有不存焉者，寡矣，其為人也多欲，雖有存焉者，寡矣。[29]

可知寡欲與多欲，對人之修持，孟子乃偏於理解為它會誘使人為惡，因為多欲之人，引誘既多，心越複雜，順從本心之性，其可能性在心理層面上就越少，實踐上越難實現本心之性善。然而，這只是就工夫之修持言，要維持一在實踐世界適合的環境讓人較易實現本心良知之道德價值。但由於人在拒絕良知中，除了人之決意自主外，這決意在主觀上需有內容，例如人為自己的生活舒適要拒絕孝親，這舒適之追求在主體中有其影響之結果，這即是愉快之情感，因而人之惡乃是在自主地決意於良知要人孝親，而以這愉快情感為其主觀動機。因而，這主觀動機乃是作為決定人之善惡在主體感覺上的根據，但其倫理學理解乃是在人自主地接納了它而使它從屬於人，才有可能者。

在造成一適合環境使人易於進行道德實踐，乃是人在實踐上的客觀動機，它所涉及的是良知必須在自身以外設定一客觀條件以實現自己。此即所謂禮儀或習俗，在其中，必以良知之道德價值為準則而被決定，也只在與良知之客觀連結下，才有道德價值。現在，本文並非談論禮儀，而是談論一主觀動機之概念，它即是那愉快情感，乃是人在心理上的主觀狀態，由於人自主地決

---

[29]　朱熹撰（1983）：《四書章句集註》《孟子集注·盡心下》，頁374。

意於是否接納它為自身之決定原則，亦藉決意自主而有一倫理學理解。在這自主接納中，氣質與人欲，或由它們所引起的愉快情感，在倫理上乃是人偏離本心之主觀原則，而使人能被理解為惡在存在上的誘發因。但這誘發因雖從提供動機來理解，只由於與人決意如此而與其自主性連結在一起，因而即是那說明人之惡在歸責上的先天根據。由是，氣質，或由之產生的情感，與人之決意，乃是合一之物，因為它在這決意自主中被理解為從屬於那決意者，也即是，它乃在一屬己性中被理解，不再是在自主性外的，屬接受性的存在者概念。若這誘發因孤離於決意自主，則它作為人之經驗特性，其實難言有何倫理學意義；當對它能有一倫理學規定，此已表示這些經驗特性不再是存在者，而是從屬於那決意者，而決意者也只在其自主性才能是決意者，在其中，這些特性才是我的，而我亦需為我自己所接納或縱容它們到決定自己的行動中承責。也即是，只在其中，這些特性才能倫理學地相關於人——人放縱與默許氣質影響自己，主動或甘於迎合其誘惑，而後才有倫理地偏離本心良知之事。若單以氣質影響說明人之惡，而缺人決意自主之概念，則會落於被動性，如康德在本書〈第伍篇〉中在批判時期以感受性說明意念之本性即是，而未能從人自主為惡，以及相連於其可能歸責來理解。

　　現在，牟宗三先生把氣質等心理學概念從決意自主孤離，並以之說明人之惡，在倫理學的歸責層面上會產生困難，甚至在進一步系體化中，則成一倫理學危機。因為說人為惡，不僅於描述一事實，更是在歸責之。人被責之為惡的，乃謂他即是那作惡者，所造成的惡行是由他所決定而來，也即是此事之決定因是在他故意而成，明知故犯，此惡只在其自主意識中才成為可能。因

而，惡，作為對人之立意在倫理價值上的評價，即必然地從屬於
他，惡是其惡，而非他人者，如是才能歸責之。此謂，惡，總是
在屬己性中被理解，並在這屬己性中，才能在良知呼喚下去這屬
己的惡。因而，責人為惡，不是追問它在時空物理上如何發生，
而是歸責誰作出決定以產生此行徑。此歸責之概念乃預設了：人
在知善惡，別是非的前提下，仍知善不行，知惡不除。人是有意
識地為惡，而對其惡行之歸責，是以他故意為之而責之——他做
出了為惡之決定；這即是一作惡者（evil maker, das Boese）之概
念，他表示一自我概念（concept of the I, der Begriff des Ich），
這概念乃反思到決定者自身，行動者與決意者間表示出一反思的
同一關係。

　　然在牟宗三先生這種孤離於人之自主意識下以氣質為主的心
理學說明方式，無法承擔說明這作惡者之概念，因為要對有礙實
踐之心理狀態進行批判，乃是有前提的，即是，這狀態，雖作為
主觀動機，必定被設想為是屬己的，而這屬己性之概念並不能由
這狀態提供，而只在於人對這狀態之接納與承認，由是，必在於
一決意自主中可能。當批判某人之動機為惡的，其實是在批判人
自主於接納這動機，而不是說這動機影響了人，說的好像人如被
病毒侵害般被動的，被動地為這動機所主宰。反而是，氣質作為
心理狀態之動機雖提供誘惑因，然不管這誘惑因如何強大，在般
的概念言，乃與決意之自主概念有別，還總外在於人之決意自
主。所以，儘管人說某人在心理上有何等狀態，只能是描述義下
的說明；至於說人因這狀態而犯惡，此說若為歸責義，即意謂這
狀態乃在倫理學理解中視之為從屬於人，因而，在倫理學上必先
探究這屬己性是如何可能的，以便使這倫理歸責之概念成為可

能，若不然，則仍停留在描述義中而非一倫理學之討論。

　　在如是理解下，心理狀態，不再孤離於決意自主，並且當它被理解為違逆良知時，由於人已主動接納它而使之為屬己的，因而可連同於自主的決意者承責其中，然後才有決意者要改善其氣質，修養其心理狀態的問題。孤離於決意自主，在心理上追求惡的根源，只是一種心理發生因，嚴重時是一種病態，需要的是治療與同情，而無關人對其惡之倫理學規定，而這規定只能在人之決意中追尋，以及只能把人自身視為行動之決定者，視之可歸責者，也卽是，指向承擔後果之責任者概念，卽是，指向人自己。

　　當代新儒家雖努力進行儒學現代化，然在相關問題上對儒學文本之詮釋中，卻落在孤離自主性之氣質論中，更視人之良知本心對其惡不自知與不自主。此其中涉及對知之概念有之特殊理解及歧義，由於在相關問題上，良知之知是唯一的知，為了避免把良知視為明知故犯之作惡者，於是索性藉人之無知以論人之惡。

五、新儒家三子論人之惡——良知下的無知論

　　新儒家三子徐復觀（1904-1982）、牟宗三與唐君毅（1909-1978）等，除主張人欲引誘外，以人不能作主，不自知等，以論人之惡——人失去自主性而為惡者。徐復觀直言人欲引誘，而人欲本身非惡，惡乃源自欲望誘使下侵犯他人，因此罪惡本源在人為其欲望所引誘處：「欲望本身並不是惡，只是無窮的欲望，一定會侵犯他人，這才是惡。」[30]但人又何以被引誘，徐氏卽以人

---

[30]　徐復觀（2003）：《中國人性論史：先秦篇》，頁175。

失去自主性來說：

> 耳目的機能，不能思慮反省，即是沒有判斷的自主性，所
> 以一與外物接觸，便只知有物而為物所蓋覆，……則只知
> 有物而不知有仁禮智……一切罪惡，只是從「引之而已
> 矣」處發生。假使心能作主，則耳目之欲，不被物牽引，
> 而由心作判斷……。[31]

　　故人之為惡，雖隨俗就物欲引誘而說，但卻歸根於人在耳目
之機能下無判斷是非之自主性，此自主性並非上文所說的知善不
為，以己意為惡的自主性，而是本心良知之知善去惡的自主性，
在人之惡下，此自主性被耳目之官誘引所遮蔽，故不知仁義，即
良知被遮蔽而無法知是非，判善惡，更無從行善去惡。牟宗三對
此問題之態度基本上同於徐氏，上述引文中已表示他把惡理解為
氣質對本心之干擾扭曲，不能清明作主而論：「……使心體不能
清明作主，……始成為過惡。」[32]其友唐君毅的說法，即從不自
知離中和之滯：

> 此所謂心之偏向而滯住……而是即在此心至寂至虛、無所
> 倚靠之際，動一向外或向內、向前或向後之幾，而不自
> 知，便是此心之離其中和之本來面目，以有過之始。[33]

31　同前引。

32　牟宗三（1979）：《從陸象山到劉蕺山》，頁536。

33　唐君毅（1991）：《中國哲學原論：原教篇》，收入《唐君毅全集

　　對唐而言，本心原是至寂虛、無倚靠，因而是中和之體，其意實即是良知本心。它本知善知惡，是絕對自主，人之惡不能推給它，反而是其否定；既為其否定，即謂：惡乃是離此本心中和之偏之滯，本知善惡，其否定卻即是不自知。故惡於三子，乃是：不知、不能自主與不自知。此乃即表示一無知論。

　　三子所提到的自知或自主性，乃屬良知本心之知與自主性；然何故在惡中，人變成不自知、失去自主性？人之惡乃謂氣質遮蔽了此自主的本心。當然，這非謂本心之腐敗，反而人之悔過與後悔，乃在這本心之下而可能，這點牟宗三在其譯註《康德的道德哲學》中已明確指出：

　　　……只有因着本心明覺，始可說負責，悔改。即使本心明覺未呈露，一時未能依本心明覺之理而行，但假若你說我負責，不但負責，而且後悔，因此，我應當受責……則此時即是你本心明覺之呈露，即，你只因有此本心明覺，你始能這樣說。[34]

　　因而，本心良知，乃絕對自主之主宰，從主意於行善去惡而言，在此，良知總知之——知善為之，知惡去之。良知在善惡上沒有不知，為保此良知之概念，人之惡乃被視為人不自知、不自主下被造成，從而需補強說明其氣質之偏。[35]然而，此不知自己

17》，頁 482。

[34] 牟宗三譯註（1982）：《康德的道德哲學》，頁 317。

[35] 其實牟宗三在後期著作中有承認這作惡者之自主性，他在注解康德中承認了這自主性與其惡的關係，然牟宗三也只是在概念承認，但卻在儒學

犯惡之說，視人之犯惡如冥行般無意識，依常識亦難接受，更何況在倫理學之反省下，因為若從人不知以明其惡，則無異於替人尋找為惡免罪的藉口。

此說只可明人性在人之獨立自主之倫理價值，但卻不能說明基於人依己意為惡之作惡者概念，因為說某人為惡，乃是歸責語，卽責他為惡，然卻在歸責之概念中乃預設了他知惡卻行之，卽是，責他明知故犯。只是新儒家把人之本心視為道德自主性與道德之知的唯一來源，而無視評人為惡乃蘊涵人自主地依己意為之之表示，一種與本心獨立無依地建立自己人性之價值有別的主體性概念。此所謂人依其己意為惡，並非描述人之心理狀態，或是他完全擺脫了所有倫理規範而為所欲為，反而暗示是他知其該為、應為，卻不為之之自主概念。此表示，人是在善惡取舍的主意上的統一者——人卽是這主意之主人。因而作惡者之自主自由首先卽屬法理（legal principle）之概念，而無關其心理狀態。

說明良知之自主與作惡之自主，在進行儒學現代化詮釋，

文本之詮釋上，一如上述，乃取排斥的態度。「若無此自決處自由之使用，人便不可被咎責。因此，人之決意之採用此格言或彼格言就是善惡性格（性向）之所以為如此者之原因——造成者。」牟宗三：《圓善論》，頁 67。所謂「自決處自由之使用」這卽是第一節之自由意志，亦卽這裡的自主，「造成者」卽是作惡者，牟在這引文謂善惡是由人之自由決意造成，否則人不能被歸責；此也卽是說，歸責之可能性乃基於人之自由決意，故又云：「善或惡的性格（性向）之所以善或惡，卽那使其成為善或惡的原因或理由，是源於人之採用此格言或彼格言，而此卻是存于人之有自由選擇作用的意志中……。」同前引。這是一種法理上的理解，也常可在法庭上看到，法官能判某人有罪乃在於預設了此人自願與自主地作出行為之決定。

都是必需而緊迫者，但當代對此之研究，也卽對作惡自主概念之說明，乃極為缺乏。其中的困難，乃在於未能分清自主性（autonomy）一詞之歧義有關。首先本心良知下的責任一詞，其實指義務（duty）之責承；例如說人有義務誠實，與說人被責承於不可說謊，兩說並無差別，皆指對誠實之必然性（necessity），是命令之強制，不可不為之義，乃涉人之普遍動機之證成。牟宗三曾嘗試以此本心自主與康德所謂理性之立法（legislation of reason）相比較，卽以孟子之仁義禮智根於心進一步說明與修正其意志自律之自由（the freedom of autonomous will），建構了一個中西比較哲學之典範。[36]然中文責任一詞，不只涉產生行動之立法，亦涉對這立法之可能違逆而來的歸責概念，以說明人對可能違逆須承擔（responsibility）之可能性，其主體卽是作出這行徑的決意者的人自己，也卽是作惡者；它不規範善惡者為何，其概念只揭示人在決意中之統一性，卽所有決意皆滙聚其中以明作為決意者對其可能決定承擔之必然性。

　　回到上文，若如鄧曉芒先生等主張儒家無決意自主之概念，卽表示儒家在決意層面上無法處理人之惡及其歸責問題，鄧先生自無能於詮釋儒學，但其提問卻非無意義，此乃儒學在當代的奮鬥中自需積極地面對者。在論述孟子這方面的貢獻前，先說明西方哲人之理解，以見孟子領先西方千年之卓越。[37]

36　牟宗三（2003）：《心體與性體》，第一部，第三章，第三節〈道德的形上學之完成〉，載於《牟宗三先生全集 5》，頁 178-196。

37　評論人以為筆者未能照顧到新儒家可有另一種不同於本文的自由決意之概念，但這概念卻又可解釋本文所持的倫理責任者：「卽使為惡時人的本心良知不能做主，但具有逆覺體證能力之本心良知，仍然具有逆覺肯

六、西哲論自由意志
——善惡匯聚其中的自我概念

在西方最早論及人之自願為惡或選擇德性者，應該是柏拉圖（Plato, 427 B. C.-347 B. C.），[38] 其徒亞理士多德（Aristotle, 384

認自身之能力，而這種肯認或不肯認的自由，即是可作為據以歸責的『自由意志』。」筆者之回應：本文並非以新儒家之本心逆覺體證為論題，故他們是否有評審人所說的「肯認或不肯認的自由」，在有字數限制的期刊論文中筆者難於給出一合宜處理，因這也恐怕是數篇論文才可解決。然而，不論新儒家對逆覺的看法如何，本文之論題所關心的是，他們所理解的儒學，或縮限在孟子學中，有無自由決意之概念？若從結論上來說，牟宗三的回應皆是否定的，關於儒家：「……從來未自那可好可壞的自己決定處說自由意志，……。」牟宗三譯註（1982）：《康德的道德哲學》，頁 317；關於孟子：「惟于氣性或才性之或善或惡以為人之採用格言之主觀根據並亦正由于人之採用善或惡之格言故遂使那氣性或才性成為善的或惡的，此層意思，孟子及主『生之謂性』者皆未曾道及，此見康德思理之精密與緊切。」牟宗三：《圓善論》，頁 69。也即，他主張孟子無自由意志之概念，並因依此盛讚康德。其二、筆者在有限的字數限制下，也已盡力照顧到新儒家對此問題之發展，故在上文已有指出牟先生在《圓善論》（民 74 年）翻譯康德《純然理性範圍內之宗教》中習得這自由決意之概念；但他習得後，卻沒有應用到對《孟子》或其它儒學著作之詮釋與理解，這是他本人之限制。但在這限制下，後輩如袁保新即引申出相關討論（民 81 年），再後有拙作。

[38] 柏拉圖著作見英文譯本 Plato, *Plato the Collected Dialogues*, eds. Edith Hamilton and Huntington Cairns (Princeton, NJ: Princeton University Press, 1961)。他在 *Phaedo* 篇中已提及到自由意志一詞，他說：「世上確實有許多人依其自由意志（free will）追隨他們死去的情人」（頁 68），但此自由意志不是 *Phaedo* 篇之主題，而是針對靈魂不滅與死亡之問題，因而柏氏沒有對該概念進行詳細分析，故只能算是 *Phaedo* 在討論

B. C.-322 B. C.）在 *Nicomachean Ethics* 中則有較詳細之討論。[39]
兩人儘管有討論到自願與選擇等，開啟討論人之自由一問題之先
河，但其討論非視它為中心議題，只是在系統上之核心概念。更
嚴重的是他們未曾分析出使自由成為可能的更高條件，即人自己
之概念。然這種情形在奧古斯丁（St. Augustine, 354-430）之 *On
Free Choice of the Will* 一書中才有所改變。

　　奧氏知自然災難如地震不能算為惡，惡乃由人之行為所產生

靈魂時附帶之論題。

[39] 後世常把自願與選擇等同，但亞氏卻不然，自願之概念較廣，兒童與動
物可以自願，但卻無選擇。Aristotle, *The Complete Works of Aristotle*, ed.
Jonathan Barnes (Princeton: Princeton University Press, 1984), 1111B. 亞氏
亦分析了選擇與其它概念不同之處，例如意圖與意見。（1112a）意見
與意圖，都屬於考量，它們只屬於不可預見的事情，意圖即是：尋求它
們所要的，雖與選擇並不相同，但選擇都是經過考量與尋求，所以亞氏
說：「考慮的對象也就是選擇的對象」（1113a），人們不會考量自己
力量之外的，故選擇也必定是在自己能力之內者。亞氏以為，作惡是自
願的，他在西方最早發現：不自願的作惡，是自相矛盾的，也即是，惡
與自願有極緊密的關連，自願即是：「人是自身行為的始點和生成者」
（1113b），人只能懲罰那些自願而不被強迫的人。依此，亞氏基本上
已掌握到決意自由之基本概念，即是自願：與行為者是產生行為的起始
點與生成者，因而人可以被責備，是能力之內者。見王志輝（2012）：
〈亞理斯多德與自由意志問題〉，頁 35-82. 此文乃從說明何種意義上
靈魂可被視為生物自我運動的不動之運動者，作者即從一般所謂自由意
志來理解。（頁 39-42）然在倫理學所謂自由意志並非只指第一因，因
為第一因亦可從決定論之必然性來理解，例如 Spinoza 之神即是第一
因，但卻無自由。然倫理學之意志自由，依奧古斯丁後來之發展，乃與
責任相關，即不被強迫的自願，而非從運動上理解的第一因。故經奧古
斯丁乃從擺脫形上學之關連，開啟以倫理學之建構之先河，儘管他是以
為其宗教信仰辯護的神學動機出發。

者，亦不能從學習來理解，[40]而法律帶有不確定性與可變更性，故亦不能由之定義，亦與人性中的慾念（libido, inordinate desire，如貪念 cupidity）沒有必然的關係。[41]惡乃由人違反永恆律所致者，[42]即違反神所頒布的神律。然人乃神所創造，當人為惡，其責任是由創造人的神，抑或由人自己承擔起，乃奧氏在該書中要解決神學問題，若由神決定，在人，則有決定論之困難，在神，則有神義論之困難—神，作為人之創造者，如何才能免於承擔為其所創造的人之惡，一方面能免於決定論，一方便能說明神義論，其中的難題皆出自於罪惡是否能追溯到神那裡：

> 困擾的是，假若承認罪惡源自於神所創造的靈魂，這靈魂既來自於神，馬上可以追溯這些罪惡至神那裡。[43]

所以，惡之問題首先乃是要與惡之歸責相關，此相關之可能性乃在於：人須是自願（voluntary）為之，才可承擔其責，即人之意志須被視為自由的，才可以被視之為是可歸責的（blame-

---

[40] St. Augustine, *On Free Choice of the Will*, trans. Thomas Williams (Indianapolis/Cambridge: Hackett Publishing Company, 1993), p. 2-3。此書中文翻譯見王方谷譯（1992）：《論自由意志》，臺北：聞道出版社。然正確翻譯應為：《論意志之自由選擇》，因為就西哲之發展，自由不必謂意志之選擇，而是康德倫理學中的意志之自律，它只涉及立法；又或者涉及其所批判的宇宙論的先驗的自由，也即世界之第一因。見下節之討論。

[41] Ibid., p. 4.

[42] Ibid., p. 27.

[43] Ibid., p. 3.

worthly）。[44]因而是人，而不是神，須對自己的行為負責。依奧氏之說，神雖創造人，亦能預知人之意欲為何，但並不決定其意欲，也不參與之，而是因人要為其行為承擔後果之責任而須視之為自願為惡，故無此決定論之困難。[45]神亦非故意要人去犯罪才給人自由意志，因為若無這自由，人亦不能為善。[46]因而，善（服從神律）與惡（違反神律）乃藉人自己之選擇滙聚在他自己之中，我們才能就其選擇評說他或為善或為惡。因而，惡乃是由人自己產生，不能是別的：

> 若不是某人產生惡，惡乃不能發生……任何作惡的人就是自己作惡之原因。[47]

　　人自己即是惡之產生者，否則也根本不能要求其承擔責任。既然可承擔責任，則不能把惡之因推到他者，責任之承擔者即須是他自己，不能由他者代為：神於此並無因創造人，而人作為被創造物卻為惡之正義問題。惡亦不能由自然與情慾所決定並承擔

44　Ibid., p. 72, 105.

45　Ibid., p. 76-77.

46　Ibid., p. 30. 在 *On Free Choice of the Will* 一書中，奧氏主張人乃是善之做成者，但這觀點在後期著作中有所改變，因基督教義之原罪觀，後來奧氏強調的是人只能從恩典中才有可能實行那根源之善，在基督之幫助下，人之為善才有可能，而不是從 *On Free Choice of the Will* 一書中的意志行善──作為自願之意志，故他說道：「但由於我們不能自願地把自己提昇起來，如我們充滿自願般，故讓我們以有信心之信念把持之正義的手，即我們的耶穌基督之王」。Ibid., p. 69.

47　Ibid., p. 1.

責任，而只能由作出決定者本人來承擔，在此基礎下而說其意志之自由與自願。這即由此理解惡之歸責因——由人對其惡之可歸責性來說明。因而，所謂自由與自願，不是別的，其實也只不過表示人對善與惡間的於此於彼的抉擇而已，而其主體即是人作出決定的意志。因而自由與自願乃從這人自己之主體概念所衍生出來者，只是從屬於人以明人之自主性的下端概念，上端概念是神之律令以規範人應作何事，所謂惡者乃是人自主於違逆這神律而來的指責。作為善惡之選擇主體，人之意志概念才是理解其自由與自願之先決性條件。

對惡之討論，首要是這人之概念，而對人之理解，乃從其意志作出選擇之決定，奧古斯汀在西方開啟了對作惡在人自己與其可歸責間關係之說明方式，揭示出人為善為惡之主體性在人自己中之基礎，這為康德所承繼，只不過後者在人默認感性誘惑之層次上，把感性氣質在道德批判上的角色說的更明白。

七、康德論作惡者之自我概念、默認與價值顛倒

康德在《單在理性範圍內之宗教》一書中詳細討論了選擇義的決意自主之概念。更詳細討論見本書〈第壹篇〉，亦應以此為準，以下的說明是〈論五〉之簡明版。此所謂自由，其義亦只是自願非強制，而非他在批判時期所謂的先驗自由（transcendentale Freiheit）或立法自由（Freiheit der Gesetzgebung），所以他有自由的但卻違反法則之說（見下文《單在理性範圍內之宗教》頁41 之引文）。此即關涉及其著名的根本惡（das radikal Boese）問題——人之惡乃出自於意念在決意中自由地採納了由傾向提供

違反法則之動機，由是它腐敗了一切格言之選擇。首先，道德責任之承擔者只能是人自己，而非他的感性衝動，因善惡必須歸屬到他自己，他是善惡之做成者：

> 人在道德意義中是什麼，或應該成為什麼，善或惡，為此，他必須是自己去做成或已做成。善與惡必須是其自由意念的結果；因為，否則的話，他就不能為之負責。[48]

人之承其責，乃意謂：

> 人自己才是其作者。[49]

人就是作惡者自己，依此為基礎，人自己即是整個討論之核心，人即是其行為之最根本的起源，不能再在人之內部狀態，如感性如何影響他，或在其外，如教育或歷史文化如何決定他，尋求其

---

[48] I. Kant, *Religion innerhalb der Grenzen der Blossen Vernunft*, in *Kants Werke, Akademie – Textausgabe*, VI (Berlin: Walter de Gruyter, 1968), p. 44. 以下簡稱 *Religion*。在李秋零譯本中，Willkuer 譯為「任性」，Neigung 譯為「趨向」。見康德著，李秋零譯（2007）：《康德著作全集6》，頁 37；甚至在臺出版之正體版本的亦不見更改，見李氏在臺之繁體版（1993）：《單在理性範圍內之宗教》。Willkuer 一詞在日常德文用語有隨便、任意之意，但在康德倫理學並無此意，反而人之所以可稱為惡，乃意識到道德法則之規範下才能稱為惡，因此無所謂任意任性，而只是在已知規範下，還故意（或默許）為惡，固此非任意或任性，而是指道德上作抉擇之意念。

[49] I. Kant, *Religion*, p. 21.

它起源。從這人自己之概念中即可揭示出更多支持之說明，其中即是其自由；也即，人決定自己，乃在於一切決定皆是其決定，因而為着使施於其上的歸責之概念能被設想為可理解，須排除被他者影響來說明之可能性，而先行設定他必須是自由的。[50] 當說人自己才是其行為之作者，這已暗示了人是自由的，在這自由下我們便有理由說他為其惡行承擔責任，因而自由之概念，即是人可被歸責的充足根據，故康德道：

> 儘管有理由說，就連由人過去自由的，但卻違反法則的行動所產生的結果，也應由他負責。這句話要說的只不過是，沒有必要求助於這借口，也沒有必要弄明白結果是自由的還是不自由的，因為在那作為其原因的公認自由的行動中，就已經現存着使他負責的充足根據了。[51]

如情慾或某段過去經歷，對人儘管有影響，但對人自己言，還只是一他者，因人之所以被他規定，或者被他所誘惑，乃是人先接受了他，或者先默認了他，沒有接受或默認，人本來就不會為它所誘惑：

> 假如我們沒有默許誘惑者，我們本來是不會被它所誘惑的。[52]

---

[50]　Ibid., p. 41.

[51]　Ibid., p. 41.

[52]　Ibid., p. 60.

　　情慾被其默許，習俗被其接納，才能成為人之行動在主觀上的根據。因而人就算為情慾所惑而為惡，仍需為其默許與接納，才能在歸責之意義下被理解，從而，情慾等才是一倫理學概念。人甚至須對無所作為而承擔責任，因不作為即表示做了一事——拒絕去作為，而這拒絕，表面上並無行動，但卻自主地作了一事，即是，自主地不作為。這承認與採納也顯示出人在接納它們的自主性，此稱之為自由，在此之下，才有道德上的歸責可言，善與惡：

> 這個主觀根據自身總又必須是一個自由行動，因為否則的話，人之意念在涉及道德法則之應用或濫用時，就不能歸責於他，在人中的善或惡也就不能叫做道德的了。[53]

　　因而，所謂惡，若與感性相關，而且這相關是倫理的，則所謂惡並非出自於感性之衝動，而是因出自於人對此衝動之自主接納。這接納或所謂默許，並不涉及在心理上的理解方式，因為這屬存在上的或強或弱，或持續上之流轉，而是涉及倫理學上的歸責概念，這只能基於從人之意念在其決意自主而來的理解。

　　此自由的接納、默許，或所謂抉擇，即是敗壞了一切準則的根據，即根本惡。[54]因為人在其中的自主性，乃表現為道德抉

53　Ibid., p. 21.

54　Ibid., p. 37. 這裡涉及由傾向提供動機，而不只於自由選擇，因自由選擇本身就只是形式上的可能性而已，但若涉及到善惡之可能性，則自由之角色乃是於善的動機（由人格尊嚴之道德情感所提供）或惡的動機（由傾向所提供）間的可能選擇。根本惡乃是動機在自由選擇下總有可

擇，這抉擇，作為一選擇，非一種買菜式的恣意二選一的自由，而是在一上、下或高、低價值端間的抉擇，即人乃在意識到自己該何所為，卻故意不為之者。因而，道德規範在道德判斷中本處於優位，所謂惡，也即是人故意背離它，把自己的格言（Maxime）凌駕其上，把道德秩序顛倒。故康德有云：

> ……所以，這惡必在於格言偏離（Abweichung）道德法則之可能性底主觀根據中……。[55]

人決意（可能只是默許）採納某動機，使之成為其行為之格言，此動機即可理解為其行為之驅動力，依此才能說是惡的或不是惡的，而非針對他所有快樂之慾望，從而依此要其承擔責任。但道德法則在任何情況下皆可成為其動機，也即是人亦可決意把一普遍規範直接在敬畏法則下採納為其格言。[56]若如是，人即為一善人。因而，不同的格言之動機中，即可區分開從上、下或高、低端間之從屬關係上來理解，也即是，普遍性規範，人在對其敬畏情感中，為高者，而無普遍性的，只表現為從傾向而來的愉快情感，為低者，而在兩種動機之間，人自主地採納中把後者置於前者以為其條件：

能為惡之必然性。

[55] Ibid., p. 29.

[56] Ibid., p. 27. 這問題涉及到道德情感：「……現在，由於自由意念把它採納入其格言中，道德情感才是可能的……」（ibid., p. 27.）而所謂道德情感，也即是對法則之敬畏：「在我們之中對道德法則底純然的敬畏之接受性就是道德情感。」（ibid., p. 27.）

……因此，人是善還是惡的之區別必然不在於他採納入自己格言之動機的區別（不在於格言之材質），而在於它們間之從屬（在於格言間之形式），即他把二者中的一個做成為另一之條件。[57]

規範之普遍性所表示之形式者即是道德法則，敬畏作為其格言之動機，與傾向所提供之愉快之動機，在道德價值上並非處於同等的地位，而是前者作為高位，在道德之本原上乃是後者之條件。這好比國家法律，它處於高位，規範着社會個人之行為。因而所謂惡，也只不過是人對這高位的動機，與較低的動機之間，決意採納後者為其行為之原則，從而顛倒了原本該有的道德秩序：

故人（亦是最好的）之所以是惡的，乃是由於雖然他從自愛之身旁把道德法則採納入格言之中，但他在把動機採納入其格言中時，把動機之道德秩序顛倒了（umkehrt）……。[58]

人之道德，並非要消滅傾向所提供的愉快或不愉快之動機，而是要此動機從屬於對道德法則之敬畏，維護這上下高低價值之秩序。在這道德價值高低之區別下，人才有理由批判作出違反道德規範的決意，即批判其不願服從，從而在道德上歸責他不願採納法則，針對其不願而說違逆，此即所謂違逆法則。

---

[57]　Ibid., p. 36.

[58]　Ibid., p. 36.

　　依以上所說，奧古斯丁與康德皆從人之自己出發，一個自由意念之概念被提出來，以為理解人之惡及其可歸責性之先行條件。上述牟宗三等反對自由意志，或梁啟超之贊成，其實皆未就這人之自由概念而說，即對儒學文本進行解讀與詮釋，並從而進行概念分析。因而在他們對此問題上的討論中，其實看不到有何較為深刻研究，最後只淪為常識意見之表達。

　　在對人之惡的問題上，因中西哲學思想背景所面對的問題，進而在表述上的語詞使用問題，乃有差異，孟子雖未採用自由選擇與自願等詞，但在解釋作惡者概念之內涵時，已充分說明這概念之可理解性，也即人之惡是由他在大、小體價值間取舍而致者，這即是一自主性之概念。若要在《孟子》文本中尋找出西方哲學的學術用語，如自願與自由等，才算《孟子》有自由意志之概念，這當然是對學術研究的無理限制。要揭示孟子在其中識見，先要詮釋出孟子在大體、小體概念中所說之實義：顛倒道德秩序為惡，即人自己在這秩序之取舍中成為或善或惡者。

八、孟子大小體之道德秩序問題

　　與康德不同，孟子因主張孩提之童無不知愛其親，即人必知其所當為，因而在探討對規範接受與否時，孟子文本非著重於討論如何得出為人所接受的格言，而是預設了人在實踐上知良知所知。因而，道德問題在孟子言不在於人不知良知所知，而是不願為其所知。這與上文分析康德對違逆法則之理解一致。人之惡即在於人不願為其所知，因而，孟子關注點在於此知，人謂不知，乃是藉口，如君王寧養狗而不賑災卻把罪責推到天災上，因而，

惡不在於知，而在於知而不願行，故孟子關注於在價值上對大
體、小體之順從秩序：人若以本心大體為道德秩序之先，則為善
者；反之，以耳目小體為先，則為惡者。人之善惡是在這大小體
之道德價值秩序上被理解，其惡是顛倒了這秩序；此即表人知而
不願為，在行動上把私意之實踐動機為先之故。故孟子不是由格
言之普遍與否言，而是由大小體之取捨言；所謂體，乃先指四端
本心：「人之有是四端也，猶其有四體也。」[59]本心為貴為大，
喻為大體；小體為小，為賤（較低之意，非否定耳目自身之價值
意），乃耳目之別名。並不是說耳目小體本身是價值負面的，而
是人在順大體或順小體間作出了選擇，而為大人或為小人，故人
之價值乃在其意之選擇中：

> 從其大體為大人，從其小體為小人。[60]

在此，孟子並無以氣稟之概念作為說明人順此順彼之原因，
從其描述順此順彼中即可進而說人在大小體二者間依己意作出選
擇。然這選擇不是如買菜般價值中性者，而是在一價值高低秩序
中的抉擇，因若順從耳目，放棄本心為先者，則顛倒了這道德價
值秩序，孟子批評為賤場師、狼疾人：

> 養其小者為小人，養其大者為大人。今有場師，舍其梧
> 檟，養其樲棘，則為賤場師焉。養其一指而失其肩背，而

---

[59]　朱熹撰（1983）：《四書章句集註》《孟子集注·公孫丑上》，頁
　　　238。
[60]　朱熹撰（1983）：《四書章句集註》《孟子集注·告子上》，頁335。

不知也，則為狼疾人也。[61]

在孟子批判賤場師中即可表示這所謂選擇不是價值中性者，而是有高低之規範者。舍價高的梧檟，就價低的樲棘者，乃賤場師，狼疾人，此表示孟子對在高低價值之選擇上所作出的責備。大體本心（喻為梧檟），小體耳目（樲棘）乃處於一高下貴賤的關係上，而不是一個平面對等的關係中，人即在其中選擇順從此抑或順從彼。孟子在此非謾罵，而是藉之以表示大、小體在道德規範之秩序中之關係，倫理的善惡即在此高低秩序關係中成為可能。所謂惡，即是這秩序之顛倒，這顛倒乃人在這道德秩序間之取舍而成，即人之惡乃在其取舍中破壞了這秩序，如杯盤狼藉。趙歧注為「狼藉」，牟宗三從之，[62]在此，即是亂了道德價值之高低貴賤秩序之意。換到政治領域，孟子亦以此秩序之顛倒論惡：〈離婁上〉有云：

是以惟仁者宜在高位，不仁而在高位，是播其惡於眾也。

政治之秩序，依孟子，仁者應在高位，不仁者在下位；若顛倒，不仁者在高位，秩序倒轉了，即是播惡於人。隨後孟子引《詩經》：「天之方蹶，無然泄泄」，以明此仁者高，不仁者低之秩序概念，朱子訓之為「顛覆」，[63]因而所謂惡，乃是此秩序

---

[61]　朱熹撰（1983）：《四書章句集註》《孟子集注・告子上》，頁 334-335。

[62]　牟宗三（1985）：《圓善論》，頁 49。

[63]　朱熹撰（1983）：《四書章句集註》《孟子集注・離婁上》，頁 276。

之顛倒。[64]而所謂顛倒，不是自然發生之事，是人決意自主於此
之動機採納之事。在此，公都子再追問：大人小人之別是人或從
順大體或從順小體而來，然大人小人皆是人，然則人或從大體或
從小體，何解？也卽是，都是人，何以人有不同的選擇？

> 鈞是人也，或從其大體，或從其小體，何也？[65]

假若人從其心理上的存在狀態如氣質對本心之遮蔽以明人之
道德上的善與惡，則人亦可續追問這心理狀態之生起原因以至於
這遮蔽原因為何，以至於無窮。又或這心理狀態各人不同，也根
本不能以此從普遍性觀點回答這問題。然孟子持道德取捨以明人
之善惡，但在其中卻不指向人之取捨背後的進一步原因，而是指
向所蔽於物乃以心官不思為條件，也卽，只在心官不思為條件，
才有所謂蔽於物：

> 耳目之官不思，而蔽於物，物交物，則引之而已矣。心之
> 官則思，思則得之，不思則不得也。[66]

「不思則不得也」之主詞乃是「心之官則思，思則得之」中

---

64 此種在〈離婁上〉以顛覆為惡之說法，可貫通在人之意識上論人在道德
　上的惡，以孟子本把政治哲學從道德哲學上理解。此在人心上的秩序顛
　覆，可見下文第九節孟子在〈公孫丑上〉以蹶者論持志與暴氣之秩序顛
　覆以明人之惡。
65 朱熹撰（1983）：《四書章句集註》《孟子集注・告子上》，頁335。
66 朱熹撰（1983）：《四書章句集註》《孟子集注・告子上》。

的心，由是，這心一詞所表者，乃一可思與可不思之主體。就概念言，此心非指良心，因就良心之概念言，並無這思與不思之交替可能，而只是一純善的立法主體；也卽，良心依其概念並不選擇。此可思可不思所表示者，乃是一決意心，它乃一在思與不思間作出抉擇的主體。這決意心若順其良知概念所表對理義之愉悅，則此心卽是良心，故雖是決意心，乃可言思則得之。然旣能作出決心，則此心亦可順耳目而違逆其良知，此卽謂不思。此決意心若拒絕（不思）其良知理義，則這決意心乃因其不思而蔽於物，非因蔽於物而不思。然其不思與耳目之官不思，在概念上乃不同者，因為決意心在不思中仍可思，在可思中乃有不思之可能，這表示心可決意於思或決意於不思之自主意識；但耳目，依其概念，乃非意識，因無自性，故無思而只有不思，雖亦蔽於物，但決意心在其思與不思中有自主性，因而雖在自主於不思中蔽於物，但此蔽於物乃由其自主而來的結果，而耳目不思而蔽於物，非由自主而來，乃由其本性中根本無意識自主，蔽於物，乃其本性者，因而耳目不能因自身之主意而超越這物蔽。耳目無自主性，因而在倫理上亦無善亦無惡，不受稱許也不受究責。

這決意心，若說此心蔽於物，乃由於他本身之決意自主而至，因而，其不思非因物蔽而至，故在這文本中卽能詮釋出心之決意自主性：非因物蔽引至不思，而是不思而引至物蔽。耳目指小體；官，依朱子，乃職司之謂，耳目其官能在於應物，卻亦因此而限於物。心，其職在思，此思不限於物，反而思之卽得之；然這心乃表決意心，因而在決意中有失職之可能，也卽其職雖為思，但在失職中卽為不思。然心之決意乃在於順耳目抑或順其良知，因而卽是在順大體與順小體間之取捨。

這大小體間之取舍亦可從孟子論持志與暴氣之說中看到：在此，氣質依然未被理解為能決定人者，它只是心理層面的人類特質，而不能依其本身決定人。氣是「體之充」，體有大小，氣亦可在大體、小體上言；但儘管如此，小體耳目之氣，在人之惡上也是後於其取舍：卽是人之所以暴氣，乃是從人之持志與否而定之概念，而非反過來，以暴氣決定持志。

九、或持志或暴氣乃表人之道德取舍

孟子之立志與現今人所謂立志如做醫生不同，此非孟子立志之義，其立志是從順乎本心說，卽從大小體間之立乎其大者言之：

> 鈞是人也，或從其大體，或從其小體……先立乎其大者，則其小者弗能奪也。[67]

立乎大者卽孟子所謂志於道，旣立志於此，小者自不能奪。然而，志，在孟子非一孤立概念，而是與氣之概念相連者：「夫志，氣之帥也；氣，體之充也。」[68]，不只相連，還有居首與居次之別，分析其中卽見人自主意於持志與暴氣以明道德秩序之顛倒乃是人自主為之而成者。人持志，則氣居次，孟子云：

---

[67] 朱熹撰（1983）：《四書章句集註》《孟子集注·告子上》。

[68] 朱熹撰（1983）：《四書章句集註》《孟子集注·公孫丑上》，頁230。楊祖漢有視為由本心之裁決證義內之說，見楊祖漢（1992）：《儒家的心學傳統》，頁11。

夫志至焉，氣次焉。故曰：「持其志無暴其氣」。[69]

　　此謂，人若持志，則志為首，氣居次，此表示其間的固有秩序；然這秩序非任何時候都如此，而是可依人持與不持（暴氣）而改變，故孟子隨即說「持其志無暴其氣」。也即，要保有這志為首氣居次的秩序，即需持志。此持志句之主詞是人，持志者是人，暴氣者亦人也，持志與暴氣者同是人；暴者既是人，則人暴其氣，而非為氣所暴，因而暴一詞即表示人在其中之自主意於暴其氣，持與暴乃可表示人於志與氣間之意思：人既可持志，亦可暴氣；人若持志，則可動其氣，若不持志而暴其氣，則可為氣所動。由是，人之為惡若與氣有關，氣原初並非處於主導地位，反而是人先暴之，即謂，人讓氣有主導，它才能主導。孟子有氣壹之說，孟子續云：

---

[69]　朱熹撰（1983）：《四書章句集註》《孟子集注·公孫丑上》，頁 230-231。氣在中國思想史上有一古老傳統，《左傳》〈莊公十年〉已見之：「夫戰，勇氣也，一鼓作氣，再而衰」。見孔子等，《左傳》，收入阮元校刻：《十三經注疏》第 9 冊（臺北：藝文印書館，1955，影印清嘉慶二十年（1815）重刊宋本），頁 147。孔子亦有血氣之說法：「君子有三戒：少之時，血氣未定，戒之在色；及其壯也，血氣方剛，戒之在鬥；及其老也，血氣既衰，戒之在得」，朱熹撰（1983）：《四書章句集註》《論語集注·季氏》，頁 172。曹丕有《典論論文》，其所言文氣，可溯源於此：「文以氣為主，氣之清濁有體，不可力強而致」，見郁沅、張明高編選（1999）：《魏晉南北朝文論選》，頁 14。文氣說之源頭，徐復觀卻誤以為出自《孟子》浩然之氣，見徐復觀（2001）：《中國文學論集》，頁 297-300。

　　志壹則動氣，氣壹則動志也。[70]

　　詮釋孟子此志壹動氣、氣壹動志之說，須以上文之志至而氣次以及持志與暴氣所表示的決意自主之概念，也卽：人持志而以志為首，則氣居次，氣卽為其所動；人暴其氣而以氣為首，則志居次，志卽為其所動。因而，氣之所以能壹，乃人先暴其氣，人自主意於讓氣為先，然後才有動志之說。氣一詞，本從可見形狀的存在義理解，在體上卽言其可見的充盈；然而，在孟子心學之理解中，存在義下的氣本身不能動志，否則人為存在的氣所驅動而無所謂歸責可言，只有人才能自主於暴其氣，此謂把氣視為志之前的原則；志旣居其次，卽謂志為氣所動，也卽在價值取舍中被放置在次要的地位。暴氣乃由人自主意下的決定而來者，它表示一種態度，把志貶抑而抬高其氣，作為一自主行動，在其中，才有所謂動志。因而，所謂志壹或氣壹，是在人所持其中的價值高低之秩序上理解，而非心理上的專一。

　　壹，朱子解專一，文本不取其說，因若作動詞，氣壹，卽使氣成為主詞且有主動性的立意，因為在孟子，氣只表體之充盈的存在者義，非表意識義。壹，此詞原為數字之首，卽為在先之意，此對應上文「志至焉，氣次焉」，及「持其志，無暴其氣」。「志至焉，氣次焉」之說，乃暗示一道德秩序，人應以志為首，氣為次。「持其志，無暴其氣」，則表示一道德價值之要求，在其要求中，卽暗示出一主體之概念，持志者與暴氣者，這

70　朱熹撰（1983）：《四書章句集註》《孟子集注‧公孫丑上》，頁231。

主體概念才是隱含在這文本中之主詞，卽人：人要持志，不要暴
其氣。因而，志壹與氣壹之主詞乃是人，人持志而志為壹，人暴
氣而氣為壹。孟子在此討論志先或氣先中，卽揭露中不管志先或
氣先，皆以人作為決意自主之主體為決定者。依此，所謂壹，非
專一所表示的主動的立意，而是為首之意，人乃是其中的決定
者。孟子此說，乃謂志與氣皆可為首為次，只視乎人持志或暴
氣；持志，志居首而氣居次，暴氣，氣居首而志居次。因而居首
居次，乃依於人之自主的立意，卽是說依於其取舍之道德抉擇。

　　以上孟子之所說，其實乃隨公孫丑之問而來者，因為若以為
心志與氣之高低秩序旣已有而不可變更，則孟子何故又要人持志
而不讓暴其氣於先？公孫丑問曰：

　　　旣曰：「志至焉，氣次焉」，又曰：「持其志，無暴其
　　　氣」者，何也？

　　孟子之回答卽是上文之志壹動氣與氣壹動志之說。公孫丑之
問，問出一個人於本心與耳目間的一個心意問題，因為志至與氣
次旣表一固有的道德秩序，則孟子何故又說屬心意之持與暴，好
像這秩序是依於人之心意而轉？孟子之意，這志先氣後之道德秩
序雖是固有的，但此固有，只表規範義，而非謂如現今自然法則
那不可違逆義，因而人可以由服從或不服從來理解者，如人固有
本心，但仍可故意違逆之，所以人須持志而無暴其氣，以使這秩
序能維持。持與暴，乃人心意於此秩序，卽立意於本心之體而不
順從其耳目之體。人若破壞它，乃是在其立意中故意為之，人之
立意以暴其氣乃一自主的方式；因而，此志居首氣居次之道德秩

序雖是先被肯定，但卻需依人之心志以實現與維持之，卽持志以動氣。然人旣可持志，卻亦可不持而暴氣，卽暴氣為先。此卽含人在持志與暴氣間可依其己意取舍，在志與氣間有自主之可能性——人持志，以其本心（大體）為先，道德秩序自可保持；然人亦可暴其氣，以氣為先（氣壹），道德秩序當卽崩壞。此謂：孟子所言之道德秩序須先肯定，但不意謂無需作任何決意卽自然維持，而是須人持志以實現本心大體為先者；反之，人卽破壞了這秩序。人乃在持志與暴氣間取舍，以決定是否實現與維持這大小體的道德秩序；人在其中之取舍，乃決定性的。暴氣者乃以人之取舍為條件，也卽是，暴氣為惡是人在決定舍本心之後果。是故，人之惡不是為氣所推動而致；此卽見上文氣質論之缺失——看不到人之惡是出於其自主性。

　　孟子所言取舍乃一表抉擇自主之選擇，人如何取，乃是考察人之善惡與否之主觀根據：

　　　　所以考其善與不善者，豈有他哉？於己取之而已矣。[71]

　　決定人之善與不善，不取決於氣，卻取決於對本心與氣之態度，視本心為高者（志壹），卽為善，反之視氣為高者（氣壹），卽為惡，志壹或氣壹，乃表在所持之秩序義。此取舍之概念，則有來自「操則存，舍則亡」句[72]；取舍乃謂人善惡之主觀根據乃在人之抉擇。此所謂「考」卽表示判斷人善惡之根據，不

---

[71]　朱熹撰（1983）：《四書章句集註》《孟子集注・告子上》，頁334。
[72]　朱熹撰（1983）：《四書章句集註》《孟子集注・告子上》，頁331。

在別處，而是從其自身所取而論之——從其自己選擇大體或小體
而論：於順本心抑或順耳目間取舍，或持志動氣，或暴氣動志而
論。操存舍亡說，即表此意；仁義之存，在於人之操持，仁義之
亡，亦在於人之舍棄。這即表示人之善惡皆在人之自主當中，在
於人自己之取舍當中。因而，持暴之說，其重要處在於從根本上
未以氣質誘惑以遮蔽本心以論人之惡，這種說法流行於當代理解
宋明儒之方式。孟子論惡，不在於氣質之蔽，而於人在道德情境
中以己意讓其氣質之特性主導，〈告子上〉有著名的從魚與熊掌
說明人在生、義間之取舍，明確地把人之道德價值基於他本身立
意之取舍，當中根本無氣質干擾的任何表示：

> 魚，我所欲也；熊掌，亦我所欲也，二者不可得兼，舍魚
> 而取熊掌者也。[73]

　　生與義亦如是觀，生與義皆人之所欲，兩者不可兼得時，即
出現人之取舍。在此，取義而舍生，孟子乃歸之於人皆有之的作
為道德能力之本心，作惡者不是沒有這本心，因人皆有之，只是
賢者沒有喪失而已：

> 生亦我所欲，所欲有甚於生者……是故所欲有甚於生者，
> 所惡有甚於死者，非獨賢者有是心也，人皆有之，賢者能
> 勿喪耳。[74]

73　朱熹撰（1983）：《四書章句集註》《孟子集注・告子上》，頁 332。
74　朱熹撰（1983）：《四書章句集註》《孟子集注・告子上》，頁 332-
　　333。

生與義間之取捨乃一道德抉擇，能舍生取義以成人之價值，乃因人依順本心為上的道德秩序而抉擇之。然而，既言取捨，則人亦可把這秩序顛倒，舍義取生而為一作惡者。這亦可由舍亡與放失本心以論之：

> 仁，人心也；義，人路也。舍其路而弗由，放其心而不知求，哀哉！[75]

這舍與放皆是人自己之決定，為說明人之惡，孟子也根本無把氣質之概念牽扯其中。

這持志暴氣或舍生取義之抉擇概念，在涉及人之惡的問題上與顛覆秩序相關：人在取捨中顛覆了生與義該有之道德秩序而為惡，孟子稱為蹶者與趨者，即是作惡者，也即狼疾人。上文已論及孟子把惡視為仁者高位被顛倒為低位之秩序錯置，並引《詩》「天之方蹶，無然泄泄」說之；此蹶之為秩序顛覆義，通用於孟子之戰國時代。

十、蹶者為秩序之顛覆者

然既可以持志實現之，則蘊涵人可另作選擇，即可暴其氣以小體為先而反之，此說即反映在孟子以「志壹則動氣，氣壹則動志」來說明「今夫蹶者趨者，是氣也，而反動其心」。[76]此處朱

---

[75]　朱熹撰（1983）：《四書章句集註》《孟子集注‧告子上》，頁333。
[76]　朱熹撰（1983）：《四書章句集註》《孟子集注‧告子上》，頁231。

子訓「趨」為「走也」；蹶一詞向來難解，朱子訓為「顛躓也」，上文仁者高位之說中涉及「天之方蹶」，亦訓為「顛覆」[77]。然其顛躓之解合荀子所云，乃顛倒之意：

> 故田野荒而倉廩實，百姓虛而府庫滿，夫是之謂國蹶，……則其傾覆滅亡可立而待也。[78]

此說雖表示荀子之政治哲學，然卻可示此詞秩序之顛倒意：謂本應人民之田野豐收，然後才到官府倉庫之豐滿，因為國家之收入乃從人民繳納稅賦而來，但現在卻倒轉，國富民窮，此謂之國蹶。因而，此蹶者，乃意指合理狀態之顛倒。因而，這當然合於〈離婁〉不仁者佔高位，仁者反在低位之秩序顛倒說。惡即表秩序之顛倒。此詞之用法，亦見《莊子‧人間世》：

> 形就而入，且為顛為滅，為崩為蹶。[79]

因而「蹶者」乃意謂：顛覆者，崩壞者，這才是孟子蹶一詞真正意思。在此《孟子》文本中，蹶者即是把大小體之道德價值秩序崩壞的人。「是氣也，而反動其心」，承上文之氣壹動志，此蹶者顛倒崩壞了志為首而氣居次所表示的固有的道德秩序，顛倒此者即是作惡者，作惡者即暴氣為帥，以氣居首（氣壹），以耳目小體在志之前，則心之地位即落於氣後，乃所謂反動其心，

77　朱熹撰（1983）：《四書章句集註》《孟子集注‧離婁上》，頁276。
78　李滌生（1984）：《荀子集解‧富國》，頁220。
79　郭慶藩（2010）：《莊子集釋‧人間世》，頁165。

其實就是氣壹動志的別說而已。氣本身無所謂惡不惡，氣質其實也屬同類概念，是廣義的存在者義，只當人讓之為先於心志之原則時，卽取得了倫理上的意義，也卽是，當被納入到一倫理的價值理解中，卽與道德良知相關，而可稱之為惡的，此需依於人在其中的道德抉擇。藉此，人之惡卽可從有意識於把秩序顛倒去理解。對筆者相關論題，有評審擔憂筆者可能暗中把康德之理解，卽上文節七中之顛倒（umkeht），偷轉到孟子，好像說筆者把孟子學康德化。但其實並非如此，因為如是之理解不單止在朱子對《孟子》之詮釋尋獲根據，且如上所指出者，此顛倒解亦在荀子與莊子中亦可尋獲，此表示以顛倒秩序以明惡，不是專屬某人之特殊看法，有其普遍的法理依據，單從孟子文本中志為首而氣居次之道德秩序之概念卽可導出。孟子、荀子、莊子以及康德，莫不如此，只是孟子更早發現它：例如在刑法上說某人為惡，乃謂他以其己意超越了法律；因為，本應是法律為上，個人為下者，現在此秩序因其己意而顛倒了。前人未能以此理解人之惡，乃因總以氣質之誘發因為滿足而已。本文的一個匿名評審亦未能免於此，未能從歸責層面中探索人在意識行動中尋找惡之根源，只關注到屬誘發因之心理層面上，追問惡行由何原因產生，而無視當說人為惡時，先已預設了在其中歸責義上之法理依據。它非別物，乃是為使歸責概念成為可理解之先行條件，也卽被歸責者與行動者間之的同一性，在其中，本心之理義乃我的，而我在抉擇中違反之，從而才可以被歸責。因而，就算見本文已把朱子以「顛躓」解「蹶」提出來，仍未能使其注意到此解釋已充分展示了從氣質誘發之說，轉到從意識自主之說，以明人之惡所表現的倫理學意涵之必然性。從顛躓之意識以理解孟子蹶者以明人之

惡，乃是詮釋儒學哲學發展的一個里程碑，因為孟子學領先西方哲學之說明，乃在於本篇區分誘發因與歸責因間基於其上的主體意識之分析上。

把價值顛倒之決意，乃屬人之意識上之事，也卽是，心之層次。在概念上，《孟子》，心不只於本心，亦有不若人之心；然在意識上，只一心而有其二端，本心與不若人之心乃只同一心之兩端。以下先說明《孟子》本心之概念，以說明其心之兩端之義。

十一、普遍本心與不若人之心

良知，或稱為本心，亦可從能力義與規範義兩方面而論。就此兩義，皆非惡的產生者，但卻是歸責人之惡的先在條件。孟子把所謂性善之性，乃從「可以為善」來理解，此表能力義，本心乃足以為善之能力；人若為不善，不能從人之能力不足來說：「若夫為不善，非才之罪也。」進而孟子肯定其普遍性，此卽其四端本心說，續云：「惻隱之心，人皆有之；……是非之心，人皆有之」。[80]因而此心，乃一充足而普遍的道德能力義，不是如藝術之天才，亦非不受上帝之鍾愛者獨有的能力，如耶穌，而是及於你我，以至所有人的能力，此能力乃被視為對所有人平等無

---

[80] 朱熹撰（1983）：《四書章句集註》《孟子集注・告子上》，頁 328。李明輝批評陳大齊「可以為善」視為人性向善之說，見李明輝（1994）：《康德倫理學與孟子道德思考之重建》（臺北：中央研究院中國文哲研究所），頁 106-107。本心不只能力義，亦是確定何者為善的主體概念，即所謂義內，故非只向善可以說明者。

差者。但孟子又何以知之？假如這只是他個人的主張，則這主張又何以能比告子把人性分為堯舜與瞽瞍象之分類說更為優勝？孟子之說，乃在於人之可歸責性為惡的的倫理學前提上，此前提卽蘊含在「人之為不善，非才之罪也」中。假若人性如告子以分類說之，有人有性善，有人沒有，則前者不能歸責後者，以後者旣本無為善之性，則任何道德批判皆對之無效，亦不能要求其改過，一如人不可以批判噬人之虎為惡，更不能在道德上要求牠改過。[81]無這道德能力者，根本難言其道德義務，責任與改過。若批判人為惡，乃謂其本有此能力，卻不為之，這從孟子批判齊宣王可知之：「故王之不王，不為也，非不能也」，[82]王之不王，非從挾泰山超北海之力量言，而是從人能，卻不願為之而言。因而，若說自己不能於仁義，是自棄之說：「吾身不能居仁由義，謂之自棄也」。[83]但道德之事，只要人願之，卽可為之，如折枝之類。[84]

　　因而當我們設想人之為惡是普遍地可歸責，或甚至，說其為惡，非對其狀態之描述語，而是一價值性的批判語，在此批判語當中，其實早已視之為有一充足而普遍為善的能力，若無這能力之先行理解，則這歸責以及此批判語乃為不可解者。而本心之普

---

[81] 孟子性善之論證極為複雜，詳細討論可參陳士誠（2017）：〈《孟子》之本心倫理學之研究——從規範之法理根據看〉，頁74-84。

[82] 朱熹撰（1983）：《四書章句集註》《孟子集注・梁惠王上》，頁209。

[83] 朱熹撰（1983）：《四書章句集註》《孟子集注・梁惠王上》，頁281。

[84] 朱熹撰（1983）：《四書章句集註》《孟子集注・梁惠王上》，頁209。

遍性乃由人皆有此道德能力而說，此說卻又從人之可倫理地被歸責之基礎中揭示出來。因而，孟子之論，非如告子之隨意主張，而是在人之可歸責之倫理學前提為基礎上所言者。然此人之本心，並非惡產生之原因，惡非謂本心本性之敗壞，亦非謂本心故意犯惡而來者，而謂人在本心下決意於違反其自己的本心本性。此人之決定，屬人之價值意識層面，即《孟子》中的心不若人之心。

　　在《孟子》，心之概念，不只於本心義，還有人心義。而所謂人心，乃意謂作出道德上的決定者，即以上所說，可舍棄本心而顛倒道德秩序者，這乃人之決意如此，此舍棄本心價值之人，其價值意識乃不若人，故孟子有諷刺云：

　　　指不若人，則知惡之；心不若人，則不知惡。[85]

---

[85] 朱熹撰（1983）：《四書章句集註》《孟子集注・告子上》，頁 334。本心、人心之說，非本文特有之見解，本文又只是隨《孟子》原有的文本中指出，進行說明，從而作出人心、本心之別，此即對心不若人之心，此心既有不若人之可能，故不屬本心概念可知。人心與本心之別，學界多從對宋明儒論之，對《孟子》則少有，然此非謂《孟子》中本無此區別。宋明儒對此區別，不從《孟子》，而從偽《古文尚書》〈大禹謨〉尋根：「人心為危，道心為微」，宋明之討論即從此偽作中開發此心之歧義之議題；如朱子〈中庸章句序〉，以及陽明之。見王守仁撰：《王陽明全集》上冊，卷 1，《傳習錄上》，頁 8。當中是說二心本一，後來才二分為道心與人心。近時對此人心、本心之討論可見：李明輝（2009）：〈朱子對「道心」、「人心」的詮釋〉、林月惠（2009）：〈朱子與羅整菴的「道心人心說」〉，收入蔡振豐編（2009）：《東亞朱子學的詮釋與發展》（臺北：臺大出版中心），頁 75-110、111-156。

　　不若，即不及之意，人知手指（即泛指外貌）不及人，但卻不知其心不及人，這當然是孟子之批判語，說人藉口不知以避責，因為人不會不知，故云：

　　宋明儒對此的討論源自偽作《古文尚書》，其始原的證成能力不及《孟子》，人心與本心之分在《孟子》中即有。因為筆者期間已有宋明儒相關論文發表了，故刪除此說。關於評論人由本心、人心之別，主張會引致在《孟子》文本中人禽之別只於本心，從而與《孟子》不符之可能。筆者愚見以為不會，因為本心與人心之別乃為說明人之善惡在人之主體上之不同意向，而所謂人與禽獸之別，不只是因人有本心而禽獸無這種有無之概念問題，而更因人有本心，但人卻不隨順之，而後才有所謂惡，此時自當有人禽之別。其實不只《孟子》與宋明儒，亦多有西方倫理基於這區別，從而建立其倫理學，如康德分別用德文標示為 Wille（立法意志），Willkuer（選擇意念）。英文沒有這兩詞，皆是 will，故 Theodore M. Greene 及 John R. Silber 在其英文翻譯本中把 Willkuer 先定為選擇能力（power to choose between alternatives），文中遇有這選擇能力時，乃以英文 will 後加 w 來表示之，w 即 Willkuer，即意念，而與作為立法意志作區別，見 I. Kant, *Religion within the Limits of Reason Alone*, trans. T. M. Greene and H. H. Hudson (New York: Harper & Row, 1960). 為何東西哲學家都有同樣的表示？主因是孟子與康德等進行概念思維時，乃需圈定了特定意涵而與其它概念相間隔，然後才能進行說明；故當孟子以本心規定其至善能力後，自會與涉惡的概念區分，否則無以說明本心之純粹性，故需再以其它概念說明人之惡，遂有本心、人心之別。有關《孟子》中心之兩義之說明，亦見陳士誠（2014）：〈從決意、道德秩序與心、理關係論《孟子》倫理學論證之問題〉，頁 174-180。此文只泛泛地略提及心有兩義之說，未能對此有確解，詳細說明請參考本文。就兩義之說明言，本文基本上是足夠的，但若就兩義之統一言，筆者承認還有努力之空間。

> 詖辭知其所蔽……生於其心，害於其政。[86]

此不及人之心不會是本心義，因本心之概念中沒有所謂若人或不若人，乃純善之普遍能力，人皆有之，只表人在道德能力上的平等義。然此不若人之心，其所以不若人，非其本性不若人，乃其取舍不若人。人在取舍中做了違逆本心之選擇，其動機之心卽不若善者，人之心在此卽可比較。然人當然知其惡，說不知只是藉口，人心有惡，人卽在本心下知之中可後悔而改之。惡之所由，乃出於人之取舍，此謂生於其心，人如是取舍，則責其價值動機不若人，歸於心之決定，故孟子又云：

> 作於其心，害於其事；作於其事，害於其政。[87]

在概念理解言，此心非表良心，反而是，良心在作惡中被人所放失者，故孟子說，人有雞放失知求之，而放失本心而不知求，諷人不知輕重：

> 人有雞犬放，則知求之；有放心，而不知求。[88]

此所謂放心，不是現代人所謂安心，而是放失之意，也卽操

---

[86] 朱熹撰（1983）：《四書章句集註》《孟子集注‧公孫丑上》，頁 232-233。

[87] 朱熹撰（1983）：《四書章句集註》《孟子集注‧滕文公上》，頁 272。

[88] 朱熹撰（1983）：《四書章句集註》《孟子集注‧告子上》，頁 334。

存舍亡之舍棄；放心，卽放失自己良心本心，孟子有云：

> 其所以放其良心者，亦猶斧斤之於木也，旦旦而伐之，可
> 以為美乎？[89]

良心為人所放失，不是消失或變成虛無，不見了，只是如把放到水中陷溺於水下，視而不見，故亦有云：

> 富歲，子弟多賴；凶歲，子弟多暴，非天之降才爾殊也，
> 其所以陷溺其心者然也。[90]

本心人皆有之，人之為惡，不是沒有本心，或本心各有不同，反而是：本有此普遍的道德心，但人卻陷溺之，放失之，使之舍亡掉。假若人早先被設想為沒有這道德本心，而道德本心既已被設想為善之根源，而人在缺此根源下，對他進行倫理批判也根本不成立。說人沒有本心，或把本心良心放失者，不意謂什麼，乃只表示人在取舍中舍棄了；人儘管可操而存，但人在此決意於違逆本心，則可舍而亡；取舍如此，其本心卽所謂舍亡，舍亡只因人之取舍而舍亡。

當人責我為惡的，已暗示了我是惡行之主事者，在此意義下，我是惡者，我才能承其責，以我之惡行總由我之決定來評價，由我所決定，惡行才從屬於我，我才應承責。孟子所言人自

89　朱熹撰（1983）：《四書章句集註》《孟子集注・告子上》，頁331。
90　同前引，頁329。

己之自我，在古典上有其根據，卽《詩》與《書》。

十二、《孟子》人自己之古典根據
及其倫理學結構——得己與自暴自棄

此孟子之思想來自何處？乃值深究之問題。最古典之來源，比孔子更早的《詩經》與《尚書》：

> 《詩》云：「永言配命，自求，多福。」[91]

自，是自己的自，自求才有福，因而福乃在人自求下而來。又在同章亦說禍由人自己而起：

> 〈太甲〉曰：「天作孽，猶可違；自作孽，不可活」。此之謂也。[92]

在〈公孫丑上〉，又把兩句合而言之：

> 《詩》云：「永言配命，自求，多福」，〈太甲〉曰：「天作孽，猶可違；自作孽，不可活。」[93]

---

[91]　朱熹撰（1983）：《四書章句集註》《孟子集注・離婁上》，頁278。
[92]　朱熹撰（1983）：《四書章句集註》《孟子集注・離婁上》，頁280。
[93]　朱熹撰（1983）：《四書章句集註》《孟子集注・公孫丑上》，頁236。

禍福皆由人自己，而非西方所言屬自然的惡，亦非上帝降下的天災，故無涉神明。禍福之到來，不是別的，正是人自己，乃即是禍福之造成者，禍福乃結穴於人自己，故孟子在此之前即已有云：

> 今國家閒暇，及是時，般樂怠敖，是自求禍也。禍福無不
> 自己求之者。

在孟子，禍福乃與仁或不仁有因果之必然關連，仁則福，不仁則禍：「天子不仁，不保四海……士庶人不仁，不保四體」，[94]既然如此，即可從禍福說善與不善，也即是，禍是人之不仁所致者，無關天災；反之，福乃藉其仁而來者，不涉神明。進而可以說，禍、福與善、惡，乃人所自求而致者，人即被理解為其中的最終主事者。

然而，孟子雖有受《詩》、《書》之啟發，但卻非抄襲，而在一道德意識中承傳了其中的人自我之概念。在經典詮釋言，他本乃自主於承傳此，這在他引用《書》〈泰誓〉時即可知之，把自我之概念放入其中，變成：

> ……其助上帝，寵之四方。有罪無罪，惟我在，天下曷敢
> 有越厥志？[95]

---

[94]　朱熹撰（1983）：《四書章句集註》《孟子集注・離婁上》，頁 277。

[95]　同前引，朱熹撰（1983）：《四書章句集註》《孟子集注・梁惠王上》，頁 215。參考陳士誠（2014）：〈從決意、道德秩序與心、理關

　　此與今本之差別在於孟子所引，在「有罪無罪」後有「惟我在」三字，而今日流行〈泰誓〉本卻無。[96]「惟我在」，乃是說君王自己，而非由他人或神明等，決定有罪無罪，也即君王雖助上帝，但仍負起成敗之責，旣承責，則天下莫敢逆其志。這當然強烈顯示孟子對自我概念之重視，乃是一個統合相反對立（有罪與無罪）之概念。轉到倫理問題，自我乃統合禍福之概念，統合善與不善之整全概念，即人自己。若把本心本性之善視為人之本己，人之惡只是邊陲的，這其實未見到人的整全面貌。在整全的人中，人旣是貴己而得己者，亦是自暴而自棄者。我是取舍善惡之人，善是我的善，惡當然亦是我的惡。

　　人取舍於本心而有善惡。孟子學有被視為心學，然心是人之心，有為惡之心，亦必須從屬某人，才能責之。君王施政不仁，不仁自屬於他，只有在這屬己性下，才能責之：

　　　　人死，則曰：「非我也，歲也」，是何異於刺人而殺之，
　　　　曰：「非我也，兵也。」[97]

　　係論《孟子》倫理學論證之問題〉，頁 179。在此文，筆者以道德能力解「惟我在」之自我概念基本上是不恰當的，應依本文以統一性自我、整全者以解釋「惟我在」之我。

[96] 有關孟子引用經典之方法，請參看黃俊傑（2008）：〈孟子運用經的脈絡及其解經方法〉，頁 165-182。黃俊傑指出孟子有兩運用經典之方法，即確認與指示，另主張孟子在運用經典時有脫逸之狀況（頁 167-169）。另外，又指出孟子在解讀經典時有追溯化與脈絡化兩種方法。

[97] 朱熹撰（1983）：《四書章句集註》《孟子集注・梁惠王上》，頁204。

　　把人民餓死，卻推給天災，乃是典型把責任推諉之藉口——
做成禍害的不是我，而是他者，如天災；以刀殺人，殺人者亦不
是我，而是那刺進其身之刀。此說乃直指責任之屬己性，惡行屬
我，則我必需承擔其責。然人之善亦在屬己中成為可能，善必定
是某人的善，此以自我表之：

　　　　仁義禮智，非由外鑠我也，我固有之也。[98]

又曰：

　　　　心之官則思……，此天之所與我者。[99]

　　欲貴（善）源自人所同之心，此心為人所有，這是本心之屬
己性：

　　　　欲貴者，人之同心也。人人有貴於己者，弗思耳。[100]

　　人在艱困中仍持志為先，如是卽是自己之所貴者，卽是得
己：

　　　　窮不失義，故士得己焉。[101]

---

[98] 朱熹撰（1983）：《四書章句集註》《孟子集注・告子上》，頁328。

[99] 朱熹撰（1983）：《四書章句集註》《孟子集注・告子上》，頁335。

[100] 朱熹撰（1983）：《四書章句集註》《孟子集注・告子上》，頁336。

因而人之自我乃在不失義中保持，因而人之自己乃在貴己得己中所言者。

人自我之概念，在倫理上旣包含本心與不若人之心，兩者皆屬己，因而它是個包含兩者之整全概念。人有本心，能貴己而得己；亦有不若人之心，兩者同為人之可能性。因而，當人為惡時，乃謂人自己放棄了自己，卽是說，人自我否定自我，孟子稱之曰自暴自棄：

> 自暴者，不可與有言也；自棄者，不可與有為也。言非禮義，謂之自暴也；吾身不能居仁由義，謂之自棄也。[102]

自暴自棄，卽謂人自己舍棄其本心為惡，否定了自己。善惡皆是屬己的，統一整全的人中：善惡皆是我的——我順本心，則為貴己而得己者善；我舍本心，則自暴而自棄為惡。就此而言，孟子更進一步揭示出人在善惡中的自我結構，也卽是，人是一整全者，善惡皆統一其中。

十三、結語

本文詮釋出孟子文本於關於人決意自主之理解，此在一與西方相關哲學觀點的比較中進行，其目的非透過其說來支持孟子學，反而是，證成孟子早先於他們揭示出決意自主之概念所蘊涵

---

101 朱熹撰（1983）：《四書章句集註》《孟子集注·盡心上》，頁351。

102 朱熹撰（1983）：《四書章句集註》《孟子集注·離婁上》，頁281。

者，這是本文之目的。其中內容乃證成孟子如何在道德取捨論人之概念，人自己因取捨而成為貴己或暴己者，人卽是在其本心下決意是否順逆之之自我。奧古斯汀之自由意志或康德之自由意念，因學術語言表達較近於當代，而且是專題論述，其清楚明白度無庸致疑，但皆未達到孟子上述人自我之概念。人誤以為這些概念由他們所先發，本文基本上推翻了這種看法。牟宗三是最早主張孟子心學卽是一康德式自律倫理學，且在道德情感之理解有所超越，其良知之概念，藉立法者同時是行動者，以證成人本心良知在道德意識上最根源的行動者。這方面論述已多，本文不就此詳說。但就人在倫理之整全上來說，這立法者概念並不足夠，因為作為立法者，良知並不選擇，而人之惡只在其決意自主中可能，故在說明人之惡如何可能一問題之必然性中，這不能單依良知之概念來達成。此亦不能單就氣質影響說，因影響乃被動性，從而未能說明歸責基於其上的人自主為惡之決意概念。這問題之解決，在臺灣多傾向以感性氣稟之影響來說明人如何偏離良知而為惡；另有少部分以決意自由來說明，關於此，各執一詞。在本文，一方面視氣質稟賦作為惡行為之發生的誘發因，提供人在決意之動機，從而在人之倫理生活世界之存在者領域上尋得惡之誘發來源，以明其在決意中偏離本心之道德動機。但此誘發因概念乃與作為決意自主之歸責因有所區別，而且必須在這歸責因之概念中才能取得倫理學意義。對歸責因概念之證立，乃可從孟子論人之取捨以及人之自暴自棄中所確立之作惡者概念來奠基——由於人自己卽作惡者，故他卽是承擔其惡之歸責因。人之氣稟作為誘發因，與人因其取捨而來的歸責因，成為說明人之善惡兩個重要概念。當這問題架構及解答確立，卽可知援用康德哲學而主張

儒學沒有決意自主之鄧曉芒之說，只不過是無根據的立場宣示；而袁保新藉海德格之自由選擇以明孟子，亦是不恰當的比附，以海德格錯誤把沉淪視為非本己，其自由選擇又與歸責無關而非倫理學的。這反映出學界不先在自家文本中尋求哲學資源，汲汲於求取外援之失。在證立孟學之決意自主中，同時也證立了孟學相比於西哲，乃站在一領先的高度上。

第肆篇
孟子本心倫理學之研究
——從規範之法理根據看[*]

摘　要

　　告子相對人性論在常識層次上傷害孟子的普遍人性論，但在本文於其中的分析也澄清了這普遍人性論中對人在其道德行為自身中的規範責承與可歸責性之概念。在其倫理學理解中，孟子在主觀性上證立了本心之普遍能力之先行理解，在客觀性上證立了共同人性之必然性，藉此也即解決了規範之責承與其可歸責性如何可能一問題。另外，本文亦證立了愉悅理義之道德情感乃是理解規範責承如何可能之先驗條件，從而充分地說明了孟子之本心概念、人性以及情感三個重要概念。

關鍵詞：一本、自主性、法理、責承、可歸責性

---

*　本文之研究與撰寫乃在科技部專題研究計劃（MOST 104-2410-H-343-013- 以及 MOST 103-2410-H-343-010-）之支持下完成，在此謹表由衷的感謝。

一、問題之說明

　　孟子選擇義自由之概念已在第叁與伍篇中有所說明，其中也略說明了本心之概念，因為人之惡善乃從或順或逆本心之決意來理解，所以本心之概念須先被說明者，否則也根本沒有所謂本心之順或逆。在本篇中則以專題揭示此概念，它被理解為提供判斷人之善惡，以及行善去惡在主體上的最上條件，沒有它，〈論一〉所言之決意取舍之道德抉擇即成一買菜式的冷漠自由（freedom of indifference）。撰寫本文之原初目的即是要說明此。

　　孟子主張仁義禮智，此所謂理義，乃根於本心，因而為證立本心良知，也可從其理義來着手，西哲康德卽是如此：以道德法則之普遍性為前提，追問意志之特性以證立其立法之自由：

> 因此，一個意志，對它而言，只有這格言之純然立法形式（die bloße gesetzgebende Form）才能充作道德法則，乃一個自由的意志。[1]

　　所謂立法形式乃指對規範之可普遍化之要求；一個意志若只採用那合法則性之規範時，則它卽可被視為自由的；由是，倫理

---

[1]　I. Kant: KpV, V, S. 29. 在當代新儒學之研究中，普遍道德規範被視之為本心主體所制定之形式法則（formal law），以立法（legislation）之概念，說明與主體之關係。此見李明輝（1990）：《儒家與康德》，前三章尤其重要〈儒家與自律道德〉，頁 11 以下，〈孟子與康德的自律倫理學〉，頁 47 以下，以及〈再論孟子的自律倫理學〉，頁 81-104。

學上之自由即透過這立法形式，也即是說，透過自律之概念被證立。可普遍化要求乃是理性追求無條件之邏輯作用，只是應用在倫理問題上即成為對規範提供理由之追尋，當它可視為可普遍化時，也即被理解為一在理性上可接受的規範，從而即可視為合法則的，否則一個不可普遍化的規範只能算個人之意見：如盜竊他人財物乃一不可要求普遍化者，因無合法則性而不能視為一道德的格言。把可普遍化視為道德規範之立法形式乃是康德之發明，然若用在儒家，有其困難處，因為孟子雖把道德價值從本心之主體上說明，因缺乏如康德般的理性邏輯之傳統故，因而並無這可普遍化要求之理性形式，而是從在早已承認了的倫理生活中所表示的具體格言，如事父敬兄等，與人之道德主體關連起來。本心雖是道德價值奠基其上的主體，但不是康德所謂理性，孟子並未以作為普遍性要求之立法形式去建立規範與本心之關係，而是就當下承認的道德規範，由本心說明其在主體上的合法性。然而，孟子是如何在西方理性邏輯外以本心之道德主體與道德規範間之連結說明人之道德性，乃是本篇所首要揭示者，揭示之即可明本心在人之決意自主中之角色以回應〈論一〉。

　　本書所建構對孟子之詮釋，乃是一個能說明普遍規範之承責與對後果歸責之倫理學系統；在這系統中，沒有規範之責承，歸責是盲目的；沒有歸責，規範其實無所責承者。[2]孟子倫理學之

---

[2]　首先，在本文中，倫理義務（仁、義等普遍規範，或所謂責承）與歸責之關係，不管在對告子人性論觀點，抑或對本心概念之分析，甚至在全文範圍內，它都是論證成立之倫理學基礎。開啟對《孟子》從概念系統地研究，應始於當代新儒家，尤其是牟宗三之《心體與性體》，及後來的《圓善論》。其詮釋之主軸，即是以普遍義務（理義）以及其所從出

證立乃在規範責承與歸責之相互關係中揭示人之本心概念。人做了一道德上的惡事須被歸責，依此，在本書中所謂人也者可先理解為一道德上可責承之行為者，只有如是設想時，指控人為惡並對其歸責之概念才能成立，因為若不先行假定人乃可責承者，則指他為惡或歸責他，也根本無意義。然而，人之可責承又如何被設想？它之所以能被設想為可能，乃需在人性上有某種先行理

之本心為說明基礎，也即仁義內在之說。其理由也不難解，依《心體與性體》之說法，理之所以為理，乃需在本心之核對上才有可能。進一步補強這說法的，可參考李明輝（1990）：《儒家與康德》，頁 55-58。以義務為詮釋原則之研究，儘管有巨大成就，但歸責概念乃與義務為雙生的概念，此概念在孟子倫理學論證中，乃扮演重要角色。中文的責任一詞，一般而言，同時包涵了義務（理義、普遍規範之責承）與及歸責（在此責承下對後果承擔責任）兩義。在英文，兩者可藉不同字詞表達，duty 乃指義務責承，指普遍規範之規定，而 responsibility 乃指後果之承擔。在中文，我們說有責任於善待父母，有責任於造福人群等，是這詞之義務責承義，如孟子之理義，此一規範之規定，非對後果而言。若說我們有承擔責任於過失，且改正之，是這詞從後果言之歸責，而非先行的規範責承。故本文之用詞，責承一詞乃表義務，指仁義、理義等之倫理上的普遍規範。而歸責乃指對後果之承擔——對自己違反義務之行為，甚至只在心中的動機上有違反之意思，承擔與改過。之所以要作這區別，除因為規範責承與結果歸責在概念上原是有別，亦由於在分析倫理現象時，在這兩概念間之緊密支持下，才有可能，不可混淆為一。這兩概念乃互相支持：所謂規範之概念，乃隱含在違反規範之先行責承下要求對後果歸責之；沒有這可能的歸責概念，規範無所謂責承而只是些建議，沒有約束力；故規範之有約束力，必定包含了歸責之可能性。然而，人在可能歸責中也需以規範之責承為前提；沒有先行的責承，則無準則以別順逆，故亦無謂對後果歸責與改過之可言。

解，也卽普遍人性，沒有它，由人之可責承性卽不能被設想。[3]
告子之人性論反對孟子之普遍人性，由以上之先行說明中，卽可
推論在其人性論中未曾設想人在規範上之可責承。以下卽是對告
子人性論之分析，由此分析卽可切入孟子之普遍倫理學之優點所
——它能說明人對道德規範之可責承性與對後果之可歸責性。

　　以下藉分析告子在其孤離的人性論中所遇的困難揭示這承責
與歸責之概念。

---

[3] 本文研究主題，有涉及到《孟子》中義務與歸責。然此問題徐復觀卻藉
《詩》《書》等經學入手，從事對儒學之倫理責任意識之思想史探究，
主要見氏著（2003）：《中國人性論史》。其研究乃從《詩》〈蕩〉中
之天概念而來者——在此詩他見到了周初從天（上帝）到人之轉移的人
文精神。徐氏以為，在〈蕩〉中表示文王「實已代替上帝在那裏發號施
令」。徐復觀之說，意謂然文王展示天之興發力，人乃是天之代表，因
而文王之為聖王，非天降之，而是作為天之代表；故其成敗，乃需由王
文本人承擔。人之憂患意識乃由此而來，天之隱退，這表示人自己對行
為後果責任承擔之概念。思想史上，文王之憂患，乃因脫離了天，而必
須自己面對成敗，故「……憂患心理的形成，乃是從當事者對吉凶成敗
的深思熟考而來的遠見……發現了吉凶成敗與當事者行為的密切關係，
及當事者在行為上所應負的責任……也卽是精神上開始有了人地自覺的
表現」（頁 20-21）。若以天之信仰為中心，則「把一切問題的責任交
給於神，此時不會發生憂患意識；而此時的信心，乃是對神的信心。只
有自己擔當起問題的責任時，才有憂患意識」（頁 21）。但徐氏之說
明，對論證中國文化中的責任意識之起源，根據頗弱。其實責任意識之
開啟，孟子在〈公孫丑〉透過《詩・文王》與《尚書・太甲》之合引，
從禍福皆匯聚在人之作為中，詮釋出使可歸責者之自我概念。此詳細討
論見拙作（2014）：〈從決意、道德秩序與心、理關係論《孟子》倫理
學論證之問題〉。

二、告子孤離的人性論之困難

公都子引告子之言：「性無善無不善也」[4]，這是告子論人性之大原則，隨之對這原則在兩個「或曰」中說明其性無善無惡之說：

> 或曰：「性，可以為善，可以為不善；是故文武興，則民好善，幽厲興，則民好暴」。或曰：「有性善，有性不善，是故以堯為君，而有象，以瞽瞍為父，而有舜，以紂為兄之子，且以為君，而有微子啟、王子比干。今曰性善，然則彼皆非與？」[5]

由性說善與惡，而性或由政治環境決定，或由其本性之先行歸類來說決定，此即告子兩個「或曰」所表示之內涵。第一個「或曰」指人無定然之性：人對善惡均有所好，可好善，可好惡，因為人性乃隨其所遇之政治環境而或好善或好惡。此「好」，乃喜好、愛好之好，人由其所喜好以決定其性，而其所喜好者則受所遇之政治環境所決定，人性亦隨其所喜好之不同，

---

[4] 朱熹撰（1983）：《四書章句集註》《孟子集注・告子上》，頁 328。本文之《四書》出自臺北：鵝湖，民 73 年。

[5] 朱熹撰（1983）：《四書章句集註》《孟子集注・告子上》，頁 328。告子在湍水、杞柳等喻，與後來透過公都子直說人隨環境有善惡、人天生有善惡，論證上是有差異，主要理由或許是在《孟子》中的告子，其所論非是建立其完整的人性論，只是在與孟子之論辯中，他是進攻者，故為駁倒孟子，以不同卻不盡協調的說法發動攻擊，應屬可理解，因為只要有一個論點是孟子無法回答，告子即可算成功。

而為或善或惡者。依此，告子以人之好定人之性，故其性乃不固定者，此即其人性不確定性之說。[6]既不確定，即無普遍人性──無孟子所謂固有的性善。

在第二「或曰」中表示人性被分類；即有些人，天生性善，有些人天生性不善：「或曰：『有性善，有性不善；是故，以堯為君，而有象，以瞽瞍為父，而有舜』」。在此說下，究竟誰有

---

[6] 本文藉孟子對告子之批判，透視其人性論。然為論說的流暢，重要討論放在正文，較次要的在註腳中討論如下。告子對人性論之辯可分為二類1. 表告子對人性之真實看法，即人性不確定，此章開首時湍水喻即屬此類：「人性之無分於善不善也，猶水之無分於東西也」，此與上文「文武興，則民好善，幽厲興，則民好暴」，邏輯完全一樣──隨外在環境而變。2. 涉語言陷阱，如杞柳論。有把杞柳喻視作湍水喻，皆是告子從材質理解人性之說。（見牟宗三（1985）：《圓善論》，臺北：臺灣學生書局，1985 年，頁 5-12）其實兩者所說不同，湍水喻表示人性不確定性，杞柳喻卻涉及告子以詭辯設陷阱給孟子，純是詭辯之論：「性，猶杞柳也；義，猶桮棬也。以人性為仁義，猶以杞柳為桮棬」，在此，告子據「杞柳為桮棬」之非，以說「以人性為仁義」之非。就此推論而言，乃合理者，但孟子雖亦主張「杞柳為桮棬」之非，但卻批「以人性為仁義」之非。兩人乃據同一個前提：「杞柳為桮棬」之非，卻得出相反之結論：告子先把本來就異質的杞柳與桮棬，喻加在孟子不視之為異質的人性與仁義之中，然後即以「杞柳為桮棬」之非，以推「以人性為仁義」之非。其詭辯處在於他自己先製造一個假命題「杞柳為桮棬」，然後把這假命題喻作人性與仁義之關係，則孟子之主張「人性為仁義」便自然須被視為一假命題，否則便有「杞柳為桮棬」之誤。但孟子思路清晰，一開始即主張杞柳與桮棬為異質，從頭到尾即不承認這假命題，由此更不承認由這假命題比喻到的「人性為仁義」為假。「生之謂性」亦屬語言陷阱類，不過是孟子設給告子，此中分析見徐復觀（2003）：《中國人性論史》，頁 189，於此，徐氏乃從命題之主謂詞關係而論，而非如牟宗三從該命題之材質義來理解。

性善，誰有性不善（惡），乃不確定而隨意者，大抵依古代相傳下來的說法而定之。但人性在分類後就給與定然之性：或善性或惡性：把古代聖王堯、舜視為性善，其相反者，卽瞽瞍與象，則視為性惡者。此說謂人性在分類後為定然，有近古印度之種姓說。依此說，有些人性善，有些人性惡，卽謂無普遍人性；從對普遍人性之否定而言，則亦可推知，人性並無普遍善惡可言，也卽，人性也只就分類上的差異言，如犬馬之不同。因此，不管主張第一「或曰」：人無定然之性，或主張第二「或曰」：告子只從類上理解人性而無普遍人性，皆可導出告子段首所云：人性無善無惡之不確定說。[7]

　　依孟子，告子此等否定普遍人性論最大困難卽在於：它無法說明人在普遍的道德規範與歸責之問題。這可分兩個層面說，其一、幽厲之民與瞽瞍等，在缺普遍人性而隨環境而變，卽暗示人於善惡無自主性；其二、不能設想道德規範為普遍地有效；這兩

---

[7]　馮友蘭（1991）：《中國哲學史新編2》，頁85。馮氏在此輕輕提及兩個「或曰」可能出處之問題，第一個或曰可能出自世碩，第二或曰可能出自宓子賤之說。馮氏憶測語，不可盡信也。在《孟子》文本，兩個「或曰」明白的是對告子之性無善無不善之進一步說明。關此文本，牟宗三以為告子持三說：1. 性無善無不善；2. 性可以為善可以為不善；3. 性有善有不善。見《圓善論》，頁 20 以下。筆者主張告子持一說，其中兩個「或曰」只不過提供此「性無善無不善」之論證。筆者之理由是，2.與 3.兩論皆可引導至性無善無不善，這是告子之根本主張，也卽是杞柳之喻與湍水之喻所表示者。兩個「或曰」所說的：性可以為善可以為不善以及性有善有不善，只是公都子用來強化告子性無善惡之說，以質疑孟子性善論。

個層面均可導致不能設想人對其行為歸責。[8]首先，第一個「或曰」中所說人隨政治環境而轉的人性不確定：若「文武興，則民好善，幽厲興，則民好暴」，則因為人性之好，旣隨幽厲而惡，表示人不能被設想為有自主能力，人乃只是政治環境之被決定者，故此人根本不能被設想為能對倫理上如何判斷善與或惡能有自主決定——人早已被設想為一個被決定者，旣被決定，卽無自主性可言；人若不能自主決定何者為善，何者為惡，則他人也不能歸責於他，也不能有所謂醒覺而改過。以上是從主觀能力上批判，以下則從客觀的規範上批判。

　　當人性只隨政治環境所決定，而環境有不同，亦不斷改變，故也根本否定於另一政治環境亦可有效的規範。在告子之理解中，一個規範只對某族群有效，對另一族群卻無效，因而，族群間也根本不能有任何倫理上的溝通，例如文武下的族群性善，不能要求幽厲下的族群什麼，因為他們之間在告子之理解下斷離了。在此，人若要追求一跨政治的善惡，卽成不可能。由是，在告子理解下，卽難言族群間在善惡上的溝通與批判，而善與惡乃只能是在族群政治下的行規或家法而已。這當然與我們現時理解

---

[8] 自主性（autonomy）在本文之意涵多取牟宗三先生在《牟宗三先生全集五》頁 90 中所云核對之概念：理之為理，乃由本心所核對才能成為理。本心自定方向，自定價值，理之為理乃需由本心所認定，就算是天帝之命亦如是。此卽牟先生性體之卽存有卽活動義，從孟子「義內」所詮釋出來者：理之為本心所規定，而不是由理規定本心。牟先生此說偏向 autonomy 一詞之立法義，但此詞實有更廣的意涵，因為就人之取惡而言，亦可說其自主而為，但卻非立法義，而是抉擇義。編委以為牟氏並無主張告子三說皆人性分類說。筆者同意編委看法，然在文中筆者只主張牟氏以為告子持三說，非涉告子本身。

的倫理學格格不入，我們可以批判納粹德國之殘暴乃基於普遍人性中，如不可殺害無辜者，不得以族群差異為藉口免責。

　　第二個「或曰」所至之難，其結構與前者同。人性既分堯（性善）與瞽瞍（性惡）二類，如本性既被歸類為惡，則一如幽厲之民，瞽瞍只有惡一途而根本沒能力於善惡之決定者，則無人能歸責並要求其改過者。因若沒有決定善惡之能力，而天生就被視為惡者，在概念上卽難以被指責為惡，因其性本如此，無可指責故。例如虎以其本性殺人，根本無惡可言，只是在結果上對人有害，這與孟子所言的在道德上的人性本善，乃不同的兩事。若要能指責人為惡，其中要求的更多——要求可自主於決定何者為善，何者為惡，並能實踐之之普遍能力，依此能力，如是人可被評為或善或惡，進而被歸責，才是可理解的。故對人之道德評價以及人藉此而成為可歸責者，乃是以知善知惡以及為善去惡之普遍能力為前提，而不能把這能力窄化為某族群所有，否則這被想為有這能力的族群也不能以此評價及歸責另一族群。告子之說卽患有這窄化的毛病，他把瞽瞍、象歸屬到惡類上，把堯歸屬到善類上，則在已歸屬到惡類的瞽瞍，也根本不需接受善類的準則，因不同類故，如馬類不接受犬類的準則。被歸為善類者若要批判瞽瞍、象，要其承擔義務或歸責之，也必須先視他們有共同人性，有著共同規範為前提，否則何解要他們遵守他們本不屬其中的規範？也卽是說，倫理上的評價與歸責乃以普遍人性為前提，而這所謂普遍者，乃意謂平等，堯舜與瞽瞍、象皆平等地有此善性。現瞽瞍、象早被分類為惡，其性與堯為不同類，他們之間沒有普遍人性，因而在這不公平下，道德評價與批判要施於他們任一方，本身也根本不能成立。

在告子這兩「或曰」中對人性之理解，在主觀上否定了人決定善惡之普遍能力，在客觀上否定了普遍規範之可能性，從而不能說明人如何能在道德上評價與歸責。要說明此，必須先說明：倫理地必須先行設想人可由自己決定善與惡並能實踐之，卽設想人決定道德善惡之自主性。這自主性卽是本心之自主性，本心乃是仁義禮智基於其上者，也卽規範之可能性奠基其上的主體，只在其中，人之可歸責性卽可被設想為可能。因而，這本心之自主性，卽可稱之為意志之立法自主。

三、本心之證立奠基在說明
人在道德上的可歸責性

告子在人性之辯中只論性，未論心，其說乃主張由善惡理解人性，善惡若不確定，人性卽不確定，人性是被善惡所決定者。反之，孟子則以本心決定理義，由順逆理義說善或惡，因而善惡乃被決定者，決定者是本心。本心決定理義，卽所謂仁義禮智根於心是：

> 君子所性，仁義禮智根於心。[9]

由此以心與理義之關係說性，然在這關係中，心之第一義乃表示道德能力於理義，卽以「可以為善」來理解，這「可以為善」之「可」，乃能力義，謂本心之能力足以為善，卽是以本心

9　朱熹撰（1983）：《四書章句集註》《孟子集注・盡心上》，頁355。

之倫理能力說明人之性善,在回應告子之人性論中即云:

> 乃若其情,則可以為善矣,乃所謂善也。[10]

故此,孟子性善,乃表人有能力於善。孟子不只於此說,而且人之不善,不是人之才能不及,故馬上說:「若夫為不善,非才之罪也」,因而,人之為不善,其因不是本心能力不足所引致,此即謂人之本心乃人之充足的道德能力。[11]不只充足,還是普遍的,因這能力乃是人皆有之的四端本心,續云:

> 惻隱之心,人皆有之;……是非之心,人皆有之。

合而言之,這本心,乃一於道德理義的充足而普遍的道德能力——非某個出自天才的能力,亦非出自受天所鍾愛者獨有的能力,[12]而是及於你我,以致所有人的能力,此能力對所有人平等

10　朱熹撰(1983):《四書章句集註》《孟子集注·告子上》,頁 328。

11　參看李明輝批評陳大齊把「可以為善」視為人性向善之說。見氏著(1994):《康德倫理學與孟子道德思考之重建》,臺北:中研院文哲所印行,頁 106-107。筆者之能力說,並非李教授所批評陳大齊的人性向善,而是以本心能力,說明規範與歸責如何可能之先天條件。李亦有批判把本心看成本能之說。在《孟子》詮釋中,譚宇權把本心看成思辯是非善惡之能力,把人同此心看成生物本能,見氏著(1995):《孟子學術思想評論》,頁 137。

12　本心概念,依孟子倫理學之論說邏輯,不需要天之概念,即可說明理義責承與歸責這兩個倫理學之概念。天與孟子之關係,在思想史上有地位,但在概念分析為主的孟子倫理學研究,其地位乃屬次要。其原因在於,孟子之倫理學,就算在天概念之缺如下,亦可自成一系統:也即

無差。因為若把某些人歸類在能力上有所不足者，或有些人有，有些人沒有，則這力有不足或能力缺如者，在倫理觀點上，如對告子人性分類之批判中所表示，根本不能被評價與批判。但孟子卻以為無人缺本心或力有不及者，故云：

> 無惻隱之心，非人也；……無是非之心，非人也。[13]

然則孟子又何以知惻隱之心乃人皆有之者？何以知未生者或已死之人，遠方不認識或甚至最親近的人皆有此心？要說明此，乃需作出一倫理學解析，如下。若說人有本心之有，乃謂如人有錢財之有，則孟子實不能說人皆有之，因這擁有之有乃實證的問題。孟子不會且也不能實證此，因這需在不斷地檢查中才能實證，這也根本做不到。然此孟子所謂有，若從法理上說明，則不難理解，因為若非以人皆有此心為前提，則人也根本不能進行評價及要人倫理地承擔後果之責任，也即，評價與歸責之概念已假定了此作為普遍的道德能力之本心概念。歸責所預設的規範之責成乃一普遍性的表示，而這規範之責承乃依於本心者，上文所謂「仁義禮智根於心」是。孟子言仁義之規範，其普遍性非如康德之定言令式般乃基於理性對其中的可普遍化之形式性要求，而是

是，不需天概念之助，單依本心概念之分析，由義務責承與歸責所建立的倫理學理解即可成立。因而，天概念儘管在《孟子》中時有被提及，但在本文之詮釋中並無角色。此想法見勞思光（1968）：《中國哲學史》，頁7。

[13] 朱熹撰（1983）：《四書章句集註》《孟子集注・公孫丑上》，頁237。

在以這規範根源自本心，而本心又是人皆有之從而證立此規範概念在本心上的主體性根基，沒有這本心之道德主體之概念，人根本不能進行道德評價與歸責批判。因而，在孟子中，道德歸責乃預設本心奠基道德規範之普遍能力，因而，要說明此道德歸責，乃是要解明這本心之概念。因而，本文對本心概念之證立乃在規範與歸責之概念進行先驗分析所致者。

在道德歸責中，卽暗示在法理上早已承認了人於善與惡的道德規範的普遍能力——知仁行義之普遍的道德能力——本心。若說自己在倫理上無知與無能，其實是藉口，乃賊者，故有云：「吾君不能謂之賊」[14]。這能力概念乃表理義（普遍規範）之主體性條件：人沒有理由被責承於自己能力以外之規範，此表示應該包涵能夠。何解應該與能夠總被認為相應着者？此在揭示本人之倫理學結構卽可解明：因理義根於心，理義既由心所決定，理義卽由心所實踐之，而若心決定一自己能力以外者，則這決定之要求乃與決定者不相應，這卽表一自我衝突。然而，應然與能力總相應著，只因為本心作為道德能力乃同時卽是決定應該與不應該之立法者，立法者與實踐者乃同一主體，因而，應該包涵能夠乃以本心之立法與實踐間之同一為其主體性條件。因而，在實踐規範之能力概念卽與規範之立法概念在本心之主體獲得了統一，這卽是應該包涵能夠在道德主體上的先天證成，否則此說卽成為不可解。於此，孟子在仁義禮智根於心外以同一本心之概念說明這道德能力，這卽是對不為與不能之著名區分之說明上：

---

[14] 朱熹撰（1983）：《四書章句集註》《孟子集注·離婁上》，頁277。

曰：「不為者與不能者之形，何以異？」曰：「挾太山以超北海，語人曰：『我不能』，是誠不能也；為長者折枝，語人曰：『我不能』，是不為也，非不能也。故王之不王，非挾太山以超北海之類也；王之不王，是折枝之類也。」[15]

　　孟子在此是對齊宣王說君王之道，似屬政治，但孟子時，倫理與政治乃屬同一問題，皆以仁與不仁而論。[16]孟子在此不是討論某件朝政之事，而是說明君王如何以其態度完善其國政；關於此，孟子乃視這態度為一應該包涵能夠之倫理之事，其理由在於：此倫理事屬人之自主範圍，故人決定此事之應為，則必定能為之，人在此有完全之能力；反之，當人說人有能力於此，即表示人於此有決定力。孟子在此區分外部力量大小之能力，與人在倫理道德上願為不願為之能力。孟子之所以有如此之區分，因為就是有人認為君王有能力不足者，即上文孟子所指責者：「吾君不能謂之賊」[17]。君王在朝政上有完全的能力，沒有不能者，引《尚書》之言曰：「有罪無罪，惟我在，天下曷敢有越厥志」[18]，

---

[15]　朱熹撰（1983）：《四書章句集註》《孟子集注・梁惠王上》，頁209。

[16]　朱熹撰（1983）：《四書章句集註》《孟子集注・離婁上》有云：「天子不仁，不保四海；諸侯不仁，不保社稷；卿大夫不仁，不保宗廟；士庶人不仁，不保四體。今惡死亡，而樂不仁，是猶惡醉而強酒」（頁277）。

[17]　朱熹撰（1983）：《四書章句集註》《孟子集注・離婁上》，頁277。

[18]　朱熹撰（1983）：《四書章句集註》《孟子集注・梁惠王下》，頁215。

而這君王之事，倫理地觀之，就如為長者徐行折枝之態度，只要願意即可達成者，以徐折枝乃由願此之人所決定者，否則若由他者如上帝所決定，人不必能之。反之，人若能之，即表示此應然者乃由這實踐主體所決定。因為這只涉心志之問題，是願意不願意之態度問題，而這態度乃由人獨立自主地決定者，既決定之，即能之，決定者與能力者乃同一主體。也即是，此人之倫理態度，乃不受制約地依自身之決定而可能者。這與能否挾太山超北海不同，後者是外部力量問題，受到外部事物與自己身體力量多寡所限，不能由人自主地決定，與人之心志態度無必然關係；君王在此不必比其它人更高更強。[19]

　　決定善之仁義與惡之違仁義乃根源自本心之自主，此即表示一立法自主性，與〈論一〉所言之決意自主性不同在於：他作為

---

[19] 編委與評論人以為，即使告子主張食色之性，但並不涵蘊缺乏倫理自主性，如荀子之心知可有自由抉擇之能；又以為如效益主義等亦可有責任（本文之歸責）之概念。然筆者並非探討告子、荀子或效益主義等是否有某些概念或主張，如自由選擇或責任之概念，而是孟子文本對某些概念分析其中的先行理解為何，如文中謂規範之責承乃在人之自主性中才能被理解，它亦是說明歸責之前提條件。至於編委上述主張告子有自主性，筆者之詮釋可充分反駁；而對荀子與效益主義之主張，由於筆者在本文未有論及他們，也只能靜待他人之研究成果。然歸責概念在不同哲學系統，有不同的前提條件，例如在效益主義中，以幸福之後果為前提之論述上，所謂責任，可設定為對幸福追求之失敗上承擔，故可表示為：幸福——責任之架構。依此，效益主義非旨在普遍地說明歸責概念，而只在其系統已設定之前提上而言。在此，歸責概念自然不需要本心概念，但這無礙孟子從另一層次以本心概念說明歸責之可能性。故依此，其它倫理學雖無本心概念，但並不因此而對歸責概念之說明無著力處。

一自主性乃決定善與惡，此在其實踐之能力上卽可證立之自主性；而決意自主性乃在仁義本心決定後選擇順或逆而使可能的善與惡能被理解為從屬於人。因而，這立法自主乃是人能決定善惡之主體性條件，依此道德規範能有合法性；而決意自主乃是在本心之道德意識中能作出順或逆之選擇的主體性條件，依此，善與惡能被理解為可從屬於人。孟子此本心概念中之立法自主卽可正面解決告子人性論所引發的規範承責與後果歸責之問題：幽厲之民，以至所有人，皆有充足的倫理能力擺脫政治環境之影響，因為所謂善與惡，乃由本心之立法自主所決定，而且在決定中卽提供充足能力於其中的實踐上。瞽瞍與象亦不可被歸為性惡（不善）之類，因他亦有本心之能力決定善與惡並實踐之，人不是善惡之追隨者，反而人能決定善惡，否則人根本不能讚許為善，也不能歸責為惡，因為依告子之說，人只被理解為善惡所決定而為善惡之追隨者，他最多是技術上把被給與的善與惡達成的工具而已，也根本不能創生原初的道德價值本身。依此，人本身不能是被歸責者，因為若言歸責，則決定那善惡者才最值得追歸責任，而非那執行者。依此，依告子之人性分類說，是完全不能說明道德評價與歸責之可能性，在此說中，幽厲之民或瞽瞍與象等，好像他們之為惡完全是被動似的，自然發生的，與己無關似的，好像自己不用被歸責。然而，當善與惡之道德評價能施於其上，則必然預設他們有實踐之充分能力，他們旣是善惡之決定者，也是其中的實踐者。因而，立法者與實踐者之同一性乃是這本心概念之根源的表示，只在這本心概念下，人之道德評價與歸責之可能性才能被設想。

　　因而進一步追問：如何理解倫理規範之內在性而普遍性？

四、本心之證立奠基在解決人性外在論之困難

　　告子有「仁內義外」說，但其所謂仁內，於孟子本心言，仍屬外，只有內之名而非孟子仁義禮智根於心之內，故此說仍總歸為人性外在論。告子此說為的是要解釋其「食色，性也」之人性外在論：「食色，性也。仁，內也，非外也；義，外也，非內也」[20]。此食色之說，就算在告子，也非後人所謂情欲之類：食喻仁內，如愛乃內在之好。[21]孟子舉耆炙之美食例反駁：仁是內者非外在，但卻是普遍的。色喻義外，如目所視之物，外在而客觀；孟子主義內，舉年歲例反駁：長馬與長人皆長，人卻敬人不敬馬。故依告子，食之內與色之外即表仁內義外，孟子卻同樣以食色說仁與義皆內，但對義外之反駁中，並未提及義之普遍性，然對其中的說明在《孟子》文本中留到〈烝民〉及美感類比論證

---

[20] 朱熹撰（1983）：《四書章句集註》《孟子集注・告子上》，頁326。

[21] 唐君毅把此「食色」理解成「欲之一自然生命」，見氏著（1989）：《中國哲學原論：原性篇》，頁37。這食色之欲乃可對人之實踐障礙而說：「如人為求自己之食色之欲之滿足，而妨礙及他人之生……即為不善」（頁35）。其實告子所謂「食色」，從根本沒有人欲之意，食表內在感覺，如人愛吾弟不愛秦人之弟，此即倫理私人說；色表義外，彼白而我白之；根本沒有妨礙他人之生的實踐問題。反而是，孟子在〈告子上〉已說口於味乃人之性：「如使口之於味也，其性與人殊……」（《孟子集注・告子上》，頁330）；在〈盡心下〉亦有如是的表示：「口之於味也，……性也，有命焉，君子不謂性也」（《孟子集注・盡心下》，頁369）。故孟子有以口耳目說人之性，此性當屬人之美感之性，而不是倫理之性。孟子從美感之性論耳目口，故這耳目口不以經驗感官而論，此說有別於同章「耳目之官」。

中才能看到。[22]

告子以愛說仁：「吾弟則愛之，秦人之弟則不愛也」[23]，故仁如愛般屬有等差之好惡，故是在內，但卻是私人的。孟子主張仁為內，卻反對私人說，以耆炙之共通性說之：「耆秦人之炙，無以異於耆吾炙」。孟子以耆炙之美感為基礎之類比性反駁，在此辯中，亦無何理由被提出。關於義之外在性，告子舉年長與顏色之喻說明：「彼長而我長之，非有長於我也，猶彼白而我白之，從其白於外也，故謂之外也」。長是年長，年歲長於我者，我以長者稱之，不是說年長者在我之內，如白玉以白稱之，不是有白色在我之內。年長在外，一如白色在外，乃一客觀事實，故人依此事實，不分我的長輩或楚人之長輩，皆以長者稱之，故云：「長楚人之長，亦長吾之長，是以長為悅者也，故謂之外也」。故此年長之稱謂乃表示一由客觀事實決定的規範義，由此決定人之行為——敬與不敬。孟子反對此外在說，因顏色與長者不成比喻：就顏色言，白馬之白，無異於白人之白，這命題乃表

22　編委以為「告子主張所有人的性皆為食色之性，乃生之謂性之性。此乃普遍人性。」，然若主張：食乃所有人皆有，在概念上當然可因人皆有而說它是普遍的；然此說只是共相之概念而已，而非孟子所謂普遍人性。告子所謂食，乃指人各有其口味，只是以食一詞統稱之而已；故其理解之人性，乃只是冠以一詞以統攝各差異者，此即是柏拉圖所言在概念上的普遍性，即一共相之詞而已（雖然柏氏以存在理解）。在對生之謂性之反駁中，孟子即反對以概念普遍性來理解人性：若性如是理解，則牛、犬與人即同性。這概念普遍性乃屬認知性的，而非價值實踐性的；共相只表諸多者之同一，是平面的抽象關係，孟子之普遍人性乃表上與下的規範關係。

23　朱熹撰（1983）：《四書章句集註》《孟子集注·告子上》，頁327。

白卽是白，此是分析地必然的。但長者則不同，長者不只是年歲多少問題，若只是年歲問題，則會混淆長馬與長人：「不識長馬之長也，無以異於長人之長與？」。例如人與馬皆五十歲，年齡相若，依告子基於外在客觀事實之義外說，人須同樣尊敬人與馬。然事實上不會，亦不容許：人會敬人，不會敬馬；遇有危難，應先救人，後救馬。因此，長人與長馬之因由，不是外在的年歲問題，不會從年歲多少卽知道人該如何做。因而，這涉及到說話者之主觀態度，故孟子提「長者義乎？長之者義乎？」之問題，也卽是說，義，不在於年長者而論，而是在於長之者，卽稱謂長者的人之態度來決定，此態度卽是敬，也卽是，孟子主張義內——由人之態度決定外在行為如敬。

告子仁內說之失：把倫理視為私人，在普遍性缺如下，道德規範得不到合法性理解：私人情感未能視為準則，以批判他人之不仁，更不能以此要人改過。私人情感，各人不同，乃不確定者，以此情感所指涉透視出的人性，自然亦不確定；人性旣不確定，則人所依之規範，亦不確定，因而對人之倫理責承亦變得可有可無。告子義外說之失：其義與人之主體無關，純是客觀事實之認定。若義為外在而客觀的，依此義而行，則只意謂人追隨外在禮儀，人被動地彼白而白之，因而失去決定價值與規範之自主性，從而也不能說明道德責承之概念。因為只有人決定，而不是隨價值或規範反過來決定自己，價值與規範才取得合法性；依此，人才能說明道德規範之責承義。[24]在純然事實認定中，人不

---

[24] 人不可隨外在之理，風俗的或政治的，還包括宗教的，否則卽是義外。孟子以心解性，仁義根源自本心，因而人之倫理價值，不是從隨理義而說，反而是：理義由本心來理解：「仁義禮智根于心」。這可表示為：

從自主於善惡來理解，從而不能設想如何能以此規範要求他人，人只依附於善惡，在這依附性中，也根本不能說明道德規範如何能對他人有效，因為，人總要對善惡之規範進行核對是否為合理，才能依此理由來要求他人，並要求他人承擔與改過，然這卻已預設了人對善惡之自主性，人能決定善惡，而非由善惡決定人。告子在義外之說中，好像提出了一個客觀性以確定規範（義），至使倫理規範似可以藉此外在客觀性穩定下來，有一確定之準則，但其實隔斷了規範所必須的主體自主性因素，從而把倫理上的價值問題，變成一認知問題。

　　依以上的討論。孟子在反對告子「仁內義外」之辯中，只提出一個初步的想法：仁如耆炙，既內在亦普遍。此即：倫理規範既涉主體，亦為普遍而超個人，但究竟如何可能？以下先解明與

心決定理義，而不是由理義決定心；在前者，心在理義上有其自主性，在後者，心為理義所決定而失自主性。此義即牟宗三所言性體之即存有即活動義，理之為理乃由心所核對：「性體既只存有而不活動，只剩下理，則性之為理只能靠存在之然來核對其為理，並不是靠其自身之自發自律自定方向自作主宰（此即是其心義、其活動義）來核對其為理」（《牟宗三先生全集5》，頁90）。此亦可說明，從倫理學上，孟子何以須脫離《詩》中的天，也即脫離宗教，替倫理學找到獨立自主的康莊大道。人必須從自身之倫理價值看待天命，否則人根本不能理解對自己行為負責之可能性。也即是，人之責任之可能性，乃基於人對倫理價值之獨立自主。馮友蘭有注意到從殷到周對天命理解之改變，也即是天原初是完全的授命者，人只是受命者；但到周，天之命由人之德來詮釋。馮氏之解，大方向並無不安，因文本頗清楚故，而問題卻在於對這改變之解釋說明，馮氏之主張乃在於人民力量反抗所至，乃無根之談，只是本人對現實政治環境之妥協。見馮友蘭（1991）：《中國哲學史新編1》，臺北：藍燈文化，頁72-76。

告子辯中並未說明的問題：倫理規範何以必須從普遍性理解？

五、規範之平等性乃普遍性之先驗條件

　　一個倫理規範，如何能有效於他人，而非一孤離於他人者？也卽是，一個被設想為普遍的之規範如何可能？這可以如此回答：規範，須視之為普遍的，依於其上的道德歸責才是可理解者。因為，一個被人所願意接受的規範之形式條件，卽是這規範不止對我有效，亦對你有效，否則這規範若只對我有效而不施於你身上，這規範卽只針對我的強權壓制而無合法性可言。因而，規範之概念，在其法理上的理解，乃在於普遍的適效性上，這則表現在人於規範下的平等性。因而，所謂規範之普遍性，本文並非追問：有那項規範是普遍及於一切人？這問題只屬人類學或社會學調查族群間或與社會間是否有相近的價值認同，基本上這屬於把科學問題轉到倫理問題，屬於把倫理價值誤置到依實證為原則的科學之謬誤。本文也非如康德般由理性之可普遍化要求之形式條件來論證，這只屬康德對理性作為追尋條件之條件之邏輯能力而來的理解，而儒學並無這理性之概念。這裡所謂規範之普遍性乃暗示所有被規範者需被平等看待，依此，這平等性卽是規範之法理學上的合法性基礎；而這平等性乃在於孟子之人皆有本心；因而，其本心之概念藉其平等地為人所必然設想為共有卽是規範概念在法理學上之先驗條件。

　　孟子在〈盡心上〉有云：「君子所性，仁義禮智根於心」，若就常識而言，仁義既由本心之概念來理解，而本心人皆有之，因而仁義之規範卽亦可從普遍性來理解。然而，如若如告子般以

愛好定仁，心為內者應屬私人，故各人於仁義有不同而為私人的。因而，孟、告二人皆以心為理解仁，孟子的則為普遍，告子的則為私人。孟子亦如告子般以愛好論心，但卻主張這種出自愛好之心不是私人者而有其普遍性，卽主張耆吾炙，但同時卻也耆秦人之炙，因而，此耆之感受不限於私人，進而乃表示仁既內在的，但卻也可非私人而為普遍的（其中的討論見本文節七），故只需追問此從普遍性來理解的規範究如何可能？人於規範中，乃謂我與你皆在這規範中被維繫在一起，不是我有我的規範，你有你的，至使在倫理上理解的人，其性不分堯與象，也卽在共同人性下，統一在共有的倫理世界中。沒有此基於共同人性的統一世界之先行理解，則人在倫理責承以及違逆之歸責概念，亦不能被說明。此共同人性之直接表示，卽孟子所謂「聖人與我同類」之意：我們心所同然者是於理義之先行理解，道德規範須先行設想為對我們皆有效，此意卽表示我們在規範上乃是平等無差者。亦可從規範上平等反推共同人性，卽在這規範平等下，人與人間不是分成兩世界，若「犬馬之與我不同類」，則無任何規範責承與對後果之可能歸責可言——總不能以犬馬之標準用到我身上。若人在規範上不平等，則旣無正當性責承人做何事，對後果亦無何歸責可言，此卽表示我與他人如犬馬般不同類——無共同人性。

　　此所謂「同類」，不是指定義下的共同特性，如柏拉圖以定義（definition）所說之共相，亦非生物上之族類間之共同特點，而是在共同規範之先行預設下的人們。在《孟子》，這人們概念不是人類學的分類來理解的，而是在理義之共同規範下所理解的人。對照告子之分人為堯與象，孟子以為人與聖人在規範上的平等義中被理解。在上文論「仁內義外」時，孟子已明白表示，白

馬之白無異白人之白，此白卽是白馬與白人間之共同性，也卽是定義之共相，而這與長馬與長人之長完全不同。義，作為規範之普遍表示，不是對人定義之共相，而是維繫人們在一起，以便能在準則之預設中以別倫理是非：人們總在這維繫一起來理解他們的倫理價值，沒有誰比別人高者，亦沒有較低者，這卽人在價值上之平等，在這平等性之理解中所謂同類者──人們，下節所謂眾民。這平等性卽以一先行被預設之條件以理解人在道德上的評價與可能的歸責，從而它乃作為一先驗條件身分中成為人性最根原的本質特性，以說明一切道德價值之可能性。下文孟子在「聖人與我同類」之說明時，卽以聖人只是先得我心所同然而說，也卽我與聖人之間，乃心所同然（理義）來維繫而理解人們──我與聖人平等無差，因而，這裡所謂同然者，乃謂在先行的普遍性理解下的倫理規範中維繫在一起，從而能對他人有所要求與批判。因此，視一規範為一合法的，乃謂必預設此規範對我們皆共同有效；否則，這規範或以暴力強加，或因循習慣而有效，但非因其普遍性之設想而為合法的。故規範之合法性卽意謂其先行設想為普遍的之有效性，這卽意謂規範之法理基礎。

　　此法理基礎之文本說明，乃可透過〈烝民〉詩之引用及相關討論而達至者；此〈烝民〉詩之確解，對詮釋孟子人性論乃至關重要者。然解此〈烝民〉詩四句，須借助孟子之一本說。

六、以一本詮釋〈烝民〉詩四句
──論規範合法性之法理基礎

　　孟子在〈告子上〉「乃若其情」一段後，引《詩》〈烝民〉

四句：

> 天生烝民，有物有則；民之秉夷，好是懿德。[25]

　　孟子引此詩之意，歷來難解，以《詩》本非專於哲理思想之事，雖謂孟子引此以助性善之說明，[26]但又如何與孟子之本心仁義內在之性善說相互關連起來，似難有明確之說明。現本文從孟子一本說詮釋之，即可發掘孟子之義理如何相關於此詩。在〈烝民〉一詩，天並非從降災獎罰，而是從創生眾民而說，[27]孟子之生，亦不出此意。物一詞，在《孟子》有多義，或指事物，或物件[28]，細分可為三義：其一、「流水之為物」[29]，乃自然義。其

25　朱熹撰（1983）：《四書章句集註》《孟子集注·告子上》，頁 329。「天生烝民」一句亦見〈蕩〉：「天生烝民，其命匪諶……天降滔德，女興是力」；「諶」，《說文》解為「誠諦也」，此謂天難信，其命無常。又〈文王〉有「侯服于周，天命靡常」之說。〈烝民〉中「民之秉彝」依今本《詩》改，此詩為今本《孟子》引為「民之秉夷」，現從今本《詩》。

26　見牟宗三（1985）：《圓善論》，頁 25。

27　《詩》中所謂生，常指人之出生而言：「我生之初，尚無為；我生之後，逢此百罹」（〈兔爰〉），又如〈有杕之杜〉：「有杕之杜，生于道左……生于道周」；〈正月〉：「父母生我，胡俾我瘉？」，由生物出生之生，可引伸至扶立之意：「立我烝民，莫匪爾極」（〈思文〉）。「烝」，《爾雅》解為「眾」，「烝民」，即「眾民」。故「天生烝民」，乃謂眾民由天所創生。

28　如「萬物皆備於我」（《孟子集注·盡心上》，頁 350），又如「耳目之官不思，而蔽於物，物交物，則引之而已矣」（《孟子集注·告子上》，頁 335），又如「流水之為物也，不盈科不行；君子之志於道也，不成章不達」（《孟子集注·盡心上》，頁 356）。

二、指社會經濟行為所涉之事物，如賣買貨品之事物等；此等事物，根本不能言普遍規範，故孟子批評陳相有云：「夫物之不齊，物之情也。……子比而同之，是亂天下也」[30]。陳相以許行之平等觀點論社會經濟之交易，把事物平等看待，以為這樣就可以「市賈不貳，國中無偽」，被孟子斥之為亂天下：因為貨品事物間本是不平等者，不能以統一普遍的規律定之，這才是事物之實情。其三、卽「一本」之說，在其中的物，指倫理規範之行為事，這才是孟子理解〈烝民〉之「有物有則」之關鍵處：在〈滕文公上〉有云：「且天之生物也，使之一本」，天既生物，天使之一本，孟子以此批評：「夷子二本故也」。夷子者，墨家之徒；墨家在情方面持無等差之兼愛說，在禮方面持薄喪說；[31]故薄葬泛情，卽墨家之本。但夷子本人，卻厚葬其親，犯墨子之徒所賤者：「夷子葬其親厚，則是以所賤事親也！」。孟子重禮，持厚葬，愛卻有等差，不許視親如路人。夷子既實行儒者之厚葬，但又持墨者之賤事親，故孟子評之為二本。二本卽謂人分為二套規範所管轄，這有類於告子分人為善（堯舜）與惡（瞽瞍與象），就此而言，告子亦二本也，只是告子先從性入，夷子則從規範入。孟子所言天生物之一本，乃指倫理上理義之一本，故其中所言之為天所生之物，乃在倫理事理解下的人們，卽非某個

29　朱熹撰（1983）：《四書章句集註》《孟子集注・盡心上》，頁356。

30　朱熹撰（1983）：《四書章句集註》《孟子集注・滕文公上》，頁261。

31　朱熹撰（1983）：《四書章句集註》《孟子集注・滕文公上》有云：「之則以為愛無差等，施由親始」、「墨之治喪也，以薄為其道也」（頁262）。

人，而是在理義規範維繫下的眾民，在共同人性理解下的人們。此物，其義可以再引申為人之行為，倫理義下的事物，如事親，為倫理規範所定，倫理事在一本之規範下，維繫人在一起，成為倫理社會義下的人，卽所謂眾民，意同下文〈烝民〉所謂民，乃是由共同的倫理規範所維繫來理解之民眾，不是不相干的路人甲。

　　〈烝民〉四句，乃隨孟子批判告子之人性二分而來，依上所述，告子乃二本也，此與孟子以一本批夷子二本，若合符節，與之相較，此孟子引〈烝民〉詩中所謂「有物有則」，孟子當可依此一本說理解為：以先行被理解為普遍的之倫理規範（一本），定人之行為，維繫眾人，人卽在其中乃同類同性者，卽如後文說「聖人與我同類」，乃因「心之所同然」。物，是同類義。《詩》亦有如是之義：物一詞，可解為類之意，見〈六月〉：「比物四驪，閑之維則」，此謂把四匹同類的黑馬比配排列一起，訓練至嫻熟，是維繫牠們在一起之規則。[32]〈烝民〉中「有物有則」，依一本，孟子卽意謂人在共同規則中理解眾人間之倫理關係，卽是那同類（眾民）間所維繫者。[33]這所謂同類，固非

---

[32]　「驪」，《說文》解為黑馬；「閑」，乃嫻熟之意；「維」是維繫之意；「則」，卽規則：「豈弟君子，四方為則……豈弟君子，四方為綱」（〈卷阿〉），因此，則乃規則，綱維之意。又有所謂「敬慎威儀，維民之則」（〈抑〉），故「則」，乃意謂禮之準則，如仁義禮智的那些規範、綱維等。

[33]　「物」，同類之意，見《禮記》〈學記〉：「古之學者，比物醜類」，謂古人把同類分配在一起，較易學成。見《十三經注疏》，第五冊，清嘉慶二十年重刊宋本，臺北：新文豐印，頁 656。「有物有則」之物，牟宗三隨朱子解，視之為事，「有物有則」，謂：有事卽有則。〈烝

生物學上族類，非分類之概念，而是倫理意義下以理義維繫在一起的民眾之概念。人既在此理義維繫下，人並無高低之分，故孟子下文說：「故凡同類者，舉相似也，何獨至於人而疑之？聖人與我同類者」[34]，人與聖人不是因樣貌為同類，而是因同屬理義所規範所約束而為同類，而理義又源自本心，故後文孟子說：聖人只是「先得我心之所同然」。[35]人在倫理規範下為平等，乃在

民〉句牟宗三以「性」作為詮釋之核心，然此詩句中實未有言及性一詞。

34 朱熹撰（1983）：《四書章句集註》《孟子集注・告子上》，頁 330。

35 此規範與約束義，在〈烝民〉四句的後兩句亦可見之：〈烝民〉中之「秉」，是禾十申，即把禾束起之意，〈大田〉有云：「彼有遺秉，此有滯穗」，秉，意謂把禾約束在一起，故有約束意。（牟宗三解為「秉持」，見《圓善論》，頁 25）。另此詩之解，可參考簡良如（2009）：〈性善論的成立——《孟子・告子上》前六章人性論問題分析〉，頁 93-94）。與德結合在一起，因而亦可引申至禮之約束與規範義，故在《尚書・君奭》有：「秉德明恤」；又謂「非我有周，秉德不康寧」（《尚書・多方》）。「彝」，《說文》作「宗廟常器」，為鐘鼎之類的宗廟之器具，乘物之器具，《左傳》〈襄公十九年〉有謂：「取其所得，以作彝器」。「彝」為乘物器具，使物不至四散，相應「秉」，亦相應上文作為類之物，故亦可有約束與規範意，故《廣韻》謂：「法也」。「好」，乃好惡之好，欲求嚮往之意，《詩・有杕之杜》：「中心好之，曷飲食之」，又〈彤弓〉：「我有嘉賓，中心好之；鐘鼓既設，一朝醻之」，又如：「公侯好仇」（〈兔罝〉），「睍睆黃鳥，載好其音」（《詩・凱風》），故好，乃好惡之好，民之所好（嚮往）為何？當指秉彝也，禮義之規範乃民之所好，民之所嚮往者。「懿」，《說文》解專久而美。而德，乃德行義，〈雄雉〉有云：「百爾君子，不知德行」，亦有與德目如孝相連者，如「有馮有翼，有孝有德」（《詩・卷阿》，頁 627）。故孟子所引四句《詩・烝民》詩，乃可作如下之解：天創生眾民，有民為類，因有其規範準則以維繫在一

同一世界之中，同受理義所規範來理解，否則人根本不能被歸責。

　　墨家夷子之難在於，旣持其師之薄葬泛情，又持儒家之厚葬事親，卽成衝突，二本故也。在二本下，因標準有異，無以定對錯。告子雖在不同人說不同人性，但就人而言，仍是二本，無普遍於人的規範故。把共同規範排除到倫理理解外，以便把人性分為善、惡二類；或反之，把共同人性排除，以反對共同有效於人的規範；這兩命題，其義一也。但旣無共同規範，有規範也只成你的與我的，各自不同，如是，則如上所說，你的對我無效，我的又何能加諸你身？因而無是非對錯可言，因而只能算是私人之意見，無規範之承責可言，亦無歸責之問題，若有，只能訴諸暴力之強弱以迫使他人屈服。孟子引〈烝民〉四句，其實是強化對告子之批評人性論，以支持自己的普遍人性論——強化了以普遍規範說明人性之論證。以一本之共同規範，把人們維繫在以共同準則之倫理社會，卽可擺脫二本之困難：人卽可依此以理解承擔其責是如何可能的。

　　以上乃依《孟子》文本說明其中倫理規範之法理根據，指出規範之合法性乃在於其普遍性，亦指出普遍規範與共同人性之關係。然對於證成規範之普遍性，還可再進一步說明，因為依孟子仁義內在說，一個倫理規範必須在本心主體之相關性上，而不能純客觀地看，才有可能。規範不會自己跨出及於他人身上，而是藉由本心在人性平等下須把他人連繫在一起，在共同有效中被理

　　起，眾民之秉彝（禮與規範），乃眾民心中所嚮往，亦是其良好之美德。

解為合法的。此本心之活動，卽期許意向於他人：以人性平等中倫理地期許他人，以至規範須視為你我有效而為合法的，否則任何期許皆只是私人性的；故此，本心在共同人性下必以普遍規範期許他人，以至倫理批判。此本心與規範之必然關係，乃本心之最高自主性；也卽是，本心不是外在地取習慣性規範，亦非以事實來決定自己，而是必在以本心能力平等所建立的人性平等（卽共同人性及聖人與我同類之說）下，以普遍規範（聖人與我心所同然）決定自己，以使能有權主張對他人亦有效，從而取得其中的合法性。

此這期許之意向性，孟子乃先藉三個美感類比論證說明之。依孟子看來，這三個類比論證相當成功，因為完全可與孟子本想要說明的本心概念相關：透過同聽同嗜者而說明人對美聲美味之期許，此類比於透過同理說明人對聖人之期許。

七、〈告子〉中三個美感類比論證所揭示之人性平等

規範如何能相關於人或者人們，但又卻非私人而有普遍性？其中的說明可藉孟子之類比論證表示，其中所從美感經驗之共通感卽類比地揭示基於平等性之道德普遍性。孟子藉易牙、師曠與公都子所說的口、耳與目從美感之共通感言，卽口之同味，耳之同聽與目之同美來說明，甚至視為人之性；孟子在此未如其它文本般把耳目理解為經驗感官上的小體而是理解為美感共同感者，此不可不知也。旣是藉普遍性說明，則不是經驗性的耳目感官小體可知，但它又卻非從倫理上理解之人性，只是類比之。

　　在〈告子上〉「食色性也」仁內義外之辯中，孟子已藉耆炙
（口之味，相應於易牙）之普遍性反駁告子之仁愛私人說。因
此，孟子藉美感類比來討論規範倫理，並非突然者。首先，在這
三個類比論證中，人期許師曠之美音，乃表示人與師曠非異類，
耳相似也，因有同聽也。師曠之同聽由六律五音表示，[36]因而人
與師曠在同聽下而為同類，如是人才能依同聽之六律五音有期於
師曠。人若無共同的美感聽覺（對應倫理則為本心），若不先行
預設對美音有同聽之共同標準（六律五音對應倫理則為理義），
則人不能對之有屬品味性的普遍鑑賞（對應倫理上的稱許或歸
責），而只流於口味差異之私人性意見之爭（對應告子愛吾弟不
愛秦人之弟），因無準則以評鑑他人對音樂之感受故。是以，任
何評鑑音樂之所以可能，乃在於同聽之先行承認中成立。因而也
卽是說，人若承認美感鑑賞是可能者，而不只流於私人意見之表
達，卽先已肯定了此六律五音之普遍性，作為鑑賞之先在性理
解，因而同聽之六律五音之普遍性，卽在人之期許意向中，所必
然預設者——也卽是，品味評鑑必以普遍性意向期許於他人為前
提。孟子卽以這對音樂（還有易牙之耆炙與子都之美貌）之美感
論證轉到倫理上——本心必在普遍性預設中才能期許他人，進而
才可推至批評他人，而非如告子般把人分類。這卽本心立法之概
念。[37]

---

[36]　朱熹撰（1983）：《四書章句集註》《孟子集注‧離婁上》，頁 275-
　　　276。

[37]　兩位評論人在詳細閱讀拙作後給予許多意見作修正之用，本文之得發表
　　　要感謝他們之辛勞。第一位評論人要求筆者可從更廣的學術視域對待中
　　　國哲學，如以德性倫理學詮釋；然雖對此較為陌生，但筆者亦認同這是

個很好的努力之方向，有待學界把成果展示出來。第二位評論人有要求
筆者在論文前先說明其基本方法，現依其建議，筆者嘗試作如下之表
示：一、由於筆者一開始即已設定揭示孟子倫理學中之論證邏輯為本文
之旨，因而如何解讀孟子文本乃首要者；但又何解不藉現時臺灣流行的
比較哲學方式進行？其主要理由是，筆者以為中國哲學以其傳統本有的
學術語言與概念來撰寫，已足表意，如以法理原則與愉悅之願意為詮釋
基礎，即可說明規範與其主體之關係，而不需以康德自律自由之比較來
說明，然若比較哲學乃指向其他目的，本文暫不考慮。然而，比較哲學
方法之能成功，乃先以對比端進行詳細討論，從而即涉及到對比較端
如康德哲學，或評論人提的德性倫理學、功效主義與相對主義等之理
解與詮釋；然，若如此，卻可能引致更多的如詮釋、概念理解與用語運
用之爭議，此對原以針對揭示孟子倫理學論證為職之本文，不見得更
好；而且限於篇幅，亦不易為之。二、本文所採用的法理觀點，即規範
之合法性在於其普遍性之先行預設，筆者以為這是《孟子》本有之意，
只是傳統對之未有深切理解，更未以一恰當的言詞表達；亦因其直接明
證性故，反為一般學者忽略。因而，先說明法理合法性等恰當的語詞概
念，再在《孟子》中發掘相關文本，詮釋出其論證邏輯，仍是個不錯的
方法。當孟子之論證邏輯被證成後，其它對孟子之批判或比較，才有著
力處，這也是何解本文基本上只從事《孟子》文本內部解釋，而無涉與
其它倫理學之優劣比較之理由所在。當然，筆者努力重新詮釋《孟子》
相關文本，亦基於近代對《孟子》解讀有其不精確處，又脫離文本，故
欲藉本文能使日後研究《孟子》者得到更多學術助益。另讀者如欲對本
文作更深入之理解，可參看另一拙作（2014）：〈從決意、道德秩序與
心、理關係論《孟子》倫理學論證之問題〉，即本書之第伍篇。在此文
中，筆者提出從三段論式以解開孟子倫理學之論證結構：人之決意屬小
前提，其先在性條件是人之決意自我；大前提則是普遍性規範，先在條
件是其普遍本心；人之惡是小前提的自我決意違反普遍大前提之結論，
若決意順此規範，其結論則為善。在該文，筆者因篇幅所限，主要對屬
小前提的決意自我進行討論，對普遍性規範及此本心之概念，仍未能作
出詳細證成；本文之撰寫則是對大前提之規範及此本心概念進行論證，
以補其不足。

以上乃孟子之論證邏輯，以下依文本詳細說明之。

八、理義普遍性之意向性證成
──本心與規範之必然關係

期許之說，出自〈告子上〉所說《詩》〈烝民〉四句之後：

> 天下期於易牙，是天下之口相似也；惟耳亦然。至於聲，
> 天下期於師曠，是天下之耳相似也……理義之悅我
> 心……。[38]

本文之所謂意向性（intentionality），不取西方哲學家如胡塞爾（E. G. A. Husserl）等之現象學哲學概念所指，而單純指此孟子在美感類比中所言之期許及後來所說之愉悅：人之期許有所指，有所向，在倫理問題上，所指所向乃聖人；心之所悅亦有所指，有所向，所指所向乃其理義；理義由心，心指向其理義，此表心之自我指向，即所謂自我反思。然若指向聖人，聖人與我同，只是上文所謂與我平等者之眾民一樣，孟子藉此指點不明此理的人，以聖人與我同類之類比方式表示由本心共有以揭示眾民間之平等義。此期許與愉悅乃一有目的、有意向以及有情感之本心主體活動。期許一事，即意向一事，有意於此事。此期許之概念，即帶有目的性，例如期許能買房，乃謂有意願買房，買房是其目的。愉悅亦如是：愉悅於購房，即是帶目的地願意於此。以

---

38 朱熹撰（1983）：《四書章句集註》《孟子集注・告子上》，頁330。

下先說期許之意向。

孟子舉易牙，師曠與子都三個屬美感之例。此一般理解為經驗性的感覺器官，從告子卽從私人言，此只表人之喜好上的差異，如我好食魚肉，卻惡食猪肉。對此，一般而言，乃各人不同者，因而是私人性者，只屬人之口味問題。但孟子卻傾向從美感之品味言，卽口有同耆（味），耳有同樂（聽）：

> 口之於味也，有同耆焉；耳之於聲也，有同聽焉；目之於色也，有同美焉。[39]

孟子此說與一般從私人口味的看法有衝突。然孟子沒有忽略事物之差異性，故上文有說陳相把差異事物「比而同之，是亂天下也」。[40]若從品味看，卽謂從對美感事物如音樂進行鑑賞，以及指出使這鑑賞成為可能之前提條件：同耆、同聽與同美。孟子非強制他人讚美某樂曲，因對某音樂之看法，意見亦常有紛歧；但當人們從事鑑賞活動，而非滿足於口腹之欲時，卽不能停住在這紛歧上，因為若要分出優劣之作品（如某音樂），卽必須預先有同聽之標準概念，才有可能，只不過在美感鑑賞中並無如倫理般有強制性，而是從弱義下的，類規範概念來理解。[41]孟子實乃

---

[39] 朱熹撰（1983）：《四書章句集註》《孟子集注·告子上》，頁330。

[40] 朱熹撰（1983）：《四書章句集註》《孟子集注·滕文公上》，頁261。

[41] 對事物之美感鑑賞需有共同準則，此與倫理判斷一樣，同屬價值領域故。然而，在前者，人不能強制命令他人承認某音樂為美，亦無人能責咎在美感鑑賞持異議者；但在後者，人可在倫理上強制他人，如不誠實

從鑑賞活動而言，非著眼於感官欲望下的紛擾事來說明。也即是說，人之有同耆、同聽與同美，是鑑賞活動之期待之先行預設：有期待，才能在超個人的口味上進行鑑賞活動，以別好壞，但如是也早已預設了同耆。問題在於，孟子何以能把耳之於聲等，超越個人性，使之於進到一類似規範之領域？

　　依孟子說，此問題之解答乃在於，假若沒有同聽（共同標準）之期待，也根本不能品味它，而只能以耳目口腹官能來覺知它，因而，一品味鑑賞活動之可能性乃奠基在這同聽之期待的先行理解中。因若這期許不是私人性的，而是從鑑賞上說，即指向一標準之可能性，才能說此期許被滿足還是不被滿足。這表示：我與任一音樂家，可以有極大差異，但儘管如此，只要承認，我對此音樂家能有所期許，（或進行批判），也即當我進入鑑賞活動時，則不可把我與他，完全個人化，完全分隔成彼與此，分隔成兩個世界，如犬馬與我之別，只從個人性之口味，以論飲食，否則無所謂期許與鑑賞：

　　者應被譴責且改過之。因而，美感判斷與倫理判斷，在有共同準則下，兩者相同；但前者是弱義的，無關人之責承問題，不能以命令方式表之；後者則是強義的，規範之普遍性與歸責概念緊密連結在一起，須藉命令方式表示。此強弱義之別，孟子在〈告子上〉仍無表示，然在〈盡心下〉，卻有所提示。孟子從美感鑑賞論人之食色，已夠出色，後人如唐君毅等，還依宋明之理解方式，停在情欲論食色。如牟宗三，亦以動物之性理解人之口耳目與四肢，見《圓善論》，頁 150，亦只把口耳目之同味同聽同美，視之為經驗上大概如此，見頁 30。徐復觀更視之為與禽獸同之欲望，見氏著（2003）：《中國人性論史》，頁 66。然須知，孟子不是宋明儒，乘上古周初對禮樂之尊重，對人之美感經驗並不排斥，進而以普遍規範理解其中人在美感活動中所共享的世界，因而才從口耳目之共通感論人之鑑賞之性，可知孟子之不平凡也。

> 如使口之於味也，其性與人殊，若犬馬之與我不同類也，
> 則天下何耆，皆從易牙之於味也。[42]

　　孟子乃欲表示，在鑑賞中所言對美食之評價品味上，人與人間不是如犬馬與我不同，美食鑑賞之世界是同享者，而非由兩個截然不同，不可溝通的口味間之私人爭執。現雖從易牙為準則，只是他「先得我口之所耆者」，而非定然不可移之權威，而只是與我一樣，乃共享者。故從有期於易牙而說到天下之口相似：「天下期於易牙，是天下之口相似也」。此謂，表示天下之口能共享美食，乃卽於易牙之期待。也卽是，當人有期於易牙時，卽已暗示美食共享之可能。若從私人地看，他人之口味如何，根本不需作任何關心，因為這乃無聊之事：人無權對他人的私人感覺發表意見，不能否定，也不必稱許故。若把人分類，把不同的人，完全個人化，這當然不需對口味等有何期待，於此並無有評論之標準可言。[43]因而，當人對師曠有所期許時，這已不是私人

---

[42]　朱熹撰（1983）：《四書章句集註》《孟子集注・告子上》，頁330。

[43]　美感之弱義規範與倫理之強義規範，可從孟子在〈盡心下〉藉「命」之概念來說明：口目耳既視為性，亦視為命，但君子在此不謂性：「口之於味也，目之於色也，……性也，有命焉，君子不謂性也」（《孟子集注・盡心下》，頁369），但這不表示口耳目不是性，只是君子不謂性。其實在〈告子上〉所言三個美感類比論證中，孟子已視口耳目為人之性：「如使口之於味也，其性與人殊……」，口耳目有同耆同聽同美，依此，孟子在此說有其性，否則人與人之間在美感鑑賞之中區隔成不同世界，而不是共享的世界，因而鑑賞評價變得不可能。但就此而言之性，仍不是君子之所謂性，因為此美感之性，還有得與不得之問題，也卽是命：因涉得與不得之命，故君子（有德）不在此得失間論性，故《孟子集注・盡心上》有云：「求之有道，得之有命，是求無益於得

口味問題，而是超個人之意向，以期許的方式，指向於由師曠先得之耳所同聽的普遍共通性，指向由易牙先得口之所同耆者。在這共通性下，人才能對音樂，飲食等進行評鑑與品味，也卽是只在其中，才能共享一美感世界。孟子此普遍品味之說，亦早見於與告子論仁內義外之說中：以「耆秦人之炙，無以異於耆吾炙」。[44]此時，孟子把耆炙視為超出個人者，是故耆炙有所同；這超出個人之品味來對抗告子之口味般的喜好，所謂愛吾弟不愛秦人之弟，這是種私人感覺，無關他人。此所謂品味，不是指一個有特殊美感能力的精英，感知到他人力有不及者，好像我們需期待他幫助，這反而是孟子所反對。

　　人與易牙同者，孟子乃以「性」一詞表之：「如使口之於味

也，求在外者也」（頁 350），另處亦有云：「子路以告，孔子曰：
『有命』。孔子進以禮，退以義，得之不得曰：『有命』」（《孟子集
注・萬章上》，頁 311）。口耳目之美感之性，畢竟與人在倫理上之性
有所不同，倫理上說之性，涉及求則得舍則失之人之根源的本性，在此
雖還是有命，如堯有象舜有瞽瞍，但不能以命論性，故云：「仁之於父
子也，義之於君臣，……聖人之於天道也，命也，有性焉，君子不謂
命也」（《孟子集注・盡心下》，頁 369）。在美感鑑賞中，雖從共同
標準而論，但其得與不得，始終非必然（例如無音樂天賦），卽不能要
求人人皆有。因而在此得與不得中，孟子以命論之。以命論之性，卽屬
上文所說美感之弱義：人不能強制要求人在此口目之性中必能做到同
者同聽與同美。人在此雖有性，但卻也有命，故在此無強制義。徐復觀
以經驗的情欲理解口耳目，當然無法說明〈盡心下〉所言「口之於味
也，目之於色也，……性也」，最後只能把「性」完全化約到命來理
解。見氏著（2003）：《中國人性論史》，頁 167。〈盡心下〉所言之
性，牟宗三也理解為感性動物性之自然本性，見《圓善論》，頁 151。

[44] 朱熹撰（1983）：《四書章句集註》《孟子集注・告子上》，頁 327。

也，其性與人殊……」。此性當不是本心性善之性，而是共享於人之美感鑑賞能力之性，此能力之性，筆者借用共通感（common sense）一詞表之，一種普遍的感知能力。其性卽是人之共通感之平等性──人皆有此共通感：易牙與我之別，不在於其特有的能力，只是他先領悟到；但人與易牙同性，他能領得者，他人亦可領得。

同理，孟子所謂聖人，不是有不同或甚至高於我之本性者，而只是他早些發現。在倫理上，人亦可有期許於聖人，正因為我對之有期許，我卽可在我的期許中已視之為與我平等之同類，孟子隨卽說到心：

> 至於心，獨無所同然乎？心之所同然者何也？謂理也，義也，聖人先得我心之所同然耳；故理義之悅我心，猶芻豢之悅我口。[45]

孟子在此並未用上在易牙與師曠中的「期」一詞，然旣用上類比論證來說明，則用在易牙與師曠之期許，當然可以用在緊隨其後的聖人之說中──我對聖人有所期許，則可知我與聖人間並非分隔為兩類者，聖人與我皆眾民之我們，而我們之成為我們，乃奠基在人們間之平等性，在其中，人們維繫在一起而成其自己。此平等性卽在這期許以及所指向者。此謂我們在期許中已指向於共同的準則──理義作為心所同然者。否則，若人之間分成不同類（不同人性），沒有共同準則，我亦不能對之有任何期

---

[45]　朱熹撰（1983）：《四書章句集註》《孟子集注·告子上》，頁 330。

許；既可有期許，則暗示人與人間為平等者，也卽人在普遍規範下之平等而能有共同準則，以此才能判別是非對錯，從而也能夠對其歸責與改過。這在倫理歸責上亦如是：在責備他人之不仁時，亦已必先視責備者與被責備者間之有共同人性，說他們有在共同準則，然後歸責之概念才成為可能。由是，卽可從倫理上的期許之意向，證成人之間的平等於彼此之理義，也卽證成共同準則規範，證成普遍義務之責成；依此，人才能別是非，因而亦能說對之歸責與改過。由是，這卽已暗示出一倫理共和國之概念，在其中統治我們的規範為人指向者，亦因這指向而使規範成為可能，人亦有理由遵守它。這共和國之憲章卽是這眾民之人們間的平等性，它表示一個必然的倫理態度與觀點，沒有它，人所作成的倫理規範責承與後果歸責，在概念上也根本沒有任何合法性可言，它是一切倫理規範與歸責之可能性的最高的法理基礎。若從本心言，在這基於本心之共同人性下，卽可說規範之普遍性，因而規範之普遍性卽在此中獲得本心主體之基礎。反之亦然，當規範從普遍性中獲得合法性，則可知我們有共同人性，從而亦可說我們有共同本心能力，可說對己之惡行之承擔與改過。

　　本心概念之另一內容卽是對理義之愉悅，同樣，普遍性規範在其上亦可得到證成。期許某事，不必表示人願意此事。如期許成為如師曠的音樂家，但事實上我不一定願意成為音樂家。西方大哲學康德，卽以不願意來說明定言令式之可能性；而孟子則以愉悅之願意來證成理義之普遍性。依孟子，本心之意向期許一事，卽是願於此事：意向期許聖人與我心所同然之理義，卽是願意實現理義。孟子之理義悅心，對於證成普遍理義，乃至關重要者，因為，若不在本心之根源上說人愉悅而願於理義，則此所謂

理義，在概念上也根本不能理解為普遍規範。理由無它，因為若人根本不願意於某一規範，則根本不能一致地把它表示為規範，因為連他自己也不願意，根本沒有理由說服他人亦應該遵守它，也即是說，他根本沒有把他視為普遍的。因而，規範之普遍性，也必須在此本心愉悅之願意中，才有可能。

九、愉悅作為理義規範之先驗性條件

期許與愉悅之概念，可以有兩個可能關係：其一、是人從期許之被滿足而有愉悅，其二、是從人本身即愉悅他所期許者。前者，愉悅是期待之結果，其意向性是經驗的，隨物而轉；後者，人自主地指向而愉悅其所期許者，其意向性是先驗的，意向與意向所指乃同一性關係。孟子之理義悅心乃屬後者，也即是本心期許聖人及其與我心所同然之理義，期許之，即愉悅之，此使理義之普遍性成為可理解，而非說由期許理義而來之結果。[46]先說明作為結果之愉悅如下。一個人之期待若被滿足了，自然會有悅樂之情；但若就愉悅是結果言，既是由期待之滿足而生，在其未生之前總有可能在別物之介入中失敗，即有可能失落，因而隨期待而來之結果，亦有可能引起痛苦。例如人期許孩子有好成績，但若事與願違，則變為不快；反之，若願望達成，自然有開心。然而，這種愉悅與不悅，皆從結果之滿足而定，其實乃屬偶然而依

---

[46] 牟宗三很早就把本心之愉悅看成為本心願於理義，願實現之。後來李明輝在不同著作發展此觀點，先在氏著（1990）：《儒家與康德》之〈孟子之四端之心與康德的道德情感〉中發揮，後來以一專書論述康德、謝勒與宋明六百年儒家之相關論題，見氏著（2005）：《四端與七情》。

機遇而來者，也卽，期許與被期許者間的關係是經驗上的綜合。

　　孟子所謂理義悅心，當然不是此等可有可無而偶然的悅樂之情，而是一種必然的情感，心對理義之愉悅，並不是從滿足或不滿足而來，因為這事後而生的愉悅總有其偶然性。而孟子所謂理義悅心之悅，乃以人之本心自愉悅於理義而說。悅一詞，在《孟子》之用法不同於好。好，是可好此可好彼的好惡之好，而《孟子》中的悅，乃是一種不搖擺的定然之悅樂，而且是連繫到服從之概念。孟子在〈公孫丑〉有引《詩》〈文王有聲〉之言：「自西自東，自南自北，無思不服」，此詩之被引用，孟子乃藉之以明「王不待大」及「以德服人，心悅而誠服」：

　　　王不待大，……以德服人者中，心悅而誠服也，如七十子
　　　之服孔子也；詩云：「自西自東，自南自北，無思不
　　　服」，此之謂也。[47]

　　孔子之徒何故能對其師心悅誠服，卽心中對其師無任何衝突，亦不搖擺，一種完全願意於從其師者。然若依一種英雄式的崇拜，或跟隨權威而至者，乃必不可理解此人悅誠服說，理由無它，因對英雄或權威之情，乃屬一種所謂意浮氣，隨時勢而變也，故難言心悅誠服也。孔子之徒從其師之德，與自己之性善相應，以自己自主的本心，期許其師，才可說此心悅誠服。在聖人與我同類下，孔子其徒卽可以在共同的性善下，能心悅誠服於其

---

[47]　朱熹撰（1983）：《四書章句集註》《孟子集注·公孫丑上》，頁
　　　235。孟子引自《詩》〈文王有聲〉之「無思不服」。

師之德，相應於其師善性所發之德。故孟子此心悅誠服之說，其
奠基之根，不是別的，正是其表示人在平等義下的性善（共同人
性），即所謂聖人與我同類之說。其中關鍵之論證，乃在於愉悅
即服從，而此點則是上文孟子引〈文王有聲〉「無思不服」而達
至者。悅與服對孟子而言，乃一分析關係，在此心悅誠服下，悅
某事，即願於此事，孟子再云：

> 尊賢使能，俊傑在位，則天下之士皆悅而願立於其朝矣。
> 市廛而不征……則天下之商皆悅而願藏於其市矣……則天
> 下之旅皆悅而願出於其路矣……。[48]

　　在此，悅即表示願意，愉悅一事，即表示願意於此事，愉悅
於某菜餚，即喜吃之，願吃此菜（易牙之喻）；愉悅於某曲，即
表願聽之（師曠之喻）；稱美某人，即表意欲看此人（子都之
喻）。這當然亦是一意向性之表示──愉悅於此，即意欲於此，
願意於此；進而，理義悅心，即對理義甘心情願，無條件之服從
理義。孟子在對〈文王有聲〉之詮釋下，心之悅，即是願意服
從，因而並非一個在事後而來，可有可無的偶然性概念無疑，而

---

[48] 朱熹撰（1983）：《四書章句集註》《孟子集注‧公孫丑上》。但
「悅」與「說」兩詞並不等同，例如「說」可解作說服之說：「宰我、
子貢善為說辭」（《孟子集注‧公孫丑上》，頁 233），亦可作說法想
法解：「孔子之道不著，是邪說誣民」（《孟子集注‧滕文公下》，頁
272）。悅，亦通豫，如：「夫子若有不豫色然」（《孟子集注‧公孫
丑下》，頁 250），故在「舜盡事親之道而瞽瞍底豫」（《孟子集注‧
離婁上》，頁 287），朱子解「豫，悅樂也」。

是表示出一種態度：心悅誠服而意願於服從理義，也卽是，心對理義而言，本身愉悅而服從於理義。在以上解釋文本之說外，還需進一步從義理上證立，也卽需說明此愉悅理義在概念上的必然性。

心旣願於服從理義，這才有理由要求他人亦應當服從這理義，因為若無這愉悅願意之概念，則總在強迫不服意中面對理義而為理義之原初理解，也根本不能被理解為應為人所服從而為一普遍性規範。例如假若我不願意事父敬兄，也根本不能以此來要求他人亦如此。因而心之理義能被理解為普遍為他人所服從者，乃以本心之悅而願服從於理義為條件，此卽暗示，此悅與意願於理義之服從卽是理解普遍性規範概念之可能性的先驗條件。反之，若我願於此理義，此亦表示我亦能以此期許聖人以及所有人，否則我卽無理由把自己心悅誠服地願意於理義，封限在自己之中，而不期許於聖人，以至於不期許所有人。因為若真如是，則其實我不是把自己心悅誠服者視為一亦可有效於他人者之規範，而只是可藏私之個人愛好。如是，理義之普遍性在人之主體上卽得到一證成之根據：根據於心對理義之願意服從之態度，也卽是，本心只有在一根源地願意服從下，源於本心之理義，才有理由亦為他人所願意服從——在愉悅與願意之下，規範才能被設想為普遍的，從而成為合法的：規範或義務總在人對之願意服從之先行預設中成立。這卽是，從本心之愉悅出發而證成理義之普遍性，此卽是本心自主而使普遍規範成為可理解。

然若以〈論一〉之說相連結，理義悅心之悅旣乃表示願意，此願意卽可表現在道德抉擇當中人決意於服從法則，此服從法則與本心愉悅理解為同一意識行動，而不是本心有一愉悅之服從，

而在道德抉擇中又另有一服從。由是即表示，在服從理義之規範下，乃表示人心與其本心為一，並非有二心。

第伍篇
從決意、道德秩序與心、理關係
論《孟子》倫理學論證之問題

摘　要

　　本文揭示孟子倫理學論證之結構，用以證成它在倫理學史中的地位。其論證可分為三個層次：1. 人心在或順本心或順耳目間作成道德抉擇，這抉擇之可能性又在於人作為可歸責主體之自我。2. 人心乃在道德高低貴賤的秩序中決意，本心為高，耳目為低，人之惡乃意謂其決意把這秩序顛倒。3. 而這秩序之所以可能，又在於理義源於本心，本心悅於理義；悅，乃表示心對其理義之服從；在人之道德決意中，順從本心理義之願意，乃表示：本心不是被動地被選擇者，而是直貫到在人心中揭示其自己。依此，理義因本心而獲得主體性之根據，本心悅於理義而揭示人本願於理義，揭示本心乃道德事實，它作為根源的善，乃是第一序者，人之為不善之惡，在道德上之後悔等，也只在於此這道德事實下才成為可能。

關鍵詞：自我、道德惡、道德秩序、可歸責性、決意、人心

一、前言

　　這篇在《國立政治大學哲學學報》發表的〈論三〉是筆者探討儒學的第一篇論文，在這篇發表時間最早的論文中，目的揭示孟子倫理學之基本架構，本書〈論一〉與〈論二〉皆由這篇論文發展而來。本篇所示的倫理學架構分為上層與下層，說明這結構之上層者乃是〈論二〉之工作，它乃說明心悅理義作為理解道德規範之可能性條件，這即是對本心之立法自主之證立。人在這規範性的道德意識下，決意取捨是否順從抑或違逆之，並對其如此的道德抉擇承擔責任，連同這承擔者之概念，這即是對人之決意自主之證立，其說明即是〈論一〉之工作。依此，本篇論文所揭示者即是包含〈論一〉與〈論二〉之大架構，以一個整體的方式說明人之道德意識之不同層面，也即由處上層的本心之立法自主到人之作出抉擇的決意自主，二者統一在作為承擔者之人自身中。在〈論一〉與〈論二〉中雖是分開處理立法自主與決意自主，但在這兩篇論文中也強調了它們間的關連，因為沒有立法自主，則規範之合法性即不能被證立，由是使決意自主成為一買菜般的選擇。然若沒有決意自主，則道德規範也無施力處，因為只因在這決意自主中才能歸責人違反或順從規範，因而決意自主乃本心能實現自己之中者，人即是其主體。本篇論文即對此作這兩層自主性作一綜合性的整體說明。

二、責任自我之提出

　　孟子早有論及道德上的決意，在「所以考其善不善者，豈有他哉？於己取之而已矣」[1]一句中表現的最為清楚：己，指人自己，取，乃取決，此謂人之善惡不取決於他者，而只取決於人自己。人，作為其行動之作者，行動之被評為善或惡，乃在於人自身之取舍。依下文，其所取舍者，乃是本心或耳目間之取舍。這有所謂操存舍亡之說，也是說人對本心之操持或舍棄：「操則存，舍則亡」[2]。而在本文中所謂決意，即謂此道德上的操存與否之取舍，此乃表道德上的抉擇。孟子更進一步把此道德抉擇歸結到人自己：

> 今國家閒暇，及是時，般樂怠敖，是自求禍也，禍福無不自己求之者。[3]

　　國家之禍福，依下文，乃由君王在仁與不仁間之決意所產生之結果，因而此君王乃其在仁、不仁間決意取舍之承擔者，此即表示一可歸責的自我，而不能推給天災，或以刀殺人，不能把對此事歸責於給兇刀，反而視持刀殺人者無關：

> 人死，則曰：「非我也，歲也！」，是何異於刺人而殺

---

[1]　朱熹撰（1983）：《四書章句集註》《孟子集注・告子上》，頁334。
[2]　朱熹撰（1983）：《四書章句集註》《孟子集注・告子上》，頁331。
[3]　朱熹撰（1983）：《四書章句集註》《孟子集注・公孫丑上》，頁236。

之，曰：「非我也，兵也！」。[4]

　　孟子乃直接指明主政者自己，也卽是，承擔不善之惡乃主政之施行者自己，而非他者。關此「自己求之者」之自我概念，孟子連續引《詩經》與《尚書》以證之，此在實屬少見：

　　《詩》云：「永言配天命，自求多福」；〈太甲〉曰：「天作孽，猶可違；自作孽，不可逭。」[5]

　　「自」，卽是自己，自求者，卽是禍福乃由人自己求之，既由自己求之，則承擔禍福之責任卽在於其自己，不能外求。依上討論，孟子乃確認兩個概念，卽人在決意取舍中有善惡，進而是作出此取舍並為其決意承責之自我概念。[6]

4　朱熹撰（1983）：《四書章句集註》《孟子集注・梁惠王上》，頁204。

5　見《十三經注疏》《詩經》，第二冊，臺北：藝文（翻印嘉慶二十年版），頁537。〈太甲〉句則見《尚書》，第一冊，頁118。《詩經》、《左傳》與《尚書》文本皆出自此版本。

6　康德（I. Kant）在《單純在理性範圍內之宗教》一書有討論到根本惡（radical evil），基本上也只是論說自由意念之抉擇意與對此抉擇之可歸責性概念。康德在該書中，以道德之可歸責性作為前提，指出人之自願與歸責主體這兩個觀點：「人必定把自己或必已把自己做成為善的或惡的，做成道德意義中所是的或所應該成為的，兩者〔筆者按：善或惡〕都是自由意念〔筆者按：在此自由卽意謂自願〕的一個結果，因為否則的話，便不能歸責他，因而他便既不是道德上是善的，也非道德上惡的」（Religion innerhalb der Grenzen der blossen Vernunft, VI, S. 44. a. A. 版）。

　　牟宗三在其晚年著作《圓善論》翻譯康德《單純在理性範圍內之宗教》，乃隨康德之說，亦曾從人採納惡格言之決意上理解人之善、惡：「善或惡的性格（性向）之所以為善或惡，即那使其成為善或惡的理由，是源于人之採用此格言或彼格言，而此卻是存于人之有自由選擇作用的意志中……」[7]，然牟氏卻認為先秦儒家並無這道德決意之概念：

> ……此層意思，孟子及主生之謂性者皆未曾道及，此見康德思理之精密與緊切……。[8]

　　牟先生在《圓善論》中以附錄與譯註方式把康德對根本惡之討論，加插在該書研究孟子學之第一章與第二章之間，算是開啟了這方面的討論。隨後則有袁保新在 1992 年之嘗試，[9]到 2008

---

[7]　牟宗三（1985）：《圓善論》，臺北：臺灣學生書局，頁 69。

[8]　《圓善論》，頁 69。亦見李瑞全（1993）：《當代新儒學之哲學開拓》，頁 125。他所謂道德責任乃是指所謂責成義之義務，此乃人必然能達成者。

[9]　對此論題之近期研究見袁保新（1992）：《孟子三辨之學的歷史省察與現代詮釋》。以下簡稱《詮釋》。作者嘗試把自由決意之概念放進儒學之中討論。作者指出孟子的性善論不能以下列的方式來解釋惡問題：「不保證現實上每個人都已經是善的、不會為惡，予以一筆帶過……」，以及「如果……不能同時說明人為什麼會淪為不善……儒家在人性論有過度簡化的嫌疑」（《詮釋》，頁 180）。他不滿意當今詮釋孟子學中，忽略對惡問題所扮演的角色的分析。一般談論到孟子學時，都很容易把注意力放在他的性善論之上，惡只是消極的被否定（被克服或所謂化除）。袁文對性善論的解釋本來承繼牟宗三之即心言性（《詮釋》，頁 46-47），不以經驗層面來審視屬於人的根源本性（《詮釋》，頁 50）。

年出版《從海德格、老子、孟子到當代新儒學》，以海德格
（M. Heidegger）存有學對此在（Dasein，即人）作分析，討論
人在決斷（resoluteness）中之屬己性（Eigentlichkeit，有譯本真
性）與不屬己性。[10]牟宗三主張孟子未曾道及由康德之決意自主

他以為孟子學以普遍的先天能力來論述人本性之善，從能實現之能力上
來說人性（《詮釋》，頁 53）。這能力就是自覺自主的仁義本心，道
德心等（《詮釋》，頁 80）。然而，他進一步追問惡之根源，由是進
入他所謂心與身之關係。他以為日常生活中的心是順軀殼起念，是載沉
載浮的決意機能。他以海德格之概念，稱這日常心為實存心（《詮
釋》，頁 83）。不同於道德心，這實存心「擁有選擇之自由的價值意
識」（《詮釋》，頁 83）。它可以順內在的先天理則而動，此時它就
是道德心，亦可順形軀及外在世界誘動，此時它就是實存心（《詮
釋》，頁 83），他視道德心是實存心不受形軀及世界牽動情況下的本
真狀態（《詮釋》，頁 82）。因此實存心可算是人在順本心與逆本心
之間作選擇者。依黃俊傑之研究，在牟宗三之前，梁啟超解孟子時已有
使用自由決意一層之意：任公晚年有遺作〈孟子之教育主義〉，於
1983 年才被發現，登於《學術研究 5》；指出任公此時有意謂自力之
教，如孟子學，有所謂自由意志，即善惡性由人所自擇，然後對善惡之
歸責始有所歸。最後以自由為善，但甘於不善為任公之要旨（見黃俊傑
（1991）：《孟學思想史論 2》，頁 14）。

10　袁保新（2008）：《從海德格、老子、孟子到當代新儒學》，頁 47。
袁保新藉此分析孟子對人之為不善，給出其可能性基礎。（頁 57）然
問題在於，海德格對人之此在之決斷，誠如袁保新所說，海德格之屬己
與不屬己，並無涉及價值上之高低。（頁 47）既然如此，海德格論人
之決斷，其實難於與孟子倫理學相關，因為若無道德價值高低之概念，
其實人即不能在倫理學中被歸責，因為一個倫理上的歸責之所以可能，
乃由於人違反了較高的規範，而孟子不總是批判梁惠王之不仁嗎？孟子
所謂：「體有貴賤，有小大，無以小害大」（朱熹撰（1983）：《四書
章句集註》《孟子集注・告子上》，頁 335），貴賤與大小，不是對身
之貶抑，而是一種在道德評價上之高低，是一個秩序概念。孟子之論人

以及與傾向之連結。然若主張《孟子》文本上並未涉及到此決意之概念，當然亦無所謂作成決意之歸責主體，但實情恐非如此。此決意之概念於《孟子》文本最後歸因於〈公孫丑〉中所謂「禍福無不自己求之」之人自己，人之自己是善惡之施行者，也是對其決意取舍之承擔者，若以主體言之，即是善惡之主體，心是其意識。由是，於孟子，善惡非落在性向之存在特質，如牟氏所謂告子生之謂性、生而有之概念上。

順此，本論文大致可分成三部分，即：

1. 首先以《孟子》如何論述人道德上的決意取舍，最後歸結到人自己。

2. 人在道德上的決意，是在價值高低下之取舍，這表示一秩序之概念，在其下，才有道德批判可言，所謂不善之惡乃是對此秩序之顛倒。

3. 最後即是要證成，最高價值的本心自我，一方面提供理義之主體性根據；另一方面以悅理義之方式揭示自己在人心之決意之中，如是，即證成本心直貫到人心而與人心為一。

三、《孟子》中的道德抉擇
——心之官與耳目之官

孟子以本心解性，以之反對〈告子〉之「性無善無不善」，

心在道德上之取舍，並非道德中立，而是在此秩序下的決意。此討論見本文〈第五篇〉。況且，海德格嚴屬批判主體性哲學，而孟子之論善惡，無不在主體之架構下進行，最後歸於自我之概念。

反對「性可以為善可以為不善」之說。[11]這〈告子〉中之可以為善，可以為不善之性，並非從人自願而說人可抉擇於善、惡言。此可善可不善之性，乃從被環境所決定的個性之性，環境有不同，其性則有所不同，所以他說：「性可以為善，可以為不善，是故文武興，則民好善，幽厲興，則民好暴」。[12]此可善可不善之性，在杞柳之喻與湍水之喻表示的極為清楚，是材質義與狀態義。[13]總括可以為「生之謂性」，「用氣為性」一路，是以經驗人類學為底子的思想。[14]在此思路上，人性之善與惡，乃隨人之際遇與狀態而變，乃可謂人性不確定性，因此有「決諸東方則東流，決諸西方則西流」之說。[15]孟子反對可善可不善之性，是反對這種經驗人類學所構成的人性論，反對以存在狀態說明人之本源的善，而非反對可在決意中規定出善與惡。[16]

　　本心雖責成人之應當所為，但人還是可以拒絕，而接納耳目

---

[11]　朱熹撰（1983）：《四書章句集註》《孟子集注・告子上》，頁 328。

[12]　朱熹撰（1983）：《四書章句集註》《孟子集注・告子上》，頁 328。

[13]　見朱熹撰（1983）：《四書章句集註》《孟子集注・告子上》，頁 325。

[14]　參考楊祖漢（1992）：《儒家的心傳統》，頁 24。

[15]　朱熹撰（1983）：《四書章句集註》《孟子集注・告子上》，頁 325。

[16]　《孟子》文本沒有「選」之單一詞彙之使用，「選擇」一詞則亦只出現一次，即：「子之君將行仁政，選擇而使子」（〈滕文公〉，頁 256）。而「擇」一詞則出現多次，如：「王若隱其無罪而就死地，則牛羊何擇焉？」（〈梁惠王〉，頁 208）；「非擇而取之，不得已也」（〈梁惠王〉，頁 225）；「君請擇於斯二者」（〈梁惠王〉，頁 225）。擇就是選擇之意，「擇於斯二者」，即可表示出在兩者中之選擇，然既有選擇，也亦有可能性。

之小體。[17]假若人不願從本心，這裡便形成本心與耳目在人心中之爭，而人在這裡卻可以作出或是順從本心，或是順從耳目之決定。也就是大小體爭奪之問題。孟子對這方面有一段看法表示：

> 公都子問曰：「鈞是人也，或為大人，或為小人，何也？」孟子曰：「從其大體為大人，從其小體為小人。」〔公都子再問〕曰：「鈞是人也，或從其大體，或從其小體，何也？」〔孟子答〕曰：「耳目之官，不思，而蔽於物，物交物，則引之而已矣。心之官，則思。思，則得之，不思，則不得也。此天之所與我者，先立乎其大者，則其小者弗能奪也。此為大人而已矣。」[18]

---

[17] 此觀點亦見李瑞全（1993）：《當代新儒學之哲學開拓》，頁 123-124。在此，他表示：「人並不因為有此不忍人之心的悸動，即必然地做出具體的道德行為」。李瑞全持孟子無康德之意志與意念之分別，見氏著頁 123。

[18] 朱熹撰（1983）：《四書章句集註》《孟子集注・告子上》，頁 335。徐復觀引此文本說明人之惡：「一切罪惡，只是從『引之而已矣』處發生」（2003）：《中國人性論史》，頁 175。一般而言當代新儒家中皆能理解到孟子學中以心解性之義，徐復觀亦不例外，故有「心善是性善之根據」（頁 104）之說。他對孟子心學之討論中，有提到惡的來源問題：「欲望本身並不是惡，只是無窮的欲望，一定會侵犯他人，這才是惡」（頁 107）。但無窮欲望何以一定會侵犯他人？徐復觀並無解釋，隨之即是他對孟子「耳目之官」文本之詮釋，以為耳目之欲望不是惡，但「惡畢竟是從耳等欲望而來」（頁 175），因為「耳目的機能，不能思慮反省，即是沒有判斷的自主性，所以一與外物接觸，便只知有物而為物所蓋覆，……則只知有物而不知有仁禮智……一切罪惡，只是從

同樣是人,為何有大人,有小人之分?孟子之回答是:順從大體,即順從本心,則為大人;順從小體,即順從身體之耳目者,為小人;不是有兩個人,而是同是人,只是看其動機之取舍而有大與小之別。在《孟子》,小人一詞,如「君子犯義,小人犯刑」,[19]朱子以為這裡之君子小人,乃從位而言,故非必涉現代倫理學中的道德意涵。但在〈告子〉之從大體、小體而有大、小人之說中,小人是意謂道德上有問題的人。大、小體之說早見於同章之「體有貴賤,有小大,無以小害大,無以賤害貴」,體一詞,有指身體,[20]包括四肢等。孟子常有以身體比喻心,如「人之有四端也,猶其有四體也」。[21]而這裡是以身體之喻來說明人應培養本心,一如培養人之身體。[22]耳目小體本身,作為生物之

『引之而已矣』處發生」(頁 175)。基本上,徐復觀對惡之說明,與荀子有其共通處,即其〈性惡篇〉有云:「今人之性,生而有好利焉,順是,故爭奪生而辭讓亡焉」(頁 538)。

[19] 朱熹撰(1983):《四書章句集註》《孟子集注‧離婁上》,頁 276。

[20] 見牟宗三(1985):《圓善論》,頁 49。他表示,體之大之貴乃隱指人自己的本心,見頁 46。儒家之身體觀亦見楊儒賓(1993):〈支離與踐形〉,頁 426 以下,解《孟子》之形色天性以及睟面盎背,頗見精彩。楊儒賓在近代中國儒學之論題亦有開創議題之功,其言孟子之身心觀,頗俱創意。儒家之身心觀,並非笛卡兒之身心二元觀,而是一個身心互為滲透,互為影響的有機結構體。在後來的研究中加入七十年代出土的馬王堆帛書《五行篇》之想法,把人之外在行為,演繹成內在的精神流行。

[21] 朱熹撰(1983):《四書章句集註》《孟子集注‧公孫丑上》,頁 238。

[22] 見牟宗三(1985):《圓善論》,頁 49。孟子身體隱喻思維之說,亦見黃俊傑(1991):《孟學思想史論1》,頁 281。

器官，不會違反本心，但卻可提供誘惑之動機，卽是：人順小體耳目之誘而違反大體：「無以小害大」，是意謂不許人為了耳目小體而違反本心大體，此卽成一以本心大體為高之道德規範，要求人要順從本心而抵抗小體耳目之誘，不能讓小體主導。因而人就是在或從本心大體或從耳目小體間作出決定者。所謂從者，乃謂順從或願意，人能從本心大體，亦能違逆而從耳目小體者，人不是單向一邊而是處於其中能於此於彼間之決意者。這能之概念，在孟子文本卽表示於掌管大、小體間取捨之官職義。

　　公都子要孟子繼續解釋：同樣是人，為何有人從大體，有人從小體？孟子卽藉此提出掌管之問題，卽所為「官」。官，是主管義，掌管或職司之意，所謂能。朱子訓「官」：「官之為言司。耳司聽，目司視……心得其職」，司，是職司之司。朱子以司解官，有文本根據，如：「百官有司」。[23]官，非感官義或所

23　朱熹撰（1983）：《四書章句集註》《孟子集注・滕文公上》，頁253。在春秋，司，乃職務之名，有三司，屬卿，卽司徒、司馬與司空。孔子任司冠，雖亦屬卿，但在三司之下。見焦循：《孟子正義》，臺北：中華，1987，頁 834-5。現在中華民國之官階還有這個職稱，如高教司。但在「耳目之官」中，焦循卻解為感官之官，所謂五官六府：「官，精神所在也。謂人有五官六府也」，見《孟子正義》，頁 792。牟宗三把「心官」連讀，解為「仁義之心」，官一詞之義不見了，而「耳目之官」，則如焦循，解為人身之器官之官，感官之官：「五官感覺」、「五官」（見《圓善論》，頁 52）。感官之解，亦見陳大齊（1980）：《孟子待解錄》，頁 304。人之耳目，當然是感官。上面有說過孟子以身體隱喻人之道德心靈，因此，這裡似乎也可以藉感官之官來作比喻。但是，在《孟子》其餘所有涉及「官」一詞之文本，都是官員之官，無五官感覺之說。耳目之「官」或心之「官」，以「官守」之官解之，較能切合這文本。如此，才能對應下文所謂「小者弗能奪」中

謂五官，耳目之官非指耳目之感官，而是以耳目之職責與管治。孟子文本言官者凡 14 次，都是表示為政府官員之意。[24]甚至在《莊子》，官亦非感官義，而是把官與治或職相連：「以道觀能而天下之官治」[25]。荀子如莊子，亦有直接把官與職連稱之說：「士大夫以上至於公侯，莫不以仁厚知能盡官職」[26]。因而，心之官乃謂心之職責，耳目之官謂耳目之職責。耳目掌聽與視，人若順耳之聽、目之視，人卽放棄心官之職而隨順其所見所職，卽以見聞以及其中的依待性取代心官之自主者。耳目之官掌見與聞，見與聞乃耳目之外者而不為耳目所規定，耳目於此乃接受者，見白卽謂白而不能規定被見者，故雖若官，但其中無自主性，因而是依待而不思；心官之職掌道德規範之決定，而非如耳

的奪，這裡之「奪」乃指耳目小體誘人，要在人心中爭奪掌管權——引誘人心屈從耳目而逆本心。但本心並不與耳目爭奪掌管權，而只自我揭示人之道德價值，而人在本心揭示自己與耳目之引誘之間抉擇。

24 官，之為官職意，如：「柳下惠，不羞汙君，不卑小官」（〈公孫丑〉，頁 240）。「有官守者，不得其職，則去」（〈公孫丑〉，頁 245），「官守者」，乃指有職責者，在某個官位而不能實行其職責者，應該求去，所以後文孟子續道，若有提醒指點之言責，若其言得不到尊重亦應求去：「有言責者，不得其言，則去」。

25 郭慶藩（1989）：《莊子集釋・天地》，頁 404。又如「官施而不失其宜，拔舉而不失其能」（〈天地〉，頁 440）；又云：「官治其職，人憂其事」（〈漁父〉，頁 1024）。就算所謂「五官」，也非現代人所說的作為樣貌之五官，而是涉及政治官職之意：「五官殊職，君不私，故國治；文武大人不賜，故德備……」（〈則陽〉，頁 909）。在《莊子》，五官只有一次解作現代人所謂五官：「聖也者，達於情而遂於命也，天機不張，而五官皆備」（〈天運〉，頁 507）。

26 李滌生（1984）：《荀子集釋・榮辱》，頁 69。

目般純接受如習慣等之規定，因而與見白謂白那種不可規定之接受者不同，而是以其自主決定行事之原則，故心官之職乃表其自主之思。

　　思，乃思誠之思[27]，非西哲學謂思想（thinking），而是欲求或求取義，但它不是一般的欲求，而是在價值上之欲求，只要欲求卽可得到的價值欲求，這也是只有道德意識才有者，故曰：「思，則得之，不思；則不得也」，「思則得之」一義，亦見孔子之「我欲仁，斯仁至矣」[28]，在孟子亦有所謂求之在我：「求，則得之，舍，則失之，是求有益於得也，求在我者也」[29]。「求則得之」是一種人在道德要求下之自我實現，實現乃蘊涵在要求之中。心是本心，本心欲之，則得之。基本上它是承孔子「我欲仁斯仁至矣」之思路而來，但其中孔子並無論及到「舍」與「不思」。其它欲求並無這種特性，例如欲求富貴，富貴不必一定來。「思，則得之」及「求，則得之」乃表本心之立法自主，進一步論證見節七對本心愉悅理義之證明。「不思，則不得」以及「舍，則失之」之不思與舍，乃表人之決意自主。本心雖是充足的道德能力，但在人之道德決意上，不必都能處於決定之地位，因為人仍然可以拒絕之，而讓耳目為主；反之亦然，

27　「思」，亦可解「思念」，如「仰而思之，夜以繼日；幸而得之，坐以　　　待旦」（《孟子集注·離婁下》，頁 294），但這思，不是思念之思，　　　而是孟子所謂「思誠」之思：「是故，誠者，天之道也；思誠者，人之　　　道也」，（《孟子集注·離婁上》，頁 282）。牟宗三有對思進行解　　　釋，見《圓善論》，頁 51。

28　朱熹撰（1983）：《四書章句集註》《論語集注·述而》，頁 100。

29　朱熹撰（1983）：《四書章句集註》《孟子集注·盡心上》，頁 350。

可以讓本心為主而拒絕耳目。因此，本心雖自主於道德價值之決定，但仍可以為人所捨棄而失，亦可為人思與求而得。如是，這則把人揭示於道德價值意識之整全上。這表示，思與不思乃在一整全意義上理解，而非把心之思孤離於其不思而為彼岸；故所謂思與不思，皆非在單邊中被理解，而是人在本心與耳目間的決意之統一中被理解。此決意總屬於人，因而當人捨其本心，非謂沒有本心，而謂有本心但人決意放掉之。

所以，本心會因人放失，是故需要存養：「苟得其養，物無不長；苟失其養，無物不消」。既然無物不消，更何況本心；孟子引孔子語以證之：「操則存，舍則亡」[30]。「操」，即操持，「舍」，即捨棄，意謂放失。[31]但查今日流行之《論語》，實無此語。關於此文句，朱子有註云：「孔子言心，操之則在此，舍之則失去，其出入無定時，亦無定處如此」。焦循亦如是解。

30　朱熹撰（1983）：《四書章句集註》《孟子集注·告子上》，頁331。
31　見焦循：《孟子正義》，頁778。焦循持順此順彼說，詮釋為一決意之心。他在《孟子正義》有註云：「持之則在，縱之則亡，……鄉，猶里，以喻居也。獨心為若是也」。他在註末把人可操存可放失本心之義表示得更明白：「分明指心言，蓋存亡即出入也。惟心是一可存可亡、可出可入之物，故操舍惟命，若無出入，則無弗操存矣」。此所謂出入存亡之說，黃俊傑論及此註，理解為孟子心學之自由義，又謂孟子之心，並非空洞物，而係道德心，故「神明不測，必須時時求其放心，始能常存此心，無適而非仁義」，並比作陽明與唐君毅之心學義。此說見黃俊傑（1997）：《孟學思想史論1》，頁434。但李明輝對焦循之說，有不同於黃俊傑者，指出焦循所言之性乃用氣為性之經驗人類學一路，指出：「以欲為性，以情為性」（氏著（2001）：《孟子重探》，頁82）。

《論語》有所謂：「為仁由己，而由人乎哉？」[32]之說，又有「我欲仁，斯仁至矣」[33]之說。這表示孔子把道德之仁歸於人之中，由人之主動性與自發性來說明道德之仁，因而欲仁即可得仁。孟子所說操則存舍則亡，其中的操則存，或可對比孔子欲仁則仁至之說，牟宗三之《圓善論》即持此說，[34]。但現存《論語》中並無討論到「舍則亡」，把「操存」與「舍亡」結合在一起，乃是孟子之發明。孟子發明而朱隨之，有云：「我欲不仁，斯失其仁矣」，[35]學界多注意欲仁得人之說，未能注意到這道德之我實現亦有效於人對其不仁之欲求上，只要人欲不仁，仁即失之，人即為不仁，故人之不仁亦可從其自主性來理解，而且只能從主性理解。因而，仁與不仁乃只在人中的一個在取舍中之進退，並無二邊孤離，此朱子也見得清，有云：「人只有個天理人欲，此勝則彼退，彼勝則此退，無中立不進退之理」。[36]朱子之說極為複雜，在此暫不表。《論語》只提及欲仁得仁，孟子在此欲仁得仁中，再加上舍棄仁，仁即離我而去之說法，這才是操則存舍則亡之完整意涵，而非如孔子單邊地談欲仁得仁之自我實現也。

假若欲仁得仁，乃基於本心在其立法自主中實現自己，則人舍其仁即亡仁，亦可以說是一種自主與自我實現。因而孟子把欲仁與舍仁，以人之自主、自願與自發統一在一起。故操存舍亡句

---

[32] 朱熹撰（1983）：《四書章句集註》《論語集注・顏淵》，頁 131。

[33] 朱熹撰（1983）：《四書章句集註》《論語集注・述而》，頁 100。

[34] 牟宗三（1985）：《圓善論》，頁 147。

[35] 朱熹撰（2002）：《朱子全書 14 語類 5》，頁 228。

[36] 朱熹撰（2002）《朱子全書 14 語類 13》，頁 389。

乃可理解為人在道德抉擇上的自我實現性。此把成敗依於自己的努力，善惡等歸結在人自己之中。此說其實在《左傳》已有，如「善敗由己，而由人乎哉？」[37]，「禍福無門，唯人所召」[38]，只不過其倫理意義，比不上孟子之深之強。是以，孟子以自主、自願與自發之自我實現來理解操存舍亡，其根據還難說在於《左傳》，因為在《詩》，以及《尚書》中亦有其根據，詳細討論見下節。

　　本心，雖是至善之體，乃需人操持，人不操持，就算有本心，也不會因此而成為有德之人。操持與捨棄，都是人的決定。這可以從大體，可以從小體，或讓心主宰，或讓耳目主宰，來說明這操存與放失。孟子以順從大體與小體來說明道德抉擇：有立乎於本心大體，不順耳目，不使耳目主導人的道德生活，則這耳目小體根本不能在這爭奪中取勝。孟子之「先立乎其大者，則其小者弗能奪也」，「其」，乃指人，「其大者」及「其小者」，表示人之大者與人之小者，大者與小者都屬於人。大者乃本心，小者乃耳目。這表示人有本心及耳目，當人立志於其本心，則其耳目在人之道德生活之主導之爭奪中，不能得勝。因此，人之角色，只不過是讓本心主宰抑或讓耳目主宰而已；本心與耳目皆在屬人自己中成為可能。人並無專為犯惡之才能，而只是目耳小體在道德事件中爭奪主導權，而人自主意於放失本心，才讓耳目小體為主。所以，所謂不善之惡[39]，主觀上乃是在於人放失本心之

37　《左傳・僖公二十年》，頁 241。

38　《左傳・襄公二十三年》，頁 605。

39　《孟子》中常以「不善」表示惡，而少於直接以「惡」一詞來表示之，如：「言人之不善，當如後患何？」（《孟子集注・離婁下》，頁

自我決定，而不在於耳目本身，耳目不能決定人。為惡只是人陷溺自己的本心，人有本心之道德能力，但人卻把它放掉到水裡，放失掉了。試看三段出自〈告子〉之文本：

其一：

> 富歲，子弟多賴；凶歲，子弟多暴，非天之降才爾殊也，其所以陷溺其心者然也。[40]

其二：

> 其所以放其良心者，亦猶斧斤之於木也，旦旦而伐之，可以為美乎？[41]

291），但也不是沒有直接以惡表之，如：「雖有惡人，齊戒沐浴，則可以祀上帝」（《孟子集注・離婁下》，頁 297）。但惡一詞在《孟子》有表示討厭不喜好之意，即好惡之惡，如：「禹惡旨酒而好善言」（《孟子集注・離婁下》，頁 294），又如：「父母愛之，喜而不忘；父母惡之，勞而不怨」（〈萬章〉，頁 302），如：「今惡死亡而樂不仁」（《孟子集注・離婁上》，頁 277-278），「惡似而非者……惡利口，恐其亂信也；惡鄭聲，恐其亂樂也」（《孟子集注・盡心下》，頁 376）。《孟子》中所謂「不善」，有強義與弱義之分。強義當然是指作壞事，如國君禍害國家等。但不善一詞，孟子常持弱義者，如文本中所謂「子弟多賴」，如「治地莫善於助，莫不善於貢」（《孟子集注・滕文公上》，頁 254），「……王誰與為不善？……王誰與為善」（《孟子集注・滕文公下》，頁 269）。

40　朱熹撰（1983）：《四書章句集註》《孟子集注・告子上》，頁 329。
41　朱熹撰（1983）：《四書章句集註》《孟子集注・告子上》，頁 330。

其三：

> 仁，人心也；義，人路也。舍其路而弗由，放其心而不知
> 求，哀哉。人有雞犬放，則知求之，有放心而不知求。學
> 問之道無他，求其放心而已矣。[42]

　　孟子首先以本心之陷溺與放失以言人之惡，陷溺與放失皆是動詞義。這好像人把東西掉到水裡被水所覆蓋，人把本心溺蔽，視而不見，也就是舍則亡之義。因而，人不是被強迫，而是自己決意如此，主動地把本心遮蔽；此也非本心被物化、變壞或無能，而是本心被人主動地否決了，放棄掉了，並不是有專屬作惡之能力，故云：「富歲，子弟多賴；凶歲，子弟多暴，非天之降才爾殊也，其所以陷溺其心者然也」。[43]故人為惡，非謂才能問題，而是人自主意於把自己的本心沉溺不見，讓本心放失、故意舍棄、無視或忽略它，這是一種自我放棄，即下文所謂「自棄」與「自賊」之說。

　　但在上文《孟子》文本中也明言「有放心而不知求」，這好像孟子否定了人在放失本心時沒有求本心之知，人好像處於一種無知的狀態，若既是無知，則也好像沒有故意不故意的問題。其實不然，於孟子，在心之本體上說，連「孩提之童，也無不知愛其親者」，[44]故這所謂「不知」，乃一依心本體無不知而來的諷刺語，人若謂其不知，指是在人明知故犯中找借口脫罪，裝作不

---

[42] 朱熹撰（1983）：《四書章句集註》《孟子集注・告子上》，頁333。
[43] 朱熹撰（1983）：《四書章句集註》《孟子集注・告子上》，頁329。
[44] 朱熹撰（1983）：《四書章句集註》《孟子集注・盡心上》，頁353。

知良知所知而來的遁詞。在孟子這諷刺語中也早已暗示了人知自己卽是那放良心者自己，而在遁詞中推托不知，也早已暗示了他自主於推責。當孟子指出這不知之遁詞，也卽暗示對這放心而不知求者之指責，責人故意放失本心去做壞事，事後卻找藉口開脫。孟子常中指責人不知仁愛之遁詞：

> 狗彘食人食，而不知檢，塗有餓莩，而不知發。[45]

人都食不飽，還飼狗食人之食；誰都知到這個時候要節檢，知道但卻不去做；死了人卻賴天災，而與己無關，故續曰：

> 人死，則曰：「非我也，歲也！」，是何異於刺人而殺之，曰：「非我也，兵也！」[46]

梁惠王這樣做，當然是其不願檢，不願發，而非在認知上的無知。孟子說他不知，乃是批判他不願檢不願發而四處找借口。依此，「放其心而不知求」一語，乃可從「不知檢」，「不知發」之語意脈絡理解，乃意謂，能仁義，知仁義，但以不知之遁詞開脫不去求。[47]「不知求」乃不去求之意，乃不願為之意，不

---

[45] 朱熹撰（1983）：《四書章句集註》《孟子集注・梁惠王上》，頁204。

[46] 朱熹撰（1983）：《四書章句集註》《孟子集注・梁惠王上》，頁204。

[47] 下面的「心不若人，則不知惡，此之謂不知類也」亦如是解：「不知惡」並非不知自己之惡，而是指責知道不善卻不去除掉之謂，卽非不

肯之意；故孟子有云：

> 故王之不王，不為也，非不能也！[48]

即有能力做，知道要做，但卻不願做，不肯做，而非真的不能與不知。

　　對照取舍決意之說，人依其本心而有能力於仁義，但不必願於此，卻以耳目小體為帥，而為不善之惡。依此，對人之惡所進行的倫理學說明，乃在於人有意識地決意於惡（違反本心），因而惡乃在於人之取舍決意，不在人心理上的狀態與特質。人處於本心與耳目之間，可以順從之（求與思），亦可以不願而拒絕之（舍與放失）。就此順從本心或拒絕本心之關係而言，乃表示出人在本心與耳目間有取舍，可在其中有所抉擇。

　　於此，孟子乃揭示人決意於順本心或順耳目間的一個實踐的主體概念，而人之決意乃必然統一於此，這主體概念乃在這統一中被理解；然其中之必然性乃在於：只在其中，人對其惡行之可歸責性才是可理解。此主體性概念即是一道德抉擇者，即是，人自己。

能，只是不為。「不知」在《孟子》文中有其它意義，如不正確地知道：「惠而不知為政」（《孟子集注・離婁下》，頁 289）；不知曉：「不識舜不知象之將殺己與」（《孟子集注・萬章上》，頁 304）知，可解作義上之理解，如孟子批判告子義外之說：「告子未嘗知義，以其外之也」（《孟子集注・公孫丑上》，頁 232）從心之外理解理義。

[48]　朱熹撰（1983）：《四書章句集註》《孟子集注・梁惠王上》，頁 209。

四、從「心不若人」之心到「禍福無不自己求之」之人自己——道德歸責之承擔者

　　依上節所討論孟子文本，只涉及對善惡間取捨之討論，但若謂進一步要更完整地證成人在道德上之決意，仍需以一實踐主體之概念說明。因為把人之決意視為自主的，乃是為了說明人之可歸責性，而所謂決意與歸責，不只涉及意識，而是涉及其主體，這是由於，所有行動乃屬於一行動者，在只這行動者之概念中，行動才能被理解。然而，這主體之概念究竟是如何的，才能說明這意識概念？這實踐主體雖然與本心密切相關，但非在概念上能被視為本心之最高的立法主體，因為作為立法主體，本心並不抉擇。而這實踐主體作為一抉擇者，乃被理解為一對決意自主之行動者，而只有在其順逆良知之決意皆從屬於這實踐主體中，因而其概念必須被理解乃蘊涵著順逆良知之可能性，從而使其決意行動，連同其可歸責性，才能被說明，如是這實踐主體之概念即能被證立。

　　蘊涵這可能性之主體，不是別的，正是人自己。作為一自我，這人自己之概念乃是要說明一切決意，不管順或逆其良知，皆從屬於他，因而，這統一性即表這主體乃是人自我，藉這統一性之自我概念，即能對人之決意行動及其可歸責性提供充分說明。因為若非把一切決意理解為從屬於一個如此的統一之自我概念中，反而把決意分別從屬於此或又把另些決意從屬於彼，如是即使這決意自主及其歸責概念成為不可理解者。因為若有一個屬於彼的他者決意，則從屬於此的決意者對之並無自主的決定能力，亦對之亦無承責之可能。在詮釋孟子之文本中，即可分析出

這樣的一個統一性自我之概念，此概念可藉著孟子文本中對不若人之心進行分析而被初步表明者。

在《孟子》，心一詞乃歧義者，心不必即等於本心，而亦有人心義。本心之活動與意識，乃純善無惡者，所以它既是道德能力，亦是理義之所在。人心雖亦是活動與意識的，而非如本心般從純善解而落在自身之立法與意願中，其概念不包含任何不願意之否定，而在孟子所謂「心不若人」之說中即可揭示這否定性。孟子在無名之指，屈而不信（不能伸直或不順）之喻中提及「不若人」之心的概念。孟子在此批判那些人，討厭手指不能伸直而比不上人，但卻不討厭心比不上人：

> 指不若人，則知惡之；心不若人，則不知惡。[49]

論《孟子》心之概念，常以本心為討論之核心。但此不若人之心，並不是本心，因為本心乃從普遍性去理解，各人之本心，並無高下之分，乃從人之平等性理解，故本心無所謂若人不若人。所以，孟子這裡所說不若人之心，由於有此不若人之說，即知非謂本心無疑。心之不若人，不能從習慣與本性而論，乃是人自己在意識中要這樣做而來者。何以孟子說此「心不若人，則不知惡」？假若人真的不知惡，其實他人亦無從批判起。此不知之義，可以參考上文所說孟子批判梁惠王「狗彘食人食，而不知檢」之不仁之政；在孟子眼裡，梁惠王故然知自己之不仁，因而

---

[49]　朱熹撰（1983）：《四書章句集註》《孟子集注・告子上》，頁 334。「心不若人」之「心」，朱子與牟宗三沒有解釋過此中之心義。

孟子不許他推給天災而要他負責。這意謂，人心當然知自己之惡，一如人知其指不若人之惡。但何以一定知之？其實乃由於：惡乃由心生，孟子曰：

> 詖辭知其所蔽……生於其心，害於其政。[50]

當心被理解為惡之所從出，也卽是，心是惡意欲者時，心當必知其自己之惡。但依上文之討論，此犯惡乃意謂人放捨本心而就耳目，從主體之決意而言，也就是人心對本心之放捨。因此，這「不若人」之心，與「生於其心」之心，乃道德上作出放捨本心之主體。人自己放捨其良心而為惡，人自當知之，惡因人自己，非依他而有，它總附於人，人亦當知自己之惡，此乃惡之屬己性。這不若人之心乃藉自我決意而有，非從隨軀殼起念來說明，孟子卽把整個放捨之決意乃從人自己來說明：

> 人有雞犬放，則知求之；有放心，而不知求。[51]

被放之心，是本心義之心，放其心者無他，乃人之自己，此非他人能代勞者。孟子在此指責那些放掉本心而不知（不願）求的人，其心明是人自己放掉，卻找借口避責。人作為放捨本心者，其放捨本心之動機屬己，由此而說他不若人，他自身而非他者卽是那放掉本心而順從耳目者；其中不涉軀殼起念，而是直接

50　朱熹撰（1983）：《四書章句集註》《孟子集注・公孫丑上》，頁233。

51　朱熹撰（1983）：《四書章句集註》《孟子集注・告子上》，頁334。

指出人就是那放捨本心者，並批判此放捨者為「不知類」[52]。隨軀殼起念說在此無決定的地位，因此所謂也只能在人自主接受中以動機身分影響人之決意，但無從決定人是順從本心抑或順從耳目；在人之可歸責中，只有人自己之自我概念，依其自主性來說明順逆本心之可能決定。是故，其心不若人之處在於：人拒絕本心而從耳目，其動機卽壞，其心卽為不若人之心。依此，孟子之所謂心，乃有兩義，卽本心與「心不若人」之人心。[53]後者乃表示為一可有違逆本心之意識者，故孟子亦有云：「作於其心，害於其事；作於其事，害於其政」[54]。因而，為惡之人卽是一決意者，也卽，一個被設想為把所有決意統一於其意識中的實踐者，也卽是，人自己。

　　孟子在此之劃時代意義在於：人不善之惡，乃不從經驗人類學的存在者狀態來說明，而是從其決意之意識行動來說明人如何在否定其本心中可評價為惡，從而指向一人自己之自我概念；卽

---

[52] 「不知類」，朱子解為：「不知輕重之等也」，見《孟子集注・告子上》，頁 334。牟宗三從朱子，類，不是同類之類，而是輕重次第之義，見《圓善論》，頁 45。焦循《孟子正義》解「類」為「事」，見下冊，頁 788。

[53] 見袁保新（1992）：《孟子三辨之學的歷史省察與現代詮釋》，頁 80。袁保新批評唐君毅先生的「孟子言心只有一心」之過於簡化。但唐君毅所理解之心，也頗為複雜，唐君毅有言：「孟子之言心，乃直就心之對人物之感應之事上說。此心初乃一直接面對人物而呈現出之心，初非反省而回頭內觀之心」。唐君毅（1974）：《中國哲學原論：導論篇》，頁 82。以為孟子之心只有一義，卻可見於譚宇權（1995）：《孟子學術思想評論》，頁 122。

[54] 朱熹撰（1983）：《四書章句集註》《孟子集注・滕文公下》，頁 272。

是：從存在者狀態扭轉到意識及意識者之上。

　　人之有不若人之心，並不是本性地不若人，而是在其施行決意中不若人。人，作為決意之實踐主體，乃可拒絕小體之主導，而從其本心大體，讓本心大體為主人，而成為大人。人之本心，純善無惡，但不表示：人乃純善無惡，人表現出或善或惡，乃視其自己如何取舍，也就是依於他自己如何決定自己的行為，孟子有云：

　　　所以考其善不善者，豈有他哉？於己取之而已矣。[55]

　　此己，卽是人自己，那決意之主體；於，乃依據義；取，乃取舍義。此謂，人之善惡乃依於人自己之取舍。這卽表示一決意主體之概念：決意歸屬於此，而且只能歸屬於此。[56]人有本心，故可以為善。單從可以為善之可以，不足以解釋人之為善，因為人在當下，雖可順從本心而善，但亦可拒絕之而順從耳目而惡。這乃依於人自己之決意如何，此決意雖表現為一選擇，但其實揭

---

[55] 朱熹撰（1983）：《四書章句集註》《孟子集注・告子上》，頁334。

[56] 依孟子文本之解讀，自，乃謂己，所以孟子有用一詞後，卽用另一詞代替，以增文氣：「自怨自艾，……以聽伊尹之訓己也」（《孟子集注・萬章上》，頁309），又如：「若己推而內之溝中，其自任以天下之重如此」（《孟子集注・萬章上》，頁310）。在《孟子》大部分文本，自就是自己，己亦也是自己：「禹思天下有溺者，由己溺之也」（《孟子集注・離婁下》，頁299），又如：「不識舜不知象之將殺己與」（《孟子集注・萬章上》，頁304）。兩詞差不多可以互用，但自一詞，可作介詞用，如：「自有生民以來，未有孔子也」（〈公孫丑〉，頁234），但己一詞，卻無介詞之義。

示出一在良知下的抉擇。此抉擇於人身上，永遠有可能，故孟子並無因本心之純善，而否定它，甚至以人自己說明如何在其中說明人之善與惡，卽所謂「於己取之而已矣」。這自我之概念，孟子在〈離婁〉亦有言曰：

> 自暴者，不可與有言也；自棄者，不可與有為也。言非禮義，謂之自暴也；吾身不能居仁由義，謂之自棄也。[57]

人之所以為惡，言非禮義，不居仁由義，因為人「自暴」禮義，與「自棄」仁義；仁義乃出自本心，自棄仁義，卽自棄本心。孟子解釋人之為惡，並不是基於貪心或激情，更不是人之習慣等人類學概念，這些概念所以相關於人之道德論題，乃在於它們與人相關中的引誘力，然而，一來人受與不受其引誘，乃可自我取捨；二來，這相關性之可能基礎在於人先行地自主接納它們。只有人放棄本心，自主地接納其貪心等之存在狀態在其實踐動機中佔有地位，才能居上位而主導人之道德實踐。因而，這些人類學概念之倫理學理解乃只能奠基在人之決意自主中，後於這自主性而不能反過來決定人之決意。《孟子》中還有不少犯惡是由己出之語，如：

> 人之所異於禽獸者幾希，庶民去之，君子存之。[58]

57　朱熹撰（1983）：《四書章句集註》《孟子集注·離婁上》，頁 281。

58　朱熹撰（1983）：《四書章句集註》《孟子集注·離婁下》，頁 293。

庶民與君子都是人，是人（庶民）去（放失）本心，亦是人（君子）存養本心，放失與存養皆是人之所為者，人自己才是道德決意之最後根據。孟子在〈公孫丑〉中表達的最具決定性：

> 今國家閒暇，及是時般樂怠敖，是自求禍也，禍福無不自己求之者。[59]

自己一詞唯一出現在孟子文本的，卽在此句中。此文本之解讀，由於涉及到國家，乃偏向政治語言。然孟子之政治語言常與道德語言合用，如在人性論之爭辯中以仁一詞來討論：「子能順杞柳之性而以為桮棬乎……率天下之人而禍仁義者」，在討論到政治上的批判標準，亦道德的，如仁卽是：

> 三代之得天下也以仁，其失天下也以不仁。國之所以廢興存亡者亦然。天子不仁，不保四海。[60]

又如「不仁哉，梁惠王也，仁者以其所愛及其所不愛，不仁者以其所不愛及其所愛」[61]，一句更為明顯。在孟子批判梁惠王中，旣是道德上亦是與政治上的缺失。因為依後文朱子之說明，梁惠王在戰爭中犧牲其太子，也就是禍及自己親人。在孟子眼中，禍害之產生，乃在於倫理上的不仁；君王之不仁，其結果卽

59　朱熹撰（1983）：《四書章句集註》《孟子集注·公孫丑上》，頁 236。
60　朱熹撰（1983）：《四書章句集註》《孟子集注·離婁上》，頁 277。
61　朱熹撰（1983）：《四書章句集註》《孟子集注·盡心下》，頁 364。

是禍害，禍害之因由，乃在於施政者之不仁，由不仁而至於禍害，在庶民卽是不保四體。在此孟子卽確立：仁義之施行與否，乃禍福之因由：

> 天子不仁，不保四海……士庶人不仁，不保四體。[62]

不保四海，不保四體，也卽是禍，而禍乃由不仁而來者。進而可說，禍福乃由仁與不仁而來；此仁與不仁，乃在於人之決意；人決意於仁義，乃福之由來，故續云：

> 天子不仁……行有不得者，皆反求諸己，其身正而天下歸之。《詩》云：「永言配命，自求多福」。

孟子引此《詩》乃出自〈文王〉，共兩次，另一次卽是上文引「今國家閒暇……禍福無不自己求之者」一句之後續語：

> 《詩》云：「永言配天命，自求多福」；〈太甲〉曰：「天作孽，猶可違；自作孽，不可逭」。[63]

依陳大齊之研究，《孟子》中所列引用古籍，明白說出其名者，就只《詩》與《尚書》。[64]但此言或不可盡信，在〈滕文

---

62 朱熹撰（1983）：《四書章句集註》《孟子集注・離婁上》，頁277。
63 朱熹撰（1983）：《四書章句集註》《孟子集注・公孫丑上》，頁236。
64 見氏著（1980）：《孟子待解錄》，頁314。

公〉孟子亦有引《傳》與《禮》之言，見頁 266；不過查先秦古籍卻不見孟子在〈滕文公〉所引《傳》與《禮》之言。然唯一把《詩》與《尚書》相連引用，即以上〈公孫丑〉文本。關於以上〈太甲〉之文本，孟子亦引兩次，另一次即是〈離婁〉頁 280。孟子極重視此人自己乃禍福之承責者，自己說之還不夠，並引〈文王〉、〈太甲〉以證之。前者說人自求福，後者說人自求禍；所以孟子之言，是把〈文王〉與〈太甲〉兩篇之不同的文本統一連結起來，成為禍福皆由人自己之決定而至者。〈文王〉只說人自求福，〈太甲〉只說人自求禍，[65]此兩篇之說，本是分開者，而孟子則刻意把它們連說，有意識地使之統一在一起，表示禍、福非可單邊地理解，而是皆統一在人自我之身上，此乃引用古文以證其見。孟子意謂，求福者，乃人去求，無人能代替，故求乃自求；作孽亦如此，禍亦人求之，故孟子云：

　　夫人必自侮，然後人侮之……。[66]。

　　不行仁義，反求諸己，乃意謂不仁不義乃出於人自己，人非他者所能代替，人乃意謂他自身即須被理解為其不仁行徑之主事者，即是那犯惡者之自身。反求諸己，也就是，不可另尋承責者，把責任推給自己以外，要從自己中尋求之。

　　禍福無不由自己而來，孟子把禍福之造成者，歸到人之自己

---

[65] 禍與福兩詞均不見諸《論語》，在《孟子》出現禍一詞共四次，除以上文本所舉三次，另一次為：「昔沈猶有負芻之禍」，但此次為沈猶氏之詞非孟子語。

[66] 朱熹撰（1983）：《四書章句集註》《孟子集注・離婁上》，頁 280。

身上，歸到人自我。一個犯惡者之概念無涉他者，而只關人自己。人可是行善者，亦可是犯惡者；正因為行善與作惡，都歸到人自己，因而，人對此承擔之必然性卽得到證立。在這裡，那種區隔本心之立法與違反本心之現象或感性氣稟，並無地位。因為，本心之立法對違反本心者，旣在分隔中，卽難於施行其上而無效；而違反本心者，亦在這分隔中無需承責。因而，本心之理義於人之有效性，以及人在違反本心之可歸責性，乃在這分隔中成為不可能。由是，必須先行設想本心與人心間之統一，這本心之概念，以及人違反本心之可歸責性，才是可理解的。也卽是，人自己先行被設想為這統一者，才能就著他是一決意自主者而承擔其責。如此之說明，當然要批判那把善歸於一邊，惡歸於另一邊之二元論。這種把禍福善惡統一在人自己之中，孔子亦不曾討論。在孔子只是單面向地談我欲仁斯人仁至，這只是孟子說操則存舍則亡的前半部。到孟子，超越孔子，從《詩》與《尚書》找到理解人之根源，卽是人之自己，人卽是那禍福善惡統一其上的行動者。

　　後世把惡關連到氣質之性，這在修身的層次上問題比較少，但在歸責之行動上，卻非如此。「自賊」之自，「自暴」與「自棄」之自，都是指人自己，自己卽上文「禍福無不自己求之者」之自己，也是「於己取之」之己。孟子在批判梁惠王欲拒絕被歸責：「非我也，歲也，……非我也，兵也」[67]，其實乃表示人自己乃是歸責上的承擔者。意欲規避責任者所做的，多不是不承認

67　朱熹撰（1983）：《四書章句集註》《孟子集注・梁惠王上》，頁204。

有此惡事，而是推說這惡事非其所為，然在此避責之說中早已暗示承責者之概念乃表示惡事與此事之施行者間之統一性，只是這施行者不是他本人，而是其他人。此意謂，對犯惡之指責即可推演出人承責於自己之決意，不能有人自己以外的更高理由。

但這還不足以充分說明道德，假若人之抉擇並不涉及到價值高低者；也就是，假若其所選擇者在道德上是等價的，則其決意並不屬道德論題，因為所謂道德，乃有規範之意，也即是在價值上有上下高低之分。所以，所謂取捨決意，乃意謂上下價值之抉擇，取價值下位者，則被歸責。因而，人在道德上的選擇，雖是自主的，但決非無關緊要的，隨意而中性的，乃是人在不被強迫中，展現價值上下高低之抉擇。在犯惡之決意中其實是否定了在上位的本心，把在下位的耳目小體，超過在上位的本心大體，也就是人自己把道德秩序顛倒了。把道德高低秩序顛倒之人，孟子稱為蹶者及狼疾人。

五、蹶者與狼疾人──道德秩序之問題

孟子認為，人若先立志，耳目小體不可以奪取大體之位：

> 鈞是人也，或從其大體，或從其小體……先立乎其大者，則其小者弗能奪也！[68]

也即是，若有所謂小體奪得實踐優位，則可推斷人未先立志

68　朱熹撰（1983）：《四書章句集註》《孟子集注・告子上》，頁335。

之故。因而，是否先立志乃是大、小體誰獲得決定位置之依據。人若不立志於大體，小體即有主宰力；而不是，小體有主宰力而使人不立志。因而，所謂人不立志，並不是被他者推動，而是人自主意如此；立志是自主的，不立志也是不自主的。依此，對於人不立志之解釋，不能在其前設定一個更早的原因推動他，不管這原因叫做什麼。

　　志一詞，其意乃謂期待，所謂志，乃表期待某某之意，故孟子云：「羿之教人射，必志於彀；學者亦必志於彀」[69]，「久於齊，非我志也」[70]。朱子訓：「志，猶期也」，朱子是就概念上說，志是期待，不一定與道德仁義相關，只是人之期待的一般性表述。但在《孟子》文本中，此詞之使用乃偏向於道德仁義者，如：「聞伯夷之風者，頑夫廉，懦夫有立志」[71]。亦有所謂「尚志」之說：「仁義而矣，殺一無罪，非仁也……」，但這乃就士所尚之志而言，但人亦可有不志於仁之說：「苟不志於仁，終身憂辱」[72]；因而人可以志於仁，亦可不志於仁，志，在概念上非指本心。但《孟子》文本大多數把志連繫到仁義。志解為期待，從孔子以來就是如此：「吾十有五志于學」；[73]然孔子亦有所謂

---

[69]　朱熹撰（1983）：《四書章句集註》《孟子集注·告子上》，頁 337。

[70]　朱熹撰（1983）：《四書章句集註》《孟子集注·公孫丑下》，頁250。

[71]　朱熹撰（1983）：《四書章句集註》《孟子集注·公孫丑上》，頁240。

[72]　朱熹撰（1983）：《四書章句集註》《孟子集注·離婁上》，頁281。

[73]　朱熹撰（1983）：《四書章句集註》《論語集注·為政》，頁 54。又如：「子路曰：願聞子之志。子曰：老者安之……」（〈公冶長〉頁82）孔子亦有要子路與公西華等「亦各言其志也」見朱熹撰（1983）：

「志士仁人，無求生以害仁，有殺身以成仁」[74]；《孟子》之志，乃承孔子志士仁人之說，故有「志士不忘在溝壑」[75]之說。此時之志士，乃偏向以一己之生命承擔理想之意，因而偏向於道德情操之類者；孟子言志，大多指此。但志仍然不是本心，故才有得與不得志之說：「古之人，得志，澤加於民；不得志，脩身見於世」[76]；假如志只表示本心之概念，並無得不得的問題，而是在何情況時刻都揭示道德價值在人之心中者。於孟子，志其實必與心相連，因而卽表心志，故云：「專心致志」[77]。志涉及專心，旣涉及專，因而有不專，此專與不專，乃表示在人對志與氣之態度上，從而有所謂志壹與氣壹之問題。

　　在孟子，志之概念涉及到與氣之關係。對氣之討論，孟子集中在〈公孫丑〉與〈告子〉兩章。前者論浩然之氣，後者言夜氣，孟子對氣的討論大概就此而已。在〈公孫丑〉一章，氣與志相結合，朱子引程子云：「仲尼只說一箇志，孟子便說許多養氣出來。只此二字，其功甚多」[78]。在〈告子〉一章，夜氣乃用作平息日晝中的氣所引起之桔亡者。

　　志者，乃可就主宰言，統帥氣，以志為主，氣乃處於從屬地位者，故曰：

　　《四書章句集註》《論語集注・先進》，頁 129-130。可知志乃心志與期待等，每人各有其志向，不必盡相同，故非本心無疑也。

[74]　朱熹撰（1983）：《四書章句集註》《論語集注・衛靈公》，頁 163。

[75]　朱熹撰（1983）：《四書章句集註》《孟子集注・滕文公下》，頁 264。

[76]　朱熹撰（1983）：《四書章句集註》《孟子集注・盡心上》，頁 351。

[77]　朱熹撰（1983）：《四書章句集註》《孟子集注・告子上》，頁 332。

[78]　朱熹撰（1983）：《四書章句集註》，頁 199。

　　夫志，氣之帥也；氣，體之充也。夫志至焉，氣次焉。[79]

　　志，表期待義，謂心志，因而所謂志是氣之帥，乃謂人立志於本心，在此，氣卽無主宰地位。充，乃擴充、充滿、充盈與充實之意；[80]然氣是體之充，本心旣是大體，亦有在氣之充盈中，然乃是在人心志於此大體而有者。統帥氣之志，乃指志士人仁之志，氣為志所帥，隨志而來，而氣又是體之充，因而可說：人立志於仁義，擴充滿盈本心大體[81]。此氣由志而發，此志有意於本心仁義，故由此志而來的氣，乃配義與道：

79　朱熹撰（1983）：《四書章句集註》《孟子集注・公孫丑上》，頁230。

80　充一詞之義，可見「充實之謂美」，「人能充無欲害人之心」（《孟子集注・盡心下》，頁372），朱子皆訓為擴充或充滿。氣，徐復觀乃從生理來理解，浩然之氣乃生理與道德相合後的昇華，見氏著（2006）：《中國文學精神》，頁104。

81　「體之充」之體，可以從兩方面之延伸來說，其一是由本心仁義之大體擴充至人之身體：「君子所性，仁義禮智根於心。其生色也，睟然見於面，盎於背，施於四體，四體不言而喻」（《孟子集注・盡心上》，頁355）。所以，此氣之於身體，乃由志於仁義而來，故氣乃涉「體之充」之體，不限於本心大體，而且更擴充至人之身體，擴充至可見於面與背；因而為可見之生色，甚至充塞宇宙：「其為氣也，至大至剛，以直養而無害，則塞于天地之閒」（〈公孫丑〉，頁231）。有關浩然之氣，以及心與氣在其它先秦著作的討論，見黃俊傑（1993）：《孟子》，頁61-78。徐復觀提供另一思路，他從孟子之志與氣，一直伸展到中國文學的批評領域，卽劉彥和之《文心雕龍》，把中國志與氣之傳統轉到文學傳統的文體論，見徐復觀（2001）：《中國文學論集》，臺北：臺灣學生書局，2001年，頁332-333。

其為氣也，配義與道……是集義所生者，非義襲而取之也！[82]

此所謂配義與道之氣，其志乃有意於本心之仁義，人先立志於此，小者不能奪；反之，若小者能奪，乃先由人不立志：「先立乎其大者，則其小者弗能奪也。此為大人而已矣。」[83]這在本節首已討論過，立志與不立志決定了大者與小者之地位。同理，志與氣之地位亦如此：

志壹則動氣，氣壹則動志也。[84]

志，乃指期待仁義，志壹，乃指以此志為首，氣壹則指以氣為首。壹，非朱子所訓為專一那種穩定的心理狀態言，因為真若

---

[82] 朱熹撰（1983）：《四書章句集註》《孟子集注・公孫丑上》，頁231。

[83] 朱熹撰（1983）：《四書章句集註》《孟子集注・告子上》，頁335。

[84] 朱熹撰（1983）：《四書章句集註》《孟子・公孫丑上》，頁231。「壹」一詞在《孟子》中就只出現在這文本中，別無它處，就算《論語》亦無此詞。壹，朱子訓為：專一，筆者不取。理由是：專一乃指人之心志之專一，是人之意識之作用，即朱子所謂期待等，人之志才有專壹不專壹之問題；而氣只是體之充，就算配義與道之浩然之氣，其本身屬存在領域（故孟子說它「塞于天地之閒」），而不屬意識領域，沒有專一不專一的問題。在《孟子》之一，有意謂某一：「一齊人傳之」（〈滕文公〉，頁269）；又有當之意：「一正君而國定矣」（〈離婁〉，頁285），即當校正國君行為而合符仁義，則國家便安定了；又有一樣之意：「先聖後聖，其揆一也」（《孟子集注・離婁下》，頁289）。因而，一亦無專一之意。

依朱子，則氣壹卽成氣之專一，但氣屬存在者層面，因而不能說
在屬意識層面上所說的專一，以存在與意識有別故。孟子此謂，
人若以仁義之志為首，則一身之氣為其所動，以此時人以本心為
先故。然若謂以氣為首，此卽表其志有所影響。是影響而非決
定，若動一詞取決定義，此卽謂屬存在者之氣決定人之志，如是
則也根本不能說志壹動氣，因為若氣有決定力，則志本身卽難有
地位，反之亦然。因而，所謂動志，乃只表影響義，非從謂誰決
定誰言。然這志壹氣壹之說若回到倫理學理解中，這壹既不表動
詞義之專一，而是為首之意，進而可追問氣何以能為首？這追問
乃問出一個主體之概念，因為氣之為首為次，乃需一決意主體使
之如此，而不會自然如此。因而，所謂氣壹，必須在人之自主意
中理解，這在孟子文本根據在於，所謂氣壹，乃在人之暴其氣而
有，而志壹，乃在孟子言人持志、暴氣而來者，孟子曰：

> 夫志至焉，氣次焉。故曰：「持其志無暴其氣」。[85]

持志者與暴氣者皆人也，人自己對其志與氣有一倫理態度，
卽是持或暴，持志而無暴其氣，不持志而暴其氣，此皆源自其態
度，此表現在一決意當中。既然由不持志言暴氣，暴氣在後，因
而根本不能以氣稟影響說人之違逆良知，暴氣而動志，此志是指
心意之堅定，然都在人自主決意於違逆良知後而可能者。氣壹之

---

85 朱熹撰（1983）：《四書章句集註》《孟子集注·公孫丑上》，頁
    230-231。

氣，非浩然之氣，乃是孟施舍所守之氣，卽勇氣之類。[86]孟子反對以氣為先，故云「不得於心，勿求於氣，可」，[87]人應求於本心，不可求於氣。求於氣，卽謂以氣為帥，卽謂暴其氣，此則動搖心志於仁義。[88]此氣，相類於北宋儒所謂氣性之氣，如這裡所謂勇氣，乃人在性格上的特質。志壹動氣，是意識之行動，人持其心志而有浩然之氣。氣壹，乃在人自主不持志而暴其氣，把氣視為其原則，氣卽可反過來影響其心志。這表示氣可搖動人之心志，因而便可說影響人心，故續云：

今夫蹶者，趨者，是氣也，而反動其心。[89]

---

[86]　朱熹撰（1983）：《四書章句集註》《孟子集注・公孫丑上》，頁230。

[87]　朱熹撰（1983）：《四書章句集註》《孟子集注・公孫丑上》，頁230。

[88]　依上注所言，壹，非專一之意。查壹，乃數字之首，故筆者理解「志壹則動氣，氣壹則動志也」為：以志為先，則觸動氣，以氣為先，志則被觸動。孟子又有志是氣之帥之說，帥亦有為首為先之義，因而又可解作：以志為帥，則動氣，以氣為帥，則動志。另外，「氣壹則動志」一說，並非指告子，因為告子也主張「不求於心，勿求於氣」，因而「氣壹則動志」之「動」，亦非告子之「勿求於氣」之「求」。

[89]　朱熹撰（1983）：《四書章句集註》《孟子集注・公孫丑上》，頁231。因氣而影響人，影響人之行為之說法，在孔子時就有：「君子有三戒：少之時，血氣未定，戒之在色；及其壯也，血氣方剛，戒之在鬥；及其老也，血氣既衰，戒之在得」（〈季氏〉，頁172）。孔子以為人之血氣在不同年齡對人有不同影響，所以對不同年齡有不同告誡，這是孔子認為氣在影響人之最早文獻之一。氣不但可影響人，而且氣是可以觀察，甚至觀氣而對人有認知，更有甚於觀其行為：「攝齊升堂，

　　孟子說「反動其心」，而不是支配其心，此不可不知，此表影響義。為氣所動之心，當然不就是本心，因本心純善，在此概念規定中不會被氣所影響，而是心志之心，乃可不若人之心，它作為決意者，對事物有其看法，有志向有期待，但卻是可以被氣所影響或引誘者，只是這影響或引誘乃需在其自主於接納中被理解而後有倫理學意涵。此心志是需要鍛鍊者，故云：

　　　　故天將降大任於是人也，必先苦其心志。[90]

　　心志有所不能（不足），這不能，非原則性來說，因為在困苦中訓練卽能增益其所不能。心志可意於仁義，此卽願以本心為其主觀根據，甘心為本心所規範；反之，心志拒以本心為首，而意於接納以身體之氣為首；若如是，卽把本心與氣間的道德秩序顛倒了。孟子對這道德秩序之顛倒有極為精到的論述。上文所謂

　　鞠躬如也，屏氣似不息者。出，降一等，逞顏色，怡怡如也」（朱熹撰（1983）：《四書章句集註》《論語集注・鄉黨》，頁 118）。氣乃可以觀察者，並藉此看到人性情，孔子甚至把這種思想，與文辭相連結，有所謂「辭氣」，並由辭氣而觀人：「君子所貴乎道者三：動容貌，斯遠暴慢矣；正顏色，斯近信矣；出辭氣，斯遠鄙倍矣」（朱熹撰（1983）：《四書章句集註》《論語集注・泰伯》，頁 103）。氣一詞，亦可追溯到《左傳・莊公十年》：「夫戰，勇氣也，一鼓作氣，再而衰」（頁 147）。

[90]　朱熹撰（1983）：《四書章句集註》《孟子集注・告子下》，頁 348。心既不是本心，而是期待義的心志，故謂「苦其心志」；性亦不是本性，故所謂「忍性」之性，乃指生之謂性之性：「形色，天性也」（朱熹撰（1983）：《四書章句集註》《孟子集注・盡心上》，頁 360）之性。

趨者，朱子訓「趨」為「走也」，「蹶」則訓為「顛躓也」；孟子有引用《詩經》「天之方蹶，無然泄泄」[91]，朱子訓蹶為：「顛覆」[92]；但在它處朱子注云「趨走承順」[93]，故蹶趨者，乃指那些在道德不正當的人，顛倒承順之人。在《荀子》中表示為「國蹶」，意指民富顛倒為民窮官富，把合理狀態倒轉之意：

> 故田野荒而倉廩實，百姓虛而府庫滿，夫是之謂國蹶，……則其傾覆滅亡可立而待也。[94]

---

[91] 《詩經·板》，頁633。

[92] 朱熹撰（1983）：《四書章句集註》《孟子集注·離婁上》，頁276。

[93] 朱熹撰（1983）：《四書章句集註》《孟子集注·公孫丑下》，頁243。

[94] 〈富國〉，頁220。此意謂本應田野充實，然後到倉庫充實，再到府庫，因為倉庫之滿皆由田野與百姓而來，所以荀子是主張民先富，官後富，現在卻倒轉，官富民窮，荀子稱之為國蹶，以為這可使國家傾覆滅亡。此時荀子之所謂蹶，非指國家空虛不實，因為尚有府庫之滿而非大饑荒，而是指合理狀態之翻轉。「蹶」一詞之解有爭議，李明輝從船山，依《說文》訓蹶為跳，見氏著（2001）：《孟子重探》，頁29。把蹶訓為跳，在《莊子》有其根據：「廣成子蹶然而起」（〈在宥〉，頁381）。蹶一詞之義在古代頗為複雜，查蹶一詞不見於《論語》，卻見於《爾雅》：「娠……騷，感，訛，蹶，動也」，又如：「衛，蹶，假，嘉也」，又如「蹶蹶踖踖，敏也」，所以在《爾雅》中可理解為動態之義。另外，亦指一種植物「蹶洩，苦棗」。在《左傳》則是一名為蹶由之人：「吳子使其弟蹶由犒師」（〈昭公五年〉，頁748）。在《詩》亦多有提及，首先是一種正面的有德之狀：「好樂無荒，良士蹶蹶」（〈蟋蟀〉，頁217），亦有所謂「棸子內史，蹶維趣馬」（〈十月之交〉，頁407）。在上述諸書中只有單獨使用蹶一詞，而未與趨連

　　朱子雖沒有說明何訓蹶為顛覆,筆者接納此解,理由在於近於孟子之荀子,包括莊子,在文詞之使用上卽有此顛覆義。蹶與顛連用見《莊子》:「形就而入,且為顛為滅,為崩為蹶」[95],蹶,郭慶藩疏為敗,所以在《莊子》,蹶之意乃為顛覆與崩滅。回到《孟子》,蹶與趨,是意謂他們顛倒本心,順承小體之氣,讓耳目統帥心志,顛覆倒轉了道德秩序。以大小體貴賤之秩序說,此卽顛覆了大小體間在價值上的秩序,人本應以高駕低,但卻以小馭大,以賤害貴,是謂顛倒了道德秩序。[96]

用。在《孟子》,蹶首先與趨連用,《荀子》亦有如是之用法,荀子曰:「故近者歌謳而樂之,遠者竭蹶而趨之」(〈儒效〉,頁 130),在此,蹶有疲憊之意,淘空全身之力,相對於前句之「樂」,故亦可聯繫到《爾雅》所謂「蹶洩,苦棗」的那種植物之苦味,故荀子之語,乃意謂雖在遠處,也不遲勞苦而去。所以亦可以理解《說文》何以把蹶說為「僵」。

[95]　《莊子》〈人間世〉,頁 165。

[96]　此在身體之氣,會反動其志之氣,是否就是所謂欲?人欲之欲?筆者是傾向此理解,但《孟子》文本沒有直接把氣與欲等同起來之說,而《孟子》文本中,有視欲在道德實踐中可有不利之影響,可見《孟子集注‧盡心下》,頁 374:「養心莫善於寡欲。其為人也寡欲,雖有不存焉者,寡矣;其為人也多欲,雖有存焉者,寡矣」。孟子要人寡欲,而不是要人除欲,應意謂人欲會影響心志,因而在本心之操存與擴充上是不利的。人之修養如是,所以孟子勸人遠庖廚,其實就是從修的層次論培養:「君子之於禽獸也,見其生,不忍見其死;聞其聲,不忍食其肉。是以君子遠庖廚也」(朱熹撰(1983):《四書章句集註》《孟子集注‧梁惠王上》,頁 208)。至於軀殼起念一說在《孟子》文本並無根據,在《孟子》,無「念」一詞,「軀」則出現一次,見:「其為人也小有才……則足以殺其軀而已矣」(朱熹撰(1983):《四書章句集註》《孟子集注‧盡心下》,頁 371)。

　　《孟子》中亦有所謂狼疾人之說，所謂狼疾，趙注為狼藉，即次序亂了，倒亂紛亂之意。此句乃出自於：

> 體有貴賤，有小大。無以小害大，無以賤害貴。養其小者
> 為小人，養其大者為大人。今有場師，舍其梧檟，養其樲
> 棘，則為賤場師焉。養其一指而失其肩背，而不知也，則
> 為狼疾人也。[97]

　　大體，即本心，屬貴，意謂在價值上屬高位；小體，指耳目，屬賤，賤非罵人語，而只意謂在價值上屬低位。孟子舉例說梧檟與樲棘之說，捨前者之貴，養後者之賤，孟子稱為賤場師。貴與賤之說，本來是個價值秩序之概念，以下與賤之小體，害高與貴之大體，此其實也就是把價值位階顛倒了。孟子說「無以小害大，無以賤害貴」乃是帶命令之說，不許人以小害大，此命令乃表貴與大，在價值上高於賤與小，同時亦表一規範之概念也。孟子在此即從事於道德價值之高低次序之說，用以建立由本心作為最高規範之學，而非從俗地否定人身體之價值，此不可不知也。

　　此把道德價值位階倒轉了的狼疾人與蹶趨人，乃指道德上不正當的人，因為仁義本心應該是在道德上位者，以規範下位的小體，以至於其行為，現在卻反過來。這好比在上位的國家法律（如梧檟）應該規範在下位的個人行為（如樲棘），若個人行為倒過來壓到法制，以其行為為先，法律在後，這謂之法律上不正

97　朱熹撰（1983）：《四書章句集註》《孟子集注・告子上》，頁335。

當者。這也是規範之特性，在規範上，所謂惡就意謂對規範之違反，而違反也意味著此違反規範者，把規範以外者提昇而規範壓下，卽以其行為之個人依據為帥，而規範從其後。所以，孟子狼疾人之說，並非罵人語，而是指陳：不仁者乃是在規範意義下，有意顛倒了道德序秩的人，是一種倫理上之責難，卽基於一決意自主中，指責人暴氣為壹。以上從《孟子》文本分析出所謂不善之惡，其實是人心倒轉了道德秩序。以下再說這其實亦是對本心之否定，卽一種自我否定之自賊。

六、為惡意欲之心與本心皆屬人
——心之屬己性乃是人犯惡之先驗條件

本心，乃心之本體；然一意欲於順逆這本體之心，非謂有另一本體，此心乃人在其整全中有此意欲者，此卽謂人心。因而，所謂人心，乃對其本心有順逆之可能意欲的一個實踐者。同一個實踐者，偏意識言，是謂人心，偏身體言，卽是人自己。本善之心與意欲之心（心不若人之心），孟子皆歸到人之自我，此表一屬己性，首先是本心之屬己性：

> 仁義禮智，非由外鑠我也，我固有之也！[98]

仁義，乃我之固有；我，卽表人自己，此卽表示此非依他者的仁義規範，乃屬己者。又曰：

98　朱熹撰（1983）：《四書章句集註》《孟子集注‧告子上》，頁 328。

心之官則思……，此天之所與我者！[99]

心官之思，乃本心之作用，以其思則得之以顯道德心之本原。此心官之思乃屬我者，此亦表示本心之屬己性。本心屬我之說，亦可見於：

欲貴者，人之同心也。人人有貴於己者，弗思耳。[100]

所謂欲貴者，乃表處價值高位之本心；本心乃人皆同者，此貴所在處乃於人自己之內而非他者，此亦表本心之屬己性。以為自己沒有此貴於己者，只在於人不思，不思，則不得也，思則得之，故這道德之自我實現，乃屬人之自己，所以說「有貴於己」。孟子稱有德之士為「得己」：

窮不失義，故士得己焉！[101]

但如上文之所述，孟子不只把仁義歸到人自己，且那些不善之惡如上文之自暴與自棄亦歸到人自己。人自己，既有仁義之心，亦有心不若人之心，因而乃表一善惡之可能性皆蘊涵其中的自我概念。本心與那為惡之意欲都結穴於人之自己，假若它們之間不是矛盾的，則自我概念，乃是如一線之兩端，非分隔的兩層：一端是本心之最高的道德意識者，另一端乃作出順逆本心之

---

[99] 朱熹撰（1983）：《四書章句集註》《孟子集注・告子上》，頁335。
[100] 朱熹撰（1983）：《四書章句集註》《孟子集注・告子上》，頁336。
[101] 朱熹撰（1983）：《四書章句集註》《孟子集注・盡心上》，頁351。

抉擇意識者，整全而言，卽是人自己。本心意識在高端，抉擇意識在下端，如此才有所謂道德上的規範可言，而人之惡乃決意於違逆高端而來的道德評價。若人在其決意中定本心，則表人之自我否定，孟子卽有自賊之說：

> 人之有是四端也，猶其有四體也。有是四端而自謂不能者，自賊者也；謂其君不能者，賊其君者也。[102]

　　四端乃指惻隱羞惡等四端之心，泛稱本心；端者，端倪義，呈現卻未完成之謂。本心是道德能力，它總呈現着；就概念言，它是人所本有，卽謂心之本體。人自己有此道德能力，就算是微弱的端倪，卻不能說無這能力，這是自賊之說，故說自己不能，也就是自我否定，孟子卽稱此之為自賊。這種把否定自我的能力稱之為賊，同樣適用於君王，君王不做君王該做的事，其實是不願做，而非不能也：「故王之不王，不為也，非不能也」[103]君王明可以減輕人民之負擔，現在卻說不能，當然是否定了君王原有的能力，當然是一種自我否定，故有「吾君不能謂之賊」之說也。[104]人自己有能力於道德，現在卻說不能，其實是不願，是人在其決意端中否定自己的另一高端，亦是自我衝突。反之，人若拒絕耳目之誘，也只是成其高端之意識，故上文謂「窮不失義，故士得己焉！」

---

[102] 朱熹撰（1983）：《四書章句集註》《孟子集注・公孫丑上》，頁238。
[103] 朱熹撰（1983）：《四書章句集註》《孟子集注・梁惠王上》，頁209。
[104] 朱熹撰（1983）：《四書章句集註》《孟子集注・離婁上》，頁277。

　　孟子論本心，原是針對公都子等持人性有善有惡之說，孟子之回應以心之才能乃足以為善，不善乃非才之罪，乃不能盡其才：

> 乃若其情，則可以為善矣，乃所謂善也。若夫為不善，非才之罪也。惻隱之心，人皆有之；羞惡之心，……故曰：求則得之，舍則失之，或相倍蓰而無算者，不能盡其才者也。[105]

　　若孟子持性善說反對公都子之有善有惡說，就必須回答不善之惡從何而來之質疑。孟子先以本心之能力乃性之實情，因而本心卽是人之事實，[106] 足以為善，來回應公都子性可以為善。至

---

[105] 朱熹撰（1983）：《四書章句集註》《孟子集注‧告子上》，頁 328。

[106] 《孟子》中「情」之實情義，乃是一頗為古老的傳統，非孟子之首創；甚至，「情」一詞在孟子之前，只有「實情」義，而無情感義。在《論語》所出現的兩次，皆實情義：「上好信，則民莫敢不用情」見朱熹撰（1983）：《四書章句集註》《論語集注‧子路》，頁 142。情可解為實，與信相連，故朱子卽訓為誠實；其次亦是實情義：「上失其道，民散久矣。如得其情，則哀矜而勿喜」見朱熹撰（1983）：《四書章句集註》《論語集注‧子張》，頁 191。在孔子前的《詩》，情一詞只出現一次：「洵有情兮，而無望兮」（〈宛丘〉，頁 250）。《左傳》則有大量使用情一詞，皆為實情之意，如：「民之情偽，盡知之矣」（〈僖公二十八年〉，頁 271）「……救乏，賀善，弔災，祭敬，喪哀，情雖不同，毋絕其愛親之道也」（〈文公十五年〉，頁 339）「僑如之情，子必聞之矣」（〈成公十六年〉，頁 480），「楚令尹將有大事子蕩將與焉，助之匿其情矣」（〈襄公三十年〉，頁 679），「夫子之家事治，言於晉國，竭情無私」（〈昭公二十年〉，頁 857）。《爾雅》未

於不善之惡，孟子不從人性善而論，而是從人心對本心之不願
（不能盡其才）來說，見文末。

　　陳大齊在民五十七年之《孟子的名理思想及其辯說實況》中
首以「實在情況」論「乃若其情」之情；在民六十九年的《孟子
待解錄》，亦有再論。[107]後牟宗三在民七十四年《圓善論》中
亦以「實情」解「乃若其情」之情。[108]然對「乃若其情」之

有情一詞。繼《左傳》大量使用情一詞乃孟子之後的荀子與莊子，大概
含蓋在實情、情況以及情感兩義者。實情義如《荀子》：「以情度情，
以類度類」，以及《莊子》：「吾未至乎事之情，而既有陰陽之患矣」
（〈人間世〉，頁 145）。情感義在《荀子》則有：「夫貴為天子，富
有天下，是人情之所同欲也」（〈王霸〉，頁 246），「縱情性，安恣
睢，禽獸行，不足以合文通治」（〈非十二子〉，頁 94），在《莊
子》則有：「惠子曰：『既謂之人，惡得无情？』莊子曰：『是非吾所
謂情也。吾所謂无情者，言人之不以好惡內傷其身，常因自然而不益生
也』」（〈德充符〉，頁 221）。就情之古義而言，情一詞為實義，在
《孟子》，「人之情」相應於「山之性」，把情訓為實情義當然較妥
當。情字作情感解，乃孟子以後之事。徐復觀等人從情感解，其實用了
孟子之後的用法而不自知。李明輝（1994）：《康德倫理學與孟子道德
思考之重建》，頁 93-103 中有論及康德之理性事實之概念，並與孟子
作了深入比較。

[107] 陳大齊（1986）：《孟子的名理思想及其辯說實況》，臺北：商務，民
五十七年，頁 21。氏著（1980）：《孟子待解錄》，頁 9-10。

[108] 《圓善論》，頁 23。兩人雖皆以實解情，然其所謂實情，其意涵不
同；陳氏之所謂實況，是與可能性相對的現實之意，現實行為之意，故
以徐行與折枝說明（氏著（1986）：《孟子的名理思想及其辯說實
況》，頁 21），因而其實就是存在事實之意，是實然之意。牟氏則視
為與下文「是豈人之情也哉」之情字同，且不能離開仁義之心而說
（《圓善論》，頁 23），因而牟氏之解，為人性之實之意，乃本心事
實之意，本心乃仁義價值之源，因而是價值事實之意。《孟子》文本情

解，歷來則多有偏離實情義，而以動態義解之。朱子在此解為「性之動」。焦循解為性之情：「情從性也，能順此情，使之善者，真所謂善也」[109]。徐復觀則解為心之動：「心的四種活動」，情，乃涵有「向外實現的衝動、能力」[110]。因而「情」一詞之詮釋可分兩種，即動態義與實情義。《孟子》文本中，朱子對「是豈人之情也哉」並無解。

「是豈人之情也哉」一句乃是對應「此豈山之性也哉？」一句，孟子曰：「牛山之木嘗美矣，……人見其濯濯也，以為未嘗有材焉，此豈山之性也哉？」[111]，此意謂人沒有好好照護卻說山上無美材，這不是山之本性也，山上本是有美材。孟子馬上對應說：「雖存乎人者，豈無仁義之心哉？其所以放其良心者，亦猶斧斤之於木也，旦旦而伐之，可以為美乎？……人見其禽獸也，而以為未嘗有才焉者，是豈人之情也哉？」[112]，所以孟子在這裡以牛山對比於人，牛山本來有美材，一如人本來有良才。若謂山無美材，乃非山之性，不是山本無美材；人有不善之惡，

字共四個，其餘即為「聲聞過情，君子恥之」（朱熹撰（1983）：《四書章句集註》《孟子集注・離婁下》，頁 293），此可解為名不符實，君子恥之；「夫物之不齊，物之情也」（《孟子集注・滕文公上》，頁 261），此可為事物有等差，乃其實情，在此，朱子亦皆訓為：情，實也；此乃實然之實，陳大齊以實解情之文本根據即在此。最後一情字，即是「是豈人之情也哉」（《孟子集注・告子上》，頁 331），此「人之情」對應於「山之性」，乃說明「乃若其情」之關鍵處。

[109] 焦循（1987）：《孟子正義》，頁 752。

[110] 徐復觀（2003）：《中國人性論史》，頁 174。

[111] 朱熹撰（1983）：《四書章句集註》《孟子集注・告子上》，頁 330。

[112] 朱熹撰（1983）：《四書章句集註》《孟子集注・告子上》，頁 331。

不是人本無美才本無仁義之心，此非人之實情也。山之性對應人之情：山－人，材－才，性－情。就此而言，情只不過性之另一詞之表達而已。因而，「乃若其情」，卽可解為：乃若性之本來實情。若依後文以心解性之說，此實情乃連繫到本心之概念，因而此乃一道德價值之事，故牟宗三先生之解較為合理。

　　「乃若其情，則可以為善也」，可，卽意謂能，可以為善卽有行善之能力，也是後文所謂才。人有不善之惡並非能力有問題，故曰：「若夫為不善，非才之罪也」。行不善不會是由於道德能力不夠或敗壞，理由很簡單，因為假若是道德上無能為力者，則人亦不可能對之要求什麼，事後亦不可歸責他。就正如不能要求小孩讀懂微積分一樣，或要求斷腿的人能跳十尺高。不善之惡也非因人本性之敗壞，因為假若是敗壞了，亦無所謂歸責之可能：總不能歸責一個其本性就是敗壞的人。所以，孟子有不為與不能之別，不能是指現實上的不可能，而現實上之可能或不可能，實質上並非倫理學本身之論題，因為倫理學涉及應為與不應為，在倫理學論題上只有為與不為，而不涉及不能，孟子卽對此進行區分：

> 曰：不為者與不能者之形何以異？曰：挾太山以超北海，語人曰：我不能，是誠不能也。為長者折枝，語人曰：我不能，是不為也，非不能也。[113]

　　此處孟子批評梁惠王之王之不王，是折枝之類，是不為不願，而非不能。因為道德要求，乃涉人之意願，卽從其願與不願進行評價，在其中，沒有不能願，而只有在願意中或為或不為。這裡就不是能力及之才願之，能力不及，則不願意之；此表示，能力並不是意願之前提，反而表示，意願卽是那實現的能力，我願意，卽表示我能實現之，所以才有孔子「我欲仁，斯仁至矣」，我願之卽我實現之，所以才有孟子「思，則得之」之說。這是何故孟子把本心亦視為一道德能力，而這能力，不只是願意之能力，同時是實現之能力。這願而能之本心概念，乃作為人之人有道德能力乃人性之實情。由是，孟子說他不能，乃非實情，而是藉口。人有這能力，卻有把這本一之能與願分開，有能力但卻不願，這卽才真是不善之惡在主體上的說明。所謂「不能盡其才者也」，此「不能」乃不願之意，人順耳目不願盡人本有的心。（由「不能」到不願之說明，見下節末）。依此不願，乃意謂人心把耳目設置在其心本體之上，因而卽是對其本體作出一自我否定，而本心是人性之事實，因而不善之惡卽是人在其道德決意中，否定這事實，[114]也卽是人在其不願中自我否定了其能與願合一之道德實情。所以，人在道德決意中，並不是買菜式的選擇，而是「得己」與「自賊」間的抉擇，乃表人對自我的一種反思態度。得己，則盡本心，仁義行，因而與高端的本心自我一致；自賊，則反其本心，違仁義，乃與高端的本心自我不一致，是人底一種自我否定。自賊乃否定本心之事實，這事實早已呈現

---

[114] 牟宗三對道德上的惡之理解如下：「是則過惡是吾人之行為離其真體之天而不真依順於真體之理者，是感性、氣質、真體三者相交會所成之虛幻物」，見牟宗三（1979）：《從陸象山到劉蕺山》，頁 536。

在自賊者之意識中，只是他雖見自己之本心，卻仍拒絕之而就耳目，逆轉了本初的本心為高，耳目為下的道德秩序，此即是為惡之人。

當提出本心與人心兩端自我，這是否有二元論之疑慮？此即下文本心與人心之統一問題——願與不願中的一心二端。

七、從心悅理義之道德情感看本心與人心之統一——願與不願之問題

假若本心靜待那裡，等待被人心選擇，則不單只有二元論之嫌，且倫理學上本心與那決意的心互為外在，乃屬孟子批判告子之義外說，因為本心於此只作為靜態的候選者，這無異於禮儀之類也。解決這困難之關鍵在於解明：本心以悅理義、願理義之方式揭示其自己，依此，人在道德決意中順於本心，仍只表示本心在其自身的道德動機，而不是本心被二選一的賣買交易。所以須在本心之概念中尋找出對理義之願意，依此則可再進一步說明不善之惡之主觀動機，乃在於人對其本心不願服從。由是理解，所謂願與不願乃表示人自己之一心兩端，而非分離的兩層，而是在同一道德意識中揭示其自己，就算違逆本心亦只有在本心揭示自己才有可能——人在本心呈現中不願順其所展示的價值方向。以下即就《孟子》文本說明以上的觀點。

依《孟子》，本心乃是說明道德規範之理義，在主體上之根據，此即所謂性，故孟子曰：「君子所性，仁義禮智根於心」[115]，

---

[115] 朱熹撰（1983）：《四書章句集註》《孟子集注・盡心上》，頁 355。

此表示性乃一心與規範之倫理學關係，此關係卽表示理義根於本心。性，乃關係義，而非存在義。因而，道德理義乃不是從學習、社會習俗或人天生之性情而來者，而是基於人最根源的道德意識，卽是，根源於本心，因而，此性之概念所表示的乃是心與其規範之自我關係，在其中，判斷人之善與惡乃奠基其上者。[116]由性所表示心與其規範之自我關係，乃孟子理解本心之第一層意義。但孟子不只於此，他進一步從道德情感之愉悅理義來說明本心：「理義之悅我心，猶芻豢之悅我口」。[117]悅，作為道德感，乃表示一動機，理義悅心，乃表示心對理義服從之動機，乃表現為一自我驅力。

　　悅一詞，許慎《說文解字》為「悅，說也」。就《孟子》文本而言，悅一詞無言說義；「說」一詞常通指快樂，如：「景公說，大戒於國……為我作君臣相說之樂」，[118]這顯然指快樂之謂。[119]但在此，悅乃非指一般快樂，而只為一種與內心相關的，在道德上的喜悅之情：「事親弗悅，弗信於友矣；悅親有

---

[116] 參楊祖漢由本心之裁決證義內之說，見氏著（1992）：《儒家的心傳統》，頁 11。

[117] 朱熹撰（1983）：《四書章句集註》《孟子集注・告子上》，頁 330。

[118] 朱熹撰（1983）：《四書章句集註》《孟子集注・梁惠王下》，頁 217。

[119] 但「悅」與「說」兩詞並不等同，例如「說」可解作說服之說：「宰我、子貢善為說辭」（〈公孫丑〉，頁 233），亦可作說法想法解：「孔子之道不著，是邪說誣民」（〈滕文公〉，頁 272）。「悅」亦通「豫」，如：「夫子若有不豫色然」（〈公孫丑〉，頁 250），故在「舜盡事親之道而瞽瞍厎豫」（〈離婁〉，頁 288），朱子解「豫，悅樂也」。

道,反身不誠,不悅於親矣」[120]。悅親之道,不在於討好,而是要在道德上反身而誠,否則不悅於親。在另文本中,反身乃與樂相連:「反身而誠,樂莫大焉」,所謂誠,乃天之道:「是故誠者,天之道也」;[121]但天道無法自成,而須在人中揭示,於是有所謂「思誠者,人之道也」。但這思,非一般的思,而是一種道德自我之實現,故云:「思,則得之」[122]。然而,愉悅也表示同樣的道德之自我實現之驅力。在孟子,悅與樂皆與道德相連,但在以上文本,孟子只是描述性地說出道德之反身而誠與悅樂相關,但如此之悅樂,更深邃之意涵乃在於——願意之心悅誠服。

悅某事與樂某事,對孟子而言,其實表示「服」此一事,有所謂心悅誠服之說:「心悅而誠服也,如七十子之服孔子也。詩云:『自西自東,自南自北,無思不服』」。[123]在此心悅誠服中,並無所謂對抗或不從之說。因而所謂悅,乃表心甘情願之意。悅與願之關係,乃可見於:

> 尊賢使能,俊傑在位,則天下之士皆悅而願立於其朝矣。市廛而不征……則天下之商皆悅而願藏於其市矣……則天

---

[120] 朱熹撰(1983):《四書章句集註》《孟子集注・離婁上》,頁282。

[121] 朱熹撰(1983):《四書章句集註》《孟子集注・離婁上》,頁283。

[122] 朱熹撰(1983):《四書章句集註》《孟子集注・告子上》,頁335。

[123] 朱熹撰(1983):《四書章句集註》《孟子集注・公孫丑上》,頁235。「無思不服」句出自〈文王有聲〉,見《十三經注疏》,《詩經》,頁584。

下之旅皆悅而願出於其路矣……。[124]

就該詞之使用而言，悅與願乃相連在一起，悅於某事，即表示願意於此事，服於此事。悅而不願，其實不能叫悅：

悅賢不能舉，又不能養也，可謂悅賢乎？[125]

在倫理上亦如此，本心愉悅於理義，即是實現根源自本心之理義，不是要埋沒它；理義不只根於心，而且為心所悅，就是意謂心把理義實現出來，假若本心不實現理義，這可謂悅理義乎？如此表示，孟子意謂理義悅心，即表示服從理義，心悅誠服於理義，願於理義，當理義源自本心而為本心所悅，此即表示一道德之自我實現，在本心言，即是一源於自身之驅力，也即是一自我驅力。當說理義悅本心時，孟子並非從本心與耳目在人心中爭奪來論述，若然，則道德情感或許就是康德那種帶有痛苦之敬畏之情（Achtung），[126]而不是心悅誠服之願。所以仁義對本心言，並不是為壓制其不願之強力，並不是在對抗中刻意去做或難為地去做，故孟子說：「由仁義行，非行仁義也」[127]。孟子之論情

---

[124] 朱熹撰（1983）：《四書章句集註》《孟子集注・公孫丑上》，頁236。

[125] 朱熹撰（1983）：《四書章句集註》《孟子集注・萬章下》，頁322。

[126] 康德之道德情感中含有痛苦，亦含尊敬，因而是一種複合的概念，可稱之為敬畏，其中關係之詳細分析，可參看李明輝：〈孟子四端之心與康德的道德情感〉，刊於氏著（1990）：《儒家與康德》，頁111-113。

[127] 朱熹撰（1983）：《四書章句集註》《孟子集注・離婁下》，頁294。

感，乃純從本心對源於自己的理義之悅與願來說。此對理義之悅
與願，乃揭示於人心之中，因而才能從情感這種人之知覺說理
義，因為理義不再只是一種思想之表示，而是牟宗三稱之為「明
覺」者，[128]此明覺者當是先天的而不是經驗的知覺。

　　然人在決意中願於理義，悅於仁義，此決意即是本心悅理義
之願，此表示本心揭示自己在人之中，此心本屬於人自己，這即
意謂人乃是本心之自我揭示，揭示自己即是實現自己，驅使自己
實現自己所訂立的規範。此人自己於孟子非抽象者，卻是具體
者，他就是人自己，此人自己乃帶身體者，亦即其所謂飲食之
人，飲食之人可以養小體而人賤之，但同一飲食之人，亦可不失
大體：

　　　　飲食之人，則人賤之矣，為其養小以失大也。飲食之人無
　　　　有失也，則口腹豈適為尺寸之膚哉？[129]

　　飲食之人於大體無有失，但這不是從作為身體的口腹而說
的，而是從其對大體無有失其養而說。養本心大體，乃是要依順

---

[128]　牟宗三撰（1985）：《圓善論》，頁 31：「依孟子，說自律（立法
　　　性），即從心說，……心始有活動義，心之明覺活動（無動之動）即自
　　　證其實際上是自由的」，同頁又說：「吾人之心、之性、之意志既是自
　　　律，又是自由，必悅理義，理義是它所自發，它悅它所自發的……」，
　　　所以明覺即悅理義，理義由本心而發，因而即是自律自由與自願。關於
　　　康德自律之說與孟子之比較研究可參看李明輝之〈孟子與康德之自律倫
　　　理學〉，刊於氏著（1990）：《儒家與康德》，頁 11-45。亦可參看楊
　　　祖漢（1987）：《儒學與康德的道德哲學》，頁 60-61。
[129]　朱熹撰（1983）：《四書章句集註》《孟子集注・告子上》，頁 335。

本心願意於道德價值之實現而使人成為大人者，試看養之概念用到浩然之氣上：

　　其為氣也，至大至剛，以直養而無害，則塞于天地之間。[130]

　　上文已言，氣乃體之充盈；而浩然之氣乃以人立志所帥之氣，配義與道之氣，因而浩然之氣不只表示大體之充盈，當它可塞于天地之間，故自可充塞到帶身體的人身上；由是，所謂本心揭示在人者，乃謂本心所蘊涵的道德感充塞于人心，本心愉悅於其理義之道德感即是決意於順其本心時在身體上的充盈。此時，人即於本心為一，人既即於本心，依此才可從飲食之人無有失而說。因而，不是一抽象主體無有失，而是帶身體的人無有失，此無有失者乃揭示本心之道德感充盈於人中，此時，身體即是那浩然之氣。此只表示為人順從其本心之理義，二者與本心之悅而願於理義，乃同一事。本心不是靜待在此，等待為彼所選擇者，也即是本心早已願於順其理義，即是本心悅理義之表現而已。因而，人之善不是別的，正是他自己是順從其本已揭示之願意而已。

　　本心揭示於人，人即於其本心；但這不表示人不會有違逆本心之意欲，也正因為此意欲乃屬己而非他者，因而人即因這屬己性而需為其承責。此為惡之意欲乃屬人，表示人不願於其原有的本心，但這反而表示它早已蘊涵着人原初即根源地願於本心，人

130　朱熹撰（1983）：《四書章句集註》《孟子集注・公孫丑上》，頁231。徐復觀直言這是道德理性生命與具體生命之融合。見徐復觀（2001）：《中國文學論集》，頁335。

之犯惡，乃只意謂：人本悅於理義，願於理義，只是最後決意不
願，而非不能願。因而人心之不願於理義，其實是第二序者。也
就是，所謂違仁義或不願本心者，乃以從本心悅仁義與願仁義為
前提，沒有這根源的願意，也沒所謂違仁義與不願本心者。所
以，本心對理義之悅與願，乃人性之根源第一序，他與本心之根
源的自我立法一樣，乃只表本心對自我之關係，他愉悅其本心之
規範，並自我願於此，他是一自我動機。在這第一序的本心悅理
義確立後，才有所謂不願意本心之第二序。

　　在《孟子》正式討論以心解性之文本中，最能說明這人之不
願於本心：

> 乃若其情，則可以為善矣，乃所謂善也若夫為不善，非才
> 之罪也。……或相倍蓰而無算者，不能盡其才者也！[131]

　　本心乃道德能力，「可以為善」即表示此義。但為何孟子最
後又說「不能盡其才」？這裡所謂不能，並非無能力之意，而是
不願之意，不為之意。「不能」一詞，在《孟子》文本中大約共
七類意涵[132]，其中之一即為不願之意。在《孟子》文本中，凡

---

[131] 朱熹撰（1983）：《四書章句集註》《孟子集注·告子上》，頁328。

[132] 不能一詞在《孟子》文本中頗為複雜，共有七層意思：1. 無能力之
意：「公都子不能答，以告孟子」（〈告子〉，頁327）。2. 不願之
意，除上面正文所說之外，《孟子》文本中還有：「君聞之曰：吾大者
不能行其道，又不能從其言也，使飢餓於我土地，吾恥之」（〈告
子〉，頁348）；又如：「由今之道，無變今之俗，雖與之天下，不能
一朝居也」（〈告子〉，頁346）。3. 有不足之意，如：「不能五十
里，不達於天子」（朱熹撰（1983）：《四書章句集註》《孟子集注·

有能力但卻又以不能述之，此不能者，其實是不願為之意。上文已提及的：「故王之不王，不為也，非不能也」[133] 君王之事為何？如舉賢與養賢，皆君王之職權，因而不涉能力，而是在其概念中涉及其應為者，君王乃掌握完全的權力，罪與不罪，皆由其職權所定，孟子引《尚書・泰誓》之言：「有罪無罪，惟我在，天下曷敢有越厥志」[134]，查今本〈泰誓〉並無孟子引「惟我

萬章下》，頁 316），這意謂不足五十里之附庸歸諸侯管治；「所以動心忍性，曾益其所不能」（朱熹撰（1983）：《四書章句集註》《孟子集注・告子下》，頁 348），此意謂經鍛鍊，人可增補他所未能之處，因此「不能」是指「未能」之意；又如：「徒善不足以為政，徒法不能以自行」，此不能可解為不足。4. 命令性的不許可之意：「使人不以道，不能行於妻子」；如：「天子能薦人於天，不能使天與之天下」（朱熹撰（1983）：《四書章句集註》《孟子集注・萬章上》，頁 307）；「富貴不能淫，貧賤不能移，威武不能屈」（〈滕文公〉，頁 266）；又如：「暴其民甚……，百世不能改也」（朱熹撰（1983）：《四書章句集註》《孟子集注・離婁上》，頁 277）。5. 不適合：「不幸而有疾，不能造朝」（朱熹撰（1983）：《四書章句集註》《孟子集注・公孫丑下》，頁 241）；「今也父兄百官不我足也，恐其不能盡於大事」（朱熹撰（1983）：《四書章句集註》《孟子集注・滕文公上》，頁 253）。6. 充分條件意：「師曠之聰，不以六律，不能正五音；堯舜之道，不以仁政，不能平治天下」（朱熹撰（1983）：《四書章句集註》《孟子集注・離婁上》，頁 275），此意謂：要正五音，則需六律；要平治天下，則需仁政。7. 不得，不敢之意：「既不能令，又不受命，是絕物也」（朱熹撰（1983）：《四書章句集註》《孟子集注・離婁上》，頁 279），此謂景公以小事大之困境。

[133] 朱熹撰（1983）：《四書章句集註》《孟子集注・梁惠王上》，頁 209。

[134] 朱熹撰（1983）：《四書章句集註》《孟子集注・梁惠王下》，頁 215-216。

在」三字（見《尚書》，頁 153）。全句謂君王之志乃可決定有罪無罪，因而在孟子眼中君王乃有完全之權力者。故此，說他王之不王，不是說他權力不足，其實是批判他不願與不肯作君王該做之事，如上文所說：「悅賢不能舉，又不能養也，可謂悅賢乎？」，文本中的「不能」，並非說君王沒能力，春秋戰國時代國君既有絕對的人事任命權，故不會從能力缺乏來理解，而只涉及其願與不願，不能，只謂其不願舉，不願養，而並非真的無能為力。

在道德論題上，孟子從根本不接受無能為力之說，不能，也只不過是借口，說不能，其實是不為與不願；「夫徐行者，豈人所不能哉？所不為也」[135]，此可解讀為：人能徐行，沒有不能者，只是不願與不肯也。同類之說有上文長者折枝之說：

為長者折枝，語人曰：我不能，是不為也，非不能也！[136]

此可解讀為：人能為長者折枝，沒有不能者，只是願意與不願意的問題而已。另一文本：「吾身不能居仁由義，謂之自棄也」，居仁由義乃人本心之能力，在這能力下，人當然能之，有能力，但卻不必願為之。故可解讀為：自己不願居仁由義，此謂之自棄也。另一文本：

有是四端而自謂不能者，自賊者也；謂其君不能者，賊其

---

[135] 朱熹撰（1983）：《四書章句集註》《孟子集注·告子下》，頁 339。
[136] 朱熹撰（1983）：《四書章句集註》《孟子集注·梁惠王上》，頁 209。

君者也！[137]

這是諷刺語，有能力，卻說不能，即是自賊，其實是不願。
回到上段所說的「乃若其情，則可以為善矣，乃所謂善也。若夫
為不善，非才之罪也。……求則得之，舍則失之，或相倍蓰而無
算者，不能盡其才者也」，此文本上接公都子引告子之疑，為何
性可以為善，可以為不善：

> 性無善無不善也。或曰：性可以為善，可以為不善，……
> 或曰：有性善，有性不善，……今曰性善，然則彼皆非
> 與？

孟子即以「可以為善」及「求則得之」解答告子所謂性可以
為善之說。關於性可以為惡之說，孟子之意，不以性論惡，而是
以「舍則失之」解答，並進一步以「不能盡其才」說明。依以上
之說明，孟子，甚至後來的宋明儒者，皆不會在道德問題上說人
無能力，所謂無能，其實乃意指人不願之意，即不願盡人可以為
善之四端本心。如此即可續道，人之所以有不善之惡，乃由於
「不能盡其才」：人不願盡人本心之良才。

不善之惡乃是人不願於盡本心之才，而此不願乃以心悅理義
為前提：惡只是人對其心悅理義之自我否定，所以最壞的人，只
能說，他根源地本願於心之仁義本。也只能就此他本願於仁義本

---

137 朱熹撰（1983）：《四書章句集註》《孟子集注・公孫丑上》，頁
238。

心,最後卻不願不肯為之,由此規定出其惡。但亦因為不願於本心之決意是由他所作出,因而亦只有他才能對此決意負責,不可在他之外追尋更高之原因。因而,善與惡皆一體,只在於人願意與不願意,願與不願,善與惡,並非孤離的二事。

八、論證之回顧

全文正式結束,以下試對本文之論證,提出一般性的反思:

孟子之所以能歸責人之不仁,乃是意謂人在仁與不仁間作出了取舍,如在梁惠王之例子中,他寧願給糧予狗,也不願節省,寧見饑荒,也不願發糧。故若道德歸責之概念能成立,當然首要的是針對其決意,卽他不是被強迫,而且有完全的能力作出取舍,進而說承擔其決意之責任者卽是人自己。然這裡之所謂取舍決意,不是買賣式的,而是,在本心為高與耳目為低之道德價值秩序間之取舍。人之價值當比糧食高,因為糧食本給人食,若人死了,糧食本身卽失其意義,但在梁惠王之例中,救災之價值卻被貶抑至糧食價值下,他顛倒價值秩序。最後,本文對本心之概念進行分析,證成它何以能在這秩序間之高位:其一,理義根於本心,其二,本心悅理義。在前者,理義取得主體上的立法根據,在後者,本心藉悅而願於理義,揭示自己在人心之中,惡只是人心不願於本心而顛倒了由本心為首之道德秩序。以梁惠王之例,向饑荒者援之以手,乃本心在梁惠王心中揭示自己,就此而言,其本心卽揭示在梁惠王自己身上。然在這揭示中,梁惠王竟然拒絕本心,不願援之,而決意於自己之私,而為不仁也。

全書結語

　　五篇論文之研究成果可總結如下：

　　孟子所言人自己對順逆其本心之取舍，乃謂在本心提供理義以作規範下的決意，也卽是道德抉擇。由於這決意是在順逆本心間作成者，因而亦可稱為自由的。自由一詞只是形容順逆其間之取舍中的一種描述性表示而已，其實義乃是在取舍之決意自主中所揭示的道德抉擇。因而，探究孟子這順逆本心之取舍，卽是探究一決意自主之概念。故本書並非把西方哲學之概念引入中國哲學之詮釋，更不是時下的硬套，反而是在這詮釋中，把哲學對決意自主之理解，推前了近五百年＝孟子先於奧古斯汀作出貢獻，先於他所表示之自由意志概念，從作為在本心下的道德抉擇之取舍中說明人之善惡。孟子更早於康德近兩千年，把立法自主之概念與決意自主之概念結合，成為一個以人自身為核心之倫理學系統。在這人自身之倫理學系統中，上層卽是人本心概念所證立之最高的道德意識，並在其愉悅理義中使理義之規範得到合法性證立，人卽是歸屬道德價值者，然在其中，人於順逆其本心間作出取舍，卽在其自主決意中，人卽在或善或惡之可能性中理解為一道德價值之決定者。

引用書目

一、傳統文獻

孔子等（1955）：《左傳》，載於阮元校刻，《十三經注疏》第 9 冊，臺北：藝文印書館，影印清嘉慶二十年（1815）重刊宋本。

《尚書》：載於《十三經注疏 1》，臺北：藝文印書館，翻印嘉慶二十年版。

《詩經》：載於《十三經注疏 2》，臺北：藝文印書館，翻印嘉慶二十年版。

王守仁（2012）：吳光等編校，《王陽明全集 1、2、3》，上海：上海古籍出版社。

朱　熹（2002）：《朱子全書》，上海：上海古籍出版社。

朱　熹（1984）：《四書章句集註》，臺北：鵝湖月刊社。

李滌生（1984）：《荀子集解》，臺北：臺灣學生書局。

郭慶藩（2010）：《莊子集釋》，北京：中華書局。

郭慶藩（1989）：《莊子集釋》，臺北：天工書局。

焦　循（1987）：《孟子正義》，臺北：臺灣中華書局。

郁　沅、張明高編選（1999）：《魏晉南北朝文論選》，北京：人民文學出版社。

二、近人論著

牟宗三（1979）：《從陸象山到劉蕺山》，臺北：臺灣學生書局。

_____（1985）：《圓善論》，臺北：臺灣學生書局。

_____（2003）：《牟宗三先生全集 5》，臺北：聯經出版事業公司。

_____（1984）：《佛性與般若上、下》，臺北：臺灣學生書局。

唐君毅（1974）：《中國哲學原論：導論篇》，香港：新亞研究所。

_____（1991）：《中國哲學原論：原教篇》，收入《唐君毅全集 17》，臺北：臺灣學生書局。

_____（1989）：《中國哲學原論：原性篇》，臺北：臺灣學生書局全集校訂版。

徐復觀（2001）：《中國文學論集》，臺北：臺灣學生書局。

_____（2006）：《中國文學精神》，上海：上海書店。

_____（2003）：《中國人性論史：先秦篇》，臺北：臺灣商務印書館。

梁啟超（2012）：《梁啟超論儒家哲學》，北京：商務印書館。

馮友蘭（1991）：《中國哲學史新編 1、2》，臺北：藍燈文化事業公司。

勞思光（1968）：《中國哲學史 1》，香港：中文大學出版社。

陳大齊（1986）：《孟子的名理思想及其辯說實況》，臺北：臺灣商務印書館。

_____（1980）：《孟子待解錄》，臺北：臺灣商務印書館。

李明輝（1994）：《康德倫理學與孟子道德思考之重建》，臺北：中央研究院中國文哲研究所。

_____（2001）：《孟子重探》，臺北：聯經出版事業公司。

_____（1990）：《儒家與康德》，臺北：聯經出版事業公司。

_____（2009）：〈劉蕺山論惡之根源〉，收入鍾彩鈞編，《劉蕺山學術思想論集》，臺北：中央研究院中國文哲研究所籌備處，頁 93-126。

_____（2009）：〈朱子對「道心」、「人心」的詮釋〉，收入蔡振豐編，《東亞朱子學的詮釋與發展》，臺北：臺大出版中心，頁 75-110。

林月惠（2009）：〈朱子與羅整菴的「道心人心說」〉，收入蔡振豐編，《東亞朱子學的詮釋與發展》，臺北：臺大出版中心，頁 111-156。

陳士誠（2014）：〈從決意、道德秩序與心、理關係論《孟子》倫理學論證之問題〉，臺北：《國立政治大學哲學學報 31》，頁 174-180。

_____（2017）：〈《孟子》之本心倫理學之研究——從規範之法理根據看〉，臺北：《東吳哲學學報 35》，頁 74-84。

郭齊勇編（2011）：《《儒家倫理新批判》之批判》，武漢：武漢大學出

版社。

陳　來（2013）：《有無之境：王陽明哲學的精神》，北京：北京大學出版社。

陳立勝（2005）：《王陽明「萬物一體」論：從「身－體」的立場看》，臺北：臺大出版中心。

陳志強（2015）：〈陽明與蕺山過惡思想的理論關聯──兼論「一滾說」的理論意涵〉，臺北：《國立政治大學哲學學報 33》，頁 149-192。

黃俊傑（1997）：《孟學思想史論 2》，臺北：中央研究院中國文哲研究所籌備處。

＿＿＿＿（1991）：《孟學思想史論 1、2》，臺北：東大圖書公司。

＿＿＿＿（1993）：《孟子》，臺北：東大圖書公司。

＿＿＿＿（2008）：〈孟子運用經典的脈絡及其解經方法〉，收入李明輝編，《儒家經典詮釋方法》，臺北：臺大出版中心，頁 165-182。

楊祖漢（1992）：《儒家的心學傳統》，臺北：文津出版社。

楊祖漢（1987）：《儒學與康德的道德哲學》，臺北：文津出版社。

鄧曉芒（1998）：〈康德宗教哲學與中西人格結構〉，武漢：《湖北大學學報》（哲學社會科學版 5），頁 1-4。

簡良如（2009）：〈性善論的成立──《孟子‧告子上》前六章人性論問題分析〉，臺北：《臺大文史哲學報 71》。

王志輝（2012）：〈亞理斯多德與自由意志問題〉，臺中：《東海哲學研究集刊 17》，頁 35-82。

李瑞全（1993）：《當代新儒學之哲學開拓》，臺北：文津出版社。

袁保新（2008）：《從海德格、老子、孟子到當代新儒學》，臺北：臺灣學生書局。

＿＿＿＿（1992）：《孟子三辨之學的歷史省察與現代詮釋》，臺北：文津出版社。

楊儒賓（1993）：〈支離與踐形〉，《氣論與身體觀》，臺北：巨流圖書公司。

譚宇權（1995）：《孟子學術思想評論》，臺北：文津出版社。

彭文本（2004）：〈論牟先生與費希特的智的直覺之理論〉，刊於《當代儒學與西方文化：哲學篇》，臺北：中央研究院中國文哲研究所。

林安梧（2006）：《儒學轉向——從「新儒學」到「後新儒學」的過渡》，臺北：臺灣學生書局。

馮耀明（1994）：〈當代新儒家的"超越內在"說〉，刊於《儒學與當今世界》，臺北：文津出版社。

陳政揚（2005）：〈孟子與莊子的"命"論研究〉，刊於嘉義縣：《揭諦8》。

三、翻譯著作

康德著，牟宗三譯註（1982）：《康德的道德哲學》，臺北：臺灣學生書局。

_____，李秋零譯（2007）：《康德著作全集 6》，北京：中國人民大學出版社。

_____，李秋零譯（1993）：《單在理性範圍內之宗教》，臺北：漢語基督教文化研究所。

四、外語著作

Aristotle (1984): The Complete Works of Aristotle, ed. Jonathan Barnes. Princeton: Princeton University Press.

Baumgarten, Hans Ulrich (2000): Schellings Moralphilosophie Überlegungen im Ausgang von Kant, in Kant-Studien, 91 Jahrgang, Heft 4. Berlin und New York: Walter de Gruyter.

Hegler, Alfred (1891): Die Psychologie in Kants Ethik. Freiburg: Akademische Verlagsbuchhandlung von J. C. B. Mohr.

Heidegger, Martin (1927): Sein und Zeit, Gesamtausgabe 2. Frankurt am Main: Vittorio Klostermann.

Kant, I. (1968): *Von der Einwohnung des boesen Princips neben dem guten: oder ueber das radicale Boese in der menschlichen Natur*, in *Religion innerhalb der Grenzen der blossen Vernunft*, in Kants Werke, Akademie-Textausgabe, VI, Berlin: Walter de Gruyter.

＿＿ (1968): *Kritik der praktischen Vernunft*, in Kants Werke, Akademie-Textausgabe, V.

＿＿ (1960): Religion within the Limits of Reason Alone, trans. T. M. Greene and H. H. Hudson. New York: Harper & Row.

Kopppers, Rita (1986): Zum Begriff des Bösen bei Kant. Pfaffenweiler: Centaurus - Verlagsgesellschaft.

Plato (1961): Plato the Collected Dialogues, eds.edited Edith Hamilton and Huntington Cairns. Princeton, NJ: Princeton University Press.

Schelling, F. W. J., Ueber das Wesen der menschlichen Freiheit, I, 7, 謝林之子 K. F. A. Schelling 所篇全集 F. W. J. Schellings saemmtliche Werke.

＿＿, Stuttgarter Privatvorlesungen, VII.

Schwartländer, Johannes. 1968. Der Mensch ist Person, Kants Lehre vom Menschen. Stuttgart: W. Kohlhammer Verlag.

Silber, John R (1960): The Ethical Significance of Kant's Religion, in der Übersetzung der 《Religion within the Limits of Reason alone》, New York: Harper & Row.

St. Augustine(1993): On Free Choice of the Will, trans. Thomas Williams. Indianapolis/ Cambridge: Hackett Publishing Company.

Willaschek, Marcus (1992): PraktischeVernunft, Handlungstheorie und Moralbegründung bei Kant. Stuttgart und Weimar: Verlag J. B. Metzler.

Williams, T. C. (1968): The Concept of the Categorical Imperative, Oxford: Clarendon Press.

國家圖書館出版品預行編目資料

孟子論人之惡根——
當代儒學詮釋所陷之倫理學危機及其解決

陳士誠著. – 初版. – 臺北市：臺灣學生，2021.06
面；公分

ISBN 978-957-15-1850-3 (平裝)

1. 中國哲學 2. 西洋哲學 3. 倫理學 4. 文集

107   110003612

孟子論人之惡根——
當代儒學詮釋所陷之倫理學危機及其解決

著　作　者　陳士誠
出　版　者　臺灣學生書局有限公司
發　行　人　楊雲龍
發　行　所　臺灣學生書局有限公司
地　　　址　臺北市和平東路一段 75 巷 11 號
劃 撥 帳 號　00024668
電　　　話　(02)23928185
傳　　　眞　(02)23928105
E - m a i l　student.book@msa.hinet.net
網　　　址　www.studentbook.com.tw
登記證字號　行政院新聞局局版北市業字第玖捌壹號
定　　　價　新臺幣四○○元
出 版 日 期　二○二一年六月初版
I　S　B　N　978-957-15-1850-3

10704